구약성경 그리고 유대인에 대한 모든 것

The Story of the JEWS
유대인 이야기

구약성경 완전정복 / 아브라함에서 라빈 총리까지

우광호 지음

구약성경 그리고 유대인에 대한 모든 것

The Story of the JEWS
유대인 이야기

구약성경 완전정복 / 아브라함에서 라빈 총리까지

우광호 지음

글을 시작하며

"먼 길을 가야 한다…."

75세 노인이 천막 안에서 깊은 상념에 잠겨 있다.
"분명히 들었다 그분의 말씀을…."
노인은 며칠 전, 기도 중에 하늘에서 들려오는 '생생한' 음성을 들었다.
"네 고향과 친족과 아버지의 집을 떠나, 내가 너에게 보여 줄 땅으로 가거라."(창세 12,1)
당장 짐을 싸라는 명령이다.
고대 근동에서는 태어나고 자란 곳을 떠난다는 것은 수치스러운 일이었다. 메소포타미아에서 살인과 같은 범죄를 저질렀을 때 내리는 형벌이 바로 그 사회로부터 추방하는 것이었다. 기원전 18세기 바빌로니아의 왕 함무라비가 남긴 법전의 제 154항에는 "만일 어떤 자유인이 자신의 딸과 근친상간을 범했다면, 그 자유인은 자신이 거주하던 도시로부터 추방당할 것이다"라고 쓰여있다. 하느님은 지금 아브라함에게 그 수치스러운 '떠남'을 명령하고 있다. 하느님은 아브라함의 모든 것이 있는 그 도시, 그가 태어난 곳을 자발적으로 버리라고 명령한다.
한참동안 고민하던 노인이 양 팔을 무릎에 짚고 일어섰다. 결심이 선 듯 했다. 천막 입구에 드리운 휘장을 걷고, 밖으로 큰 걸음을 성큼성큼 옮겼다.

그리고 아내와 조카를 비롯해 모든 종들을 불렀다.

"이제 떠난다. 먼 길을 가야 한다. 짐은 가능한 줄이고, 꼭 필요한 것들만 챙겨라. 나와 우리 모두의 앞길에 신께서 함께하실 것이다."

유대인의 역사는 이렇게 4000년 전, 작은 한 부족을 이끌던 노인 아브라함이 아시아의 서쪽 끝, 유럽의 동쪽 끝에서 내린 '결단 하나'에서부터 시작한다. 노구(老軀)를 이끌고 미지의 땅으로 향한다는 것이 쉽지 않았을 것이다. 하지만 그는 해냈다. 그렇게 유대인 아브라함은 모든 신앙 백성의 맨 앞줄에 우뚝 섰다. 믿음의 조상이 된 것이다.

한민족(韓民族)의 맨 앞줄에 단군왕검(檀君王儉)이 있다면, 유대 민족의 맨 앞줄에는 아브라함이 있다. 2022년이 단기 4355년 이니까 유대민족과 한민족의 역사는 비슷한 시기에 출발하는 셈이다. 출발한 시기도 비슷하지만, 살아온 모습도 닮은 꼴이다.

두 민족의 역사는 고난의 역사라고 해도 과언이 아니다. 강대국들에 둘러싸인 지정학적 위치 때문에 수많은 침략을 받았고, 이민족의 지배도 받아야 했다.

자녀에 대한 교육열, 치열하게 삶을 살아가는 열정 또한 닮은 꼴이다. 또 고난의 역사 탓인지 '우리끼리' 똘똘 뭉치는 남다른 민족의식도 빼놓을 수 없다. 또한 한민족은 일반적으로 한(恨)의 민족이라고 불린다. 그만큼 눈물을 많이 흘렸다. 유대인들도 한과 눈물에 대해서라면 할 말이 많다.

다른 민족에게선 좀처럼 찾아볼 수 없는 풍부한 종교적 영성적 성향도 비슷하다. 우리의 어머니들은 고난이 닥치면 장독위에 정화수를 떠 놓고 두

손 비비며 천지신명께 빌었고, 유대 어머니들도 유일신의 약속을 믿고 늘 기도했다. 영적 감수성이 풍부했다. 이렇게 한국인과 유대인은 태어나면서부터 종교적 감수성을 가지고 나온다.

특히 단군신화에서 곰은 기도(祈禱)와 희생, 염원, 수련을 통해 인간이 된 후, 하느님의 아들과 혼인해 단군을 낳는다. 유대인의 시조 아브라함도 평생 동안 하늘만 바라보며 그 명령을 실천하며 살았던 인물이다. 이렇게 유대민족과 한민족의 출발점에는 '하늘'에 대한 특별한 공경이 자리하고 있다.

더 나아가 유대인은 고대로부터 인근 민족과는 전혀 다른 신앙체계를 발전시켜 왔다. 한국인들도 인도와 중국에서 발생한 종교들을 받아들이면서 완전히 새롭게 해석하고 이를 가장 한국적인 방식으로 체화, 성장시켰다.

이렇게 유대인은 한국인과 많은 것에서 닮은 꼴이다. 그런데도 우리는 유대인에 대해 잘 모르고 있다. 알고 있다고 해도 탈무드, 키부츠, 밥상머리 교육 등 파편적 지식이 대부분이다. 그러다 보니 유대인에 대한 우리 사회의 대중적 인식이 심층적으로 이뤄지지 않고 겉돌고 있다. 유대인 이야기를 쓴 이유다.

가능한 한 소설 읽어 내려가듯이 그렇게 편하게 읽혀지도록 노력했다. 유대인 관련 책들이 시중에 많이 나와 있지만, 딱딱한 학술적 내용이 대부분이어서 대중이 편하게 접근하기가 쉽지 않다. 간혹 만나는 쉬운 읽을거리들은 상대적으로 내용이 단편적이다. 많은 이들이 이 책을 통해 유대인들의 역사와 삶을 좀 더 깊게 만날 수 있기 바란다.

또한 그리스도교 신앙인이라면 이 책을 통해 구약성경에 대한 이해의 폭을 넓힐 수 있을 것이다. 유대인들의 역사와 그 안에 담겨진 맥을 모르면 성경을 아무리 읽어도 그 내용이 도무지 손에 잡히지 않는다. 이 책은 구약성경을 전체적으로 조망할 수 있는 안목을 줄 수 있을 것이다.

또한 몇몇 단어와 구절에만 매달려 성경을 편협하게 해석하는 오류를 많이 보아왔다. 구약은 하느님의 변함없는 사랑에 대한 유대인들의 배반과 회개, 순명과 반항이라는 거시적 차원에서 읽어야 그 전하는 메시지가 명확해진다.

신약만 중요시하는 이들이 있다. 잘못이다. 구약을 알아야 신약을 제대로 이해할 수 있다. 신약성경은 온통 나자렛 예수가 구약성경에 예고된 약속을 성취한다는 확신으로 가득 차 있다. 구약이 없다면 신약은 해독할 수 없는 책, 뿌리가 없어 말라 죽게 될 식물과 같은 것이다.

끊임없이 배반하고 돌아서는 유대인들을 향한 유일신의 '새 계약'(예레 31,31-34 참조)은 오늘날 신앙인들에게도 여전히 유효하다.

유일신은 유대인들에게 이렇게 약속했다.
"나는 그들의 가슴에 내 법을 넣어 주고, 그들의 마음에 그 법을 새겨 주겠다. 그리하여 나는 그들의 하느님이 되고 그들은 나의 백성이 될 것이다."(예레 31,33)

그 '약속의 역사'로 이제 긴 여행을 떠나려 한다.

"먼 길을 가야 한다…."

Contents

글을 시작하며

제1부
B.C.

- 015 문명의 탄생
- 025 아브라함, 유일신 역사의 시작
- 031 10년 후
- 039 이사악의 우울증?
- 045 레베카의 선택
- 053 하비루, 히브리, 이스라엘
- 059 12
- 067 창세기의 끄트머리에 서서
- 073 모세의 탄생
- 081 탈출
- 087 율법
- 093 아! 모세
- 099 주사위는 던져졌다
- 105 진격, 진격, 또 진격…
- 111 전쟁 그 후…
- 117 판관 시대
- 123 맞수
- 129 왕의 등장, 최초의 왕 사울
- 135 사울 VS 다윗
- 143 다윗, 영웅으로 떠오르다
- 149 예루살렘 점령
- 155 다윗은 어떤 인물이었나
- 161 왕자들의 암투, 그리고 솔로몬의 등장
- 167 끊이지 않는 망치 소리
- 173 왕국의 분열
- 179 방황
- 185 북이스라엘의 멸망
- 191 순망치한(脣亡齒寒)
- 197 유대인들, 나라를 잃다
- 203 잿더미 속에서 피어나는 희망
- 209 유대교의 정착과 발전

	215	귀향
	221	느헤미야
	227	뒤바뀐 세계 판도
	233	그리스의 박해
	239	쇠망치
	245	새로운 왕조의 시작
	251	분열과 혼란, 그리고 로마의 등장
	257	대왕 헤로데
	269	유대인 예수

제2부
A.D.

285	로마인, 그리스인, 그리고 유대인
293	감도는 전운(戰雲)
299	로마! 움직이다
307	예루살렘아, 예루살렘아…
317	메시아?
325	탈무드
331	반목과 갈등
339	이슬람제국 안에서의 유대인들
345	십자군
353	저희들은 어디로 가야합니까
359	게토(Ghetto)
365	희망의 불씨, 그러나…
371	드레퓌스 대위
379	동상이몽(同床異夢)
385	목 놓아 쏟는 통곡의 전주곡
391	학살
401	건국
411	중동전쟁
417	험난한 평화의 길

글을 마치며

참고문헌

The Story of the **JEWS**

유대인 이야기

제1부 B.C.

+ 이집트 시나이산 정상에서 바라본 일출. 아브라함은 유일신의 명령을 받고 새로운 길을 떠나고, 그 후손인 모세는 시나이산에서 유일신을 체험하고 새로운 길을 걷는다.

문명의 탄생

1억 5000만 년 VS 350만 년.

체급이 다르다. 게임 자체가 성립되지 않는다. 공룡이 이 땅에 존재했던 시간과 인류가 지금까지 생존해 온 시간을 비교하는 것은 그 자체가 무의미하다. 350만 년이라는 인류 존재 시계로 볼 때 공룡이 존재한 시간 1억 5천만 년은 영원한 시간과 다름없기 때문이다.

인류는 공룡이 존재했던 그 기간만큼 생존할 수 있을까. 앞으로 1억 4천650만 년을 더 존재할 수 있을까. 아니 1000만 년, 100만 년, 10만 년, 만 년만이라도 더 존재할 수 있을까. 많은 환경학자와 미래학자는 그 가능성에 대해 회의적인 입장을 취하고 있다. 천 년 앞을 내다볼 수 없는 것이 인류이다.

하지만 인류가 지금껏 이룩한 성취 그 자체를 부정할 수 없다. 인류는 자신을 창조한 신에게 보답이라도 하듯, 눈 깜짝할 시간인 350만 년 동안 1억 5000만 년의 공룡이 꿈도 꾸지 못했던 많은 것들을 이뤄냈다.

그 기원으로 올라가 보자. 인류는 언제부터 이 땅에 존재했을까.

50여 년 전만 해도 세계사 교과서는 '아담 창조 시기'(인류가 지구에 모습을 드러낸 시기)를 약 2백만 년 전으로 추정했다. 하지만 1974년, 아프리카 에티오피아의 하다드 사막에서 '루시'(Lucy)가 발견되면서 그 기원은 350만 년 전으로 더 올라가게 됐다.

루시는 신장 1미터 가량의 20세 전후 여성으로, 직립보행을 했으며, 뇌 용량은 작고(400ml), 약 350만 년 전에 생존한 것으로 추정된다. 루시라는 이름은, 발견된 날 밤 조사대의 캠프에서 흘러나오고 있던 비틀즈의 노래에서 유래했다고 한다. 성경에서는 최초의 인류가 아담(남성)이지만, 적어도 고고학에선 하와(여성)가 먼저인 셈이다.

그런데 루시가 모습을 드러낸 이후 350만 년이라는 시간은 지구 역사에서 볼 때 극히 짧은 시간이다. 독일의 자연과학자이며 시나리오 작가, 영화감독인 만프레드 바우어(Manfred Baur, 1959~)는 지구의 30억 년 역사를 90분 영화에 비유한 바 있다.

그에 따르면 지구에 생명이 탄생하는 것은 영화 시작 후 60분이 지난 다음이고, 인간이라고 부를 수 있는 이들이 석기(石器)를 들고 등장하는 것은 영화가 끝나기 4.5초 전이다. 영화는 끝나기 전 마지막 25분의 1초 동안 아프리카에서 호모사피엔스사피엔스가 출현하고, 빙하가 녹고, 인간이 피라미드를 건축하고, 서적 인쇄 기술과 백열전구를 발명하고, 원자폭탄을 투하하고, 달로 날아가는 장면을 보여 준다. 우주 역사 속에서의 인간 존재를 생각하면, 삶을 지탱해 주던 일시적인 쾌락, 애지중지하던 소유물들, 그 모든 것들이 의미가 없어진다. 참으로 덧없는 인생이다.

"인생은 기껏해야 칠십 년, 근력이 좋아야 팔십 년, 그나마 거의가 고생과 슬픔에 젖은 것, 날아가듯 덧없이 사라지고 맙니다."(시편 90,10)

어쨌든, 루시 이후 인류는 아프리카를 떠나 아시아와 유럽으로 퍼져 나갔다. 그리고 자신들만의 문명을 꽃피운다. 그런데 문명의 첫 불씨가 당겨진 곳은 아프리카도 아시아도 유럽의 중심부도 아니었다.

최초로 문자를 사용한 인간이 살았던 곳은 아시아의 서쪽 끝, 유럽의 동쪽 끝인 메소포타미아 지역(지금의 이라크와 이란이 위치한 지역)이었다. 이곳에서 살던 인간들이 일을 냈다. 인류 최초로 문명을 탄생시킨 것이다.

학자들마다 차이를 보이고는 있지만, 이곳에서의 인류 최초 문명이 탄생한 시기는 대략 기원전 3500~3000년경으로 추정된다. 이 문명을 세운 이들이 수메르인(Sumerians)이다. 이들은 당시 세계의 중심도시 우르(Ur, 현재의 지명은 텔 엘 무카이야르)를 건설한다. 전설 속에서만 존재하던 이 도시가 우리에게 모습을 드러낸 것은 1920년대에 들어서이다. 당시 영국 고고학자 레너드 울리 경(Sir Leonard Woolley)은 이라크 남부에서 호화로운 유물들과 함께 고대도시 우르를 발굴해냈다. 이로써 우르가 실존한 도시였으며, 게다가 놀라울 정도로 높은 수준의 문화를 가지고 있었다는 사실이 밝혀졌다. 우르 사람들은 금, 은 등과 같은 값비싼 부장품을 노예들과 함께 매장하는 순장 풍속이 있었는데, 한 무덤에서 주인과 함께 순장된 남녀 노예 74명의 유골이 출토되기도 했다.

그런데 이 '우르'는 구약성경을 읽은 사람에겐 익숙한 이름이다. 우르라는 도시는 성경의 「창세기」, 「역대기 상권」, 「느헤미야기」 등에 총 다섯 번 기록되어 있다.

우르는 유대인의 조상이자 믿음의 조상인 아브라함의 고향이다.(창세 11,

31 ; 느헤 9,7 참조) 또 하느님이 아브라함과 계약을 맺으면서 "나는 주님이다. 이 땅을 너에게 주어 차지하게 하려고, 너를 칼데아의 우르에서 끌어낸 이다"(창세 15, 7)라고 말한 그 우르이기도 하다.

이렇게 아브라함은 인류 최초 문명의 중심부, 우르에서 거주하며 그 문명의 혜택을 한 몸에 받은 인물이다. 따라서 유대 민족의 조상 아브라함을 이해하기 위해선 그의 고향 우르의 문화(수메르 문명)를 살펴볼 필요가 있다.

우르 사람들은 인류 최초의 문자인 설형문자(cuneiform, 라틴어 cuneus는 '쐐기'라는 뜻)를 사용했다. 아브라함도 이 문자를 사용했을 것으로 추정된다. 우르 사람들은 곱셈과 나눗셈은 물론이고, 심지어 제곱근과 세제곱근을 구하는 방법도 알고 있었다. 숫자 체계와 도량형법은 60을 기본 단위로 하는 12진법을 사용했다. 우리는 지금도 이 12진법을 시계에 적용해 사용하고 있다.

수메르인들은 기하학 분야에서도 12진법을 바탕으로 원을 360도로 표현했다. 이들은 또 물시계와 태음력을 고안해냈으며, 다리 건설에 필수적인 아치와 볼트도 만들어 사용했다. 지붕을 둥글게 만드는 돔도 수메르인들이 처음으로 사용한 건축 기법이다.

수메르인의 대표적인 건축물로는 지구라트(ziggurat)가 있다. 높은 땅 위에 계단이 딸린 탑을 쌓고 그 위에 신전을 올린 피라미드형 건축물인데, 지금까지도 그 유적이 남아 있어 웅장함을 자랑한다. 많은 성경학자들이 이

지구라트를 성경에 나오는 바벨탑으로 해석하고 있다. 수메르인들은 이 밖에도 이름과 개성을 가진 주인공이 등장하는 세계 최초의 문학「길가메시 서사시」 등 많은 문학작품을 남겼다. 인류가 어떻게 갑작스레, 이렇게 폭발적으로 지적 능력을 향상시켰는지 신비롭지 않을 수 없다.

하지만 오르막길, 내리막길 세상사가 그렇듯 수메르문명도 1500년을 넘기지 못했다. 수차례 북방민족(셈족)의 습격을 받고 다시 일어섰지만, 결국 '함무라비 법전'으로 유명한 바빌로니아에 무너졌고, 이들의 흔적은 역사 속에서 영원히 사라지게 된다.

여기서 주목할 것은 수메르인들의 종교다. 놀라운 사실은 수메르문명의 혜택을 듬뿍 받았을 아브라함의 종교가 수메르인들의 종교와는 전혀 다르다는 점이다. 아브라함이 믿었던 신은 당시 수메르인들이 믿었던 신과는 성격이 전혀 달랐다.

수메르인들은 농업과 전쟁 등을 위한 현세적인 종교를 가지고 있었다. 그래서 수메르인들의 종교에선 영적 내용을 거의 찾아볼 수 없다. 수메르인들은 '영적인 평화', '삶의 위안', '삶의 의미', '영혼의 행복', '최고신과의 합일' 등과 같은 것을 추구하지 않았다. 그들의 신은 영적 존재가 아니라 인간의 나약함과 열정을 동시에 지닌 존재였다.

하지만 아브라함의 신은 인간의 영혼과 대화한 절대신이었으며, 삶의 위안과 영적 평화를 가져다주는 그런 존재였다. 당시 인류가 전혀 모르고 있었던 그런 신앙을 아브라함 홀로 가지고 있었던 것이다.

수메르 문명이 바빌로니아에게 무너진 것은 대략 기원전 2000년경이다.

이와 비슷한 시기에 아브라함 가족은 우르를 떠난다. 우르 지역에 거주하던 아브라함 가족들의 집단 이주는 어쩌면 바빌로니아의 수메르 침공에서 촉발되었는지도 모른다.

부럽다.

기원전 2000년경 한반도에 살았던 우리의 조상들은 당시 인류 최초, 최고의 문명을 접할 기회를 가지지 못했다. 하지만 유대 민족의 조상, 믿음의 조상 아브라함은 인류 최초의 문명세계에서 살았고, 그 문명의 혜택을 듬뿍 받았다.

그런데 믿음의 조상은 '하느님의 약속' 하나만 믿고, 그 문명을 등진다. 서울에서 태어나고 자란 도시인이 화장실과 샤워 시설 없는, 먹을거리조차 변변치 않은 아프리카 미지의 땅으로 가는 것과 같다.

아브라함은 그렇게 문명을 떠나 미지의 땅으로 간다.

유일신이 가라는 곳으로 간다.

+ 최초의 인류는 아프리카를 떠나 아시아와 유럽으로 퍼져 나갔다. 그리고 자신들만의 문명을 꽃 피운다. 그런데 인류 최초 문명의 첫 불씨가 당겨진 곳은 아프리카도 아시아도 유럽의 중심부도 아니었다.

최초로 문자를 쓸 줄 아는 인간이 살았던 곳은 아시아의 서쪽 끝, 유럽의 동쪽 끝인 메소포타미아 지역(지금의 이라크와 이란이 위치한 지역)이었다. 그림은 틴토레토(Jacopo Robusti detto Tintoretto, 1519~1594)의 '아담과 하와의 유혹.'(Le tentazioni di Adamo ed Eva, 이탈리아 베네치아 아카데미아 미술관)

+ 크로아티아 트로기르 성 로브로 대성당의 하와 부조

+ 크로아티아 트로기르 성 로브로 대성당의 아담 부조

+ 아브라함은 인류 최초 문명의 혜택을 듬뿍 받았지만, 유일신의 명령에 따라 가진 모든 것을 버리고 가나안 땅으로 이주한다. 풀 한포기 나지 않는 광야를 건너고 다른 부족과의 전투를 해야 하는 등 험난한 여정이었다.

아브라함, 유일신 역사의 시작

아름다운 미소다.

'사라이'가 잠들어 있는 남편 '아브람'(훗날 아브람은 아브라함으로, 사라이는 사라로 개명된다. 창세 17,5-15 참조)을 미소 가득 머금은 얼굴로 바라보고 있다.

그녀의 미소와 행복한 웃음은 「창세기」에 '역사상 최초의 웃는 인간에 대한 기록'(창세 18,12 ; 21,6 참조)으로 묘사될 정도로 황홀했다. 70세를 훌쩍 넘겼지만 그 아름다움은 조금도 퇴색하지 않았다. 오히려 원숙한 아름다움 속에서 배어나오는 지순함이 사람들을 경외감에 고개 숙이게 했다.

사라이는 지금 과거를 회상하고 있다. 50년….

시아버지와 남편, 그리고 가족들과 함께 고향 우르를 떠난 후, 수많은 시련과 고통이 있었다. 한 집안의 맏며느리로서 쉽지 않은 시간이었다. 하지만 그 모든 어려움을 이겨낼 수 있었던 건 오직 남편 아브람이 있었기 때문이다. 평생을 함께해 온 남편….

그가 지금 옆에 잠들어 있다. 사라이의 얼굴에 남편을 향한 지극한 사랑이 가득 배어 있다.

"참으로 매력적인 분이야…."

남편 아브람은 외부의 침략에는 굳건히 맞섰지만, 전쟁보다는 평화를 사랑했으며,(창세 13,8-9 참조) 욕심이 없는 사람이었다.(창세 14,17-24 참조)

피가 다른 외국인을 극진히 대접했으며(창세 18,1-5 참조) 이웃에 대한 애틋한 마음을 지니고 있었다.(창세 18,16-33 참조) 무엇보다도 아내 사라이의 마음을 사로잡은 것은 그가 하느님을 경외했으며, 늘 하느님 명령에 순종하는 삶을 살았다는 점이다.(창세 22,12 ; 26,5 참조)

아브람은 옳고 그름을 분별할 줄 알았으며(是非之心, 시비지심), 어렵고 불쌍한 이웃을 모른 척하지 못했고(惻隱之心, 측은지심), 항상 스스로를 부끄럽게 여겼으며(羞惡之心, 수오지심), 겸손했다.(辭讓之心, 사양지심) 우르에서 하란으로, 또 가나안 땅으로 이주하는 동안 많은 토착민들이 아브람에게 베푼 호의는 바로 그러한 인간적 매력에서 나오는 것인지도 몰랐다.

사라이는 지난 날을 돌이켜 보았다.

시아버지 테라에게는 맏아들인 아브람과 둘째 아들 나호르, 셋째 아들 하란이 있었다. 막내 하란은 아들 롯과 두 딸 밀카와 이스키를 낳았으나, 젊은 나이에 죽었다.(창세 11,28 참조) 하란의 사후, 둘째 형인 나호르가 그의 맏딸 밀카와 결혼해 분가했다.

롯의 큰아버지인 남편은 자녀가 없었기 때문에 죽은 동생의 아들과 딸을 끔찍이 사랑했다. 그러던 어느 날 시아버지 테라는 남편을 비롯한 가족을 이끌고 우르를 떠났다. 바빌로니아 왕국이 우르를 침략했기 때문이다. 이때 독립심이 강한 둘째 아들 나호르는 우르에 남았고, 남편과 조카 롯 등만 먼 길을 나섰다. 그래서 도착한 곳이 '하란'(현재 터키와 시리아 국경지대에 위치한 고대도시)이다.(창세 11,31 참조)

사라이는 더 이상 유랑생활이 싫었다. 하란에 정착하고 싶었다. 하지만 남편과 함께하는 유랑생활은 거기서 멈추지 않았다. 하란에서 아버지를 땅에 묻은 아브람은 다시 길을 나섰다.(사도 7,4 참조)

아브람은 하느님께서 "네 고향과 친족과 아버지의 집을 떠나, 내가 너에게 보여줄 땅으로 가거라"(창세 12,1)라고 말씀하셨다고 했다. 이때 남편의 나이는 이미 75세를 넘어서고 있었다.(창세 12,4 참조)

사라이는 남편의 말을 믿고 따를 수밖에 없었다. 게다가 아브람은 확고했다. 주위에서 아무리 말려도 듣지 않는 사람이었다. 하느님 이외에는 누구의 말도 듣지 않았다. 그래서 가능하면 기쁜 마음으로 따르려고 했다. 억지로 따라다녔다면 하란에서 가나안 땅까지 이르는 3000킬로미터가 넘는 거리를 견디지 못했을 것이다.

가나안 땅에 도착해서도 고통은 멈추지 않았다. 대기근이 들어 식량을 찾아 다시 이집트까지 가야 했고(창세 12,10 참조) 여러 작은 전쟁과 다툼도 이겨내야 했다.(창세 14,13-16 참조)

하지만 사라이는 남편을 따라온 여정들을 후회하지 않았다. 가나안 땅이야 말로 지금까지 지나온 곳 중에서 가장 아름다운 장소라고 생각했기 때문이다. 아시아와 아프리카, 유럽을 잇는 길목에 위치한 이 땅의 중요성에 대해서는 아브람을 통해 수없이 들었다. 사실 이곳에서는 이미 오래전부터 금속, 향신료, 사치품, 향수, 고무, 약품, 노예 등의 국제 거래가 이루어지고 있었다.(1열왕 10,28-29 ; 이사 43,24 ; 아가 3,6 참조) 게다가 아브람이 늘 믿고 따르는 유일신 하느님께서 그에게 해주신 약속도 있지 않은가. 하느님은 언젠가 아브람에게 이렇게 말했다.

"아브람아, 두려워하지 마라. 나는 너의 방패다. 너는 매우 큰 상을 받을 것이다."(창세 15,1)
"하늘을 쳐다보아라. 네가 셀 수 있거든 저 별들을 세어 보아라. 너의 후손이 저렇게 많아질 것이다."(창세 15,5)

남편 아브람은 하느님과 대화를 했다. 처음에는 충격이었다. 믿기 힘들었다. 하느님과의 대화라니…. 하지만 지금까지의 충격은 아무것도 아니다. 최근에는 놀라서 뒤로 넘어질 뻔한 이야기를 들었다.
사라이는 자신도 모르게 얼굴이 붉어졌다. 급하게 뛰는 심장을 진정시키기 위해 가슴을 지그시 눌렀다. 그 생각을 하면 아직도 가슴이 두근거린다.

"하느님 맙소사!"

+ 천사들을 대접하는 아브라함. 이탈리아 시칠리아 팔레르모 노르만 궁전 팔라티나 소성당 모자이크

+ 아들을 제물로 바치는 아브라함. 이탈리아 라벤나 산 비탈레 성당 모자이크. 한민족의 맨 앞줄에 단군왕검이 있다면, 유대 민족의 맨 앞줄에는 아브라함이 있다. 한국인과 유대인은 한(恨)의 문화, 외세의 잦은 침략으로 인한 고통, 높은 교육열 등 많은 점에서 닮은꼴이다. 하지만 할례 풍습과 까다로운 음식 규정 등은 유대인 고유의 문화적 특성을 구성한다. 아브라함은 유일신의 명령에 따라 할례를 실시했으며, 이는 유대 민족의 일치와 고유성을 확보하는데 중요한 의미를 지니고 있다.

10년 후

아내 사라이의 속은 참으로 알다가도 모르겠다. 하느님께 눈물을 흘리며 기도하고 매달리는 모습을 보면 영락없는 그분의 딸이다. 하지만 하느님 말씀을 믿지 않고, 고집을 피울 때도 많다.

10년 전 일만 해도 그렇다. 아내는 하느님께서 아이를 주시겠다는 말을 하셨는데도 믿지 않았다. 오히려 "하느님 맙소사!"라고 말했다.

나중에 물어보니 '이렇게 늙어 버린 나에게 무슨 육정이 일어나랴? 내 주인도 이미 늙은 몸인데'(창세 18,12)라고 생각했다고 한다.

하지만 하느님은 분명히 말씀하셨다.

"아내 사라이가 너에게 아들을 낳아 줄 것이다. 너는 그 이름을 이사악이라 하여라. 나는 그의 뒤에 오는 후손들을 위하여 그와 나의 계약을 '영원한 계약'으로 세우겠다."(창세 17,19)

물론 나와 아내의 나이를 생각하면 믿기 힘든 말씀이었다. 그러나 하느님의 계획은 반드시 실현된다는 것을 나는 알고 있었다. 지금까지 나에게 하신 말씀 중, 이루어지지 않은 것이 하나도 없었다.

그리고 하느님은 아들 이사악을 예고하실 즈음 나와 아내의 이름을 바꾸도록 하셨다.

"너는 더 이상 아브람이라 불리지 않을 것이다. 이제 너의 이름은 아브라함이다."(창세 17,5)

"너의 아내 사라이를 더 이상 사라이라는 이름으로 부르지 마라. 사라가 그의 이름이다."(창세 17,15)

참으로 송구한 일이다. '아브라함'에서 '아브'는 '아버지'라는 뜻이고 '함'은 '백성 혹은 민족'이라는 뜻이다. 하느님은 나를 민족의 아버지, 백성의 아버지로 세우신 것이다. 하느님께서 주신 아내의 새 이름 '사라'도 '여왕'이라는 뜻이니, 영광스럽지 않을 수 없다.

그렇게 나와 아내는 하느님에 의해 민족들의 아버지와 여왕이 되었다.

하느님은 더 나아가 "나는 나와 너 사이에, 그리고 네 뒤에 오는 후손들 사이에 대대로 내 계약을 영원한 계약으로 세워, 너와 네 뒤에 오는 후손들에게 하느님이 되어 주겠다"(창세 17,7)고 약속하셨다.

이것보다 더 큰 축복의 말씀이 있을까. 하느님은 또한 "가나안 땅 전체를 너와 네 뒤에 오는 후손들에게 영원한 소유로 주겠다"(창세 17,8)라고 하셨다.

실제로 하느님은 이 지역에서 세력을 떨치고 있는 아비멜렉이 보낸 장수 피콜과 평화계약을 성사시켜 주시는 등(창세 21,22-34 참조) 당신의 약속을 하나하나 실현해 보이셨다.

그리고 이 모든 계약의 증표로 하느님은 '할례'(포경절제수술)를 요구하셨다.

"너희는 포피를 베어 할례를 받아야 한다. 이것이 나와 너희 사이에 세운 계약의 표징이다."(창세 17,11)

그래서 하느님 말씀대로 할례를 했다. 몸종들도 예외가 아니었다. 그러나 다른 부족들은 할례를 하지 않았다. 그래서 할례는 우리 집안사람들만의 독특한 소속감을 드러내는 데 큰 역할을 했다. 나중에 자손이 여러 세대에 걸쳐 이어져 내려가더라도 할례를 했는지, 하지 않았는지의 여부에 따라서 나의 후손인지, 후손이 아닌지 분별할 수 있을 것이다.

그러나 할례는 단순히 소속감을 위한 것만은 아니었다. 할례는 하느님께 대한 복종이었고, 순명이었다. 하느님의 명령이 언제까지 이어질지 모르지만, 할례는 앞으로 하느님 백성임을 드러내는 표지가 될 것이다.

그래서 눈에 넣어도 아프지 않은 아들, 이사악도 태어난 지 여드레 만에 할례를 받도록 했다.(창세 21,4 참조) 이사악은 벌써 성장해서 들판을 뛰어다닐 나이가 되었다.

얼마나 껑충껑충 잘 뛰어다니는지 심장이 두 개가 아닌가 싶을 정도였다. 뛰는 모습을 보고 있으면 나의 심장도 함께 뛰었다. 맑고 밝았다. 이사악은 내 삶의 전부였다. 눈에 넣어도 아프지 않을 것 같았다. 이사악을 바라보고 있을 때가 가장 행복했다. 나는 이사악으로 인해 인생이 참으로 행복하며 살 만한 것이라는 걸 깨달았다. 이사악이 웃을 때 나도 웃었고, 이사악이 울 때 같이 울었다.

이사악이 태어나기 직전, 몸종 하가르에게서 낳은 아들 이스마엘을 쫓아낼 때를 생각하면 마음이 착잡했지만, 그들 또한 하느님께서 보살펴 주신다고 약속하셨고, 지금은 모두 잘 살고 있다는 소식을 들었다.(창세 21,8-21 참조)

인간은 여정의 동물, 길 위의 동물(호모 비아토르, Homo Viator)이라고 했던가. 돌이켜 보면 참으로 힘난했던 삶이다. 고향 우르를 떠나 하란을 거쳐 이곳으로 오기까지 참으로 많은 일이 있었다. 혹독한 기근에 시달려야 했고, 낯선 이방인들과의 수많은 다툼도 거쳐야 했다.
나의 인생은 그렇게 길 위에서 시작되었고, 또한 그 길 위에서 막을 내릴 것이다. 이사악은 그런 길 위의 여정 끝에 다가온 행복이었다.

그런데 얼마 전 하느님으로부터 충격적인 말씀을 들었다. 그 말씀은 사형 선고나 다름없었다. 나를 데려가시겠다면 기꺼이 목숨까지도 바칠 수 있었다. 그 어떤 형벌도 달게 받을 것이다. 하느님 명령이라면 마른 짚을 등에 지고 불에 뛰어들 수도 있었다.
하지만 하느님은 아들 이사악을 요구하셨다. 처음에는 귀를 의심했다.

"너의 아들, 네가 사랑하는 외아들 이사악을 나에게 번제물로 바쳐라."(창세 22,2)

심각하게 고민을 했다. 마음속에 갈등이 일었다. 하지만 어쩔 수 없었다. 평생 동안 나를 앞에서 이끄신 하느님이었다. 지금까지 한 번도 이치에 맞지 않는 것을 요구하신 일이 없으신 분이었다. 하느님은 분명 내가 모르는 계획이 있으실 것이다.

아침 일찍 아들을 불렀다.
"나와 함께 갈 곳이 있다."
아들은 환하게 웃으며 따라나섰다. 마치 소풍을 가듯 흥겨운 모습이었다. 아들은 번제물을 태울 장작을 등에 지고 함께 산에 올랐다. 잠시 아들의 얼굴을 쳐다보았다가 이내 고개를 돌렸다. 아들의 얼굴을 똑바로 쳐다보기가 힘들었다. 아들이 환하고 흥겨운 목소리로 물었다.

"불과 장작은 여기 있는데, 번제물로 바칠 양은 어디 있습니까?"(창세 22,7)

마음이 찢어졌다. 하지만 슬픔을 드러낼 순 없었다. 만약 자신을 죽일 것이라는 사실을 안다면 도망칠 수도 있었다. 나는 늙었다. 이사악이 그 빠른 발로 도망간다면 따라잡을 수 없었다. 어떻게 해서라도 아들을 안심시켜야 했다.

"애야, 번제물로 바칠 양은 하느님께서 손수 마련하실 거란다."(창세 22,8)

제사를 드릴 장소에 도착했다. 제단을 쌓고 장작을 얹었다. 그런 후, 재빨리 아들을 묶어 장작 위에 올렸다. 영문을 모르는 아들은 반항 한 번 해보지 못하고 그렇게 번제물로 바쳐질 운명이었다.

칼을 빼 들었다. 아들이 새파랗게 질린 눈으로 쳐다봤다. 그리고 죽음의 공포에서 벗어나기 위해 몸부림을 쳤다. 그럴수록 꽁꽁 묶인 밧줄은 이사악을 더욱 옥죌 뿐이었다.

나는 의외로 차분했다. 스스로도 놀랄 정도였다. 하지만 아들의 눈을 차마 쳐다볼 수 없었다. 한쪽 손으로 아들의 얼굴을 누르고, 다른 한 손으로 칼을 들었다. 고개를 돌렸다. 그리고 칼을 아들의 하얀 목에 가져갔다.

그때였다. 갑자기 하늘에서 다급한 천사의 목소리가 들려왔다.

"아브라함아, 아브라함아!"(창세 22,11)

+ 구에르치노(Guercino, 1591~1666)의 '하가르와 이스마엘을 내쫓는 아브라함'(Abraham Casting Out Hagar and Ishmael), 1657, 오스트리아 빈 미술사 박물관.

+ 야콥 요르단스(Jacob Jordaens, 1593~1678)의 '이삭의 희생'(The sacrifice of Isaac), 1625, 이탈리아 밀라노 브레라 미술관.

이사악의 우울증?

"천사가 말하였다. '그 아이에게 손대지 마라. 그에게 아무 해도 입히지 마라.'"(창세 22,12)

천사가 조금만 늦었다면 이사악의 목이 날아갈 뻔했다. 아브라함은 그제야 칼을 땅에 떨어뜨리고 긴 숨을 토해냈다. 아들을 죽이려던 섬뜩한 눈빛은 더 이상 찾아볼 수 없었다.

영문도 모른 채 죽음의 문턱까지 갔다가 살아난 아들 이사악도 두 손으로 목을 움켜쥔 채 숨을 '하악하악' 내쉬고 있었다. 목에는 아직도 서늘한 칼날의 기운이 남아 있었다. 아버지와 아들 사이에는 긴 침묵이 흘렀다. 얼마나 지났을까…. 양 울음소리가 들렸다. 아브라함은 덤불에 뿔이 걸린 숫양 한 마리를 발견했다. 양은 아들 이사악 대신 번제물로 바쳐졌다.

세계 어느 민족의 문학도 이렇게 인간과 신의 사랑을 극적으로 드러내지는 못했다. 신이 만약 아브라함에게 "나를 위해 너의 목숨을 바쳐라"라고 명령하고, 아브라함이 "예! 알겠습니다"라고 순종하며 스스로 목숨을 끊었다면, 그 이야기는 훗날 흔한 순교자 이야기들 중 하나가 됐을 것이다.

하지만 신은 아들을 요구했고, 아브라함은 하나 밖에 없는 아들, 그것도 늘그막에 얻어 애지중지 키우던 그 아들을 죽이려 했다.

일반적으로 모든 아버지들은 아들을 살리기 위해서라면 목숨도 아끼지 않는다. 아버지는 물에 빠진 아들을 구하기 위해 위험을 감수하고 스스럼없이 물에 뛰어든다. 자녀가 고통을 받으면 똑같은 비중으로 고통을 겪는다. 아니 열배 백배 더 큰 고통으로 아파한다. 부성(父性)이란 그런 것이다. 아버지는 자녀를 위해서라면 자신의 살을 떼어 줘도 아깝지 않다고 여긴다. 그런 아버지가 신의 명령에 따라 아들을 죽이려 한 것이다.

이 이야기가 주는 극적 효과는 훗날 수많은 철학자 및 종교인들의 감성을 자극한다. 유대교의 위대한 랍비 나흐마니데스(Nahmanides, 1194~1270)는 인간 자유 의지의 위대함을 보여 주는 사례라고 극찬했고, 철학자 키에르케고르(Soren Kierkegaard, 1813~1855)는 아브라함의 이사악 봉헌을 둘러싼 신앙의 여러 문제에 대해 성찰한 연구서 「공포와 전율」(Fear and Trembling)에서 "아브라함은 하느님을 위해 자신의 윤리적 이상뿐 아니라 아들과도 결별할 수 있었다"라고 말했다.

하지만 여기에 의문이 남는다. 성경은 오직 아브라함과 하느님의 관계에 대해서만 서술할 뿐이다. 정작 제물이 되었던 당사자 이사악의 입장은 전하지 않고 있다. 하지만 당시 이사악의 심정은 충분히 추정할 수 있다.

이사악은 평생 동안 오늘날의 '명절 증후군' 비슷한, 이른바 '제사 증후군'에 시달렸을지도 모른다. 제사 때 번제물로 바치는 양을 볼 때마다 소름이 돋았을 것이다. 그 자신이 양처럼 목이 잘린 채 제단에 올려지고, 불에 탈 수도 있었기 때문이다. 자신을 죽이려던 아버지의 서늘한 눈빛도 영원히 잊을 수 없었을 것이다. 아버지에 대한 적의심을 가득 품은 채 성장했을 수도 있다. 부모로부터 완전한 사랑을 받지 못했다는 충격 때문에, 심각한 우울증과 공황장애를 겪었을지도 모를 일이다.

실제로 이 이야기는 하느님의 윤리성에 상당한 의심을 갖게 한다. 하느님은 사랑하는 아들을 죽여서야 도달할 수 있는 경지인가. 하느님은 과연 살인을 원하는가. 하느님의 의지는 인간 윤리와 배치되는가. 최고의 윤리 그 자체인 하느님이 왜 인간에게 비윤리적인 것을 명령하는가.

이에 대해 대부분 유대교 및 그리스도교 윤리 신학자들은 하느님 의지와 보편 윤리의 갈등을 야기시킬 수도 있는, 신앙의 절대성만 강조하는 일부 해석들을 경계하고 있다. 이사악이 제물로 선택된 것은 그가 아브라함의 가장 귀중한 소유였을 뿐 아니라, 하느님의 특별한 선물이었기 때문이다. 선물 중에서도 가장 소중하게 생각하는 선물이었다. 아우구스티노는 「신국론」에서 이사악이 자기 번제에 사용될 나무를 지고 걸어간 사실을 예수가 십자가를 지고 골고타 언덕으로 끌려간 사건과 연결시킨다.

따라서 이 이야기는 희생(경배)의 완전한 목적, 즉 인간이 소유한 것은 무엇이든 하느님에게서 온 것이며, 그렇기에 마땅히 온 곳으로 되돌려 바칠 수 있어야 한다는 점을 상징적으로 강조한 것이다.

만약 아브라함이 이사악을 실제로 죽였다면 이야기는 또 달라진다. 결국, 그 희생은 실패로 끝났다. 그래서 이사악의 희생은 후세대를 위한 진정한 경배의 모델로 남게 된 것이다.

이러한 믿음과 순명에 대한 보답으로 아브라함은 하느님의 선택과 약속이 단순히 유대 민족에 한정된 것이 아니라 '보편적'이라는 말을 듣는다. 하느님은 단지 아브라함 자손들만의 번성을 약속한 것이 아니었다. 유대인들만의 번성을 약속한 것이 아니었다.

"네가 나에게 순종하였으니, '세상의 모든 민족들'이 너의 후손을 통하여 복을 받을 것이다."(창세 22,17-18)

하느님은 유대인만의 하느님이 아니다. 미국인, 유럽인, 한국인, 중국인, 일본인에게도 복을 내리는 하느님이다.
이러한 약속은 훗날 우울증을 겪고 있었을 것으로 추정되는 이사악에게도 계속 이어진다.

"너의 후손을 하늘의 별처럼 불어나게 하고, 네 후손에게 이 모든 땅을 주겠다. 세상의 모든 민족들이 너의 후손을 통하여 복을 받을 것이다."(창세 26,4)

여담이지만, 아브라함이 이사악 대신 번제물로 바쳤다는 그 양을 우연히 영국에서 만난 일이 있다. 2007년 아프리카 취재를 위해 잠시 영국을 경유한 일이 있었다. 하루는 시간이 남아서 대영 박물관을 찾아 이곳저곳을 둘러봤다. 그런데 그곳에서 뜻하지 않게, 수메르 문명의 중심지 우르의 왕릉에서 발굴됐다는 '뿔이 덤불에 걸린 양' 상(像)을 봤다. 두 다리로 떡 버티고 서서, 앞다리를 나무에 걸치고 있는 양은 몸통 상체와 머리 부분이 덤불에 둘러싸여 있었다. 안내문에는 이 상이 기원전 2600여 년경의 유물이라고 나와 있었다. 당연히 아브라함이 태어나기 훨씬 전에 만들어진 것이다. '뿔이 덤불에 걸린 양'에 대한 전설이 수메르문명에 있었을 것으로 추정되는 대목이다.

이사악 대신 번제물로 바친 양은 평범한 양이었어도 문제가 없었을 것이다. 그런데 왜 하필이면 '뿔이 덤불에 걸린 양'이었을까. 수메르 문명의 오래된 전설, '뿔이 덤불에 걸린 양'이 구약성경에 어떤 힌트를 준 것은 아닐까.

+ 카라바조(Caravaggio, 1571~1610)의 '이사악의 희생'(The Sacrifice of Isaac), 1603, 이탈리아 피렌체 우피치 미술관.

+ 요한 게오르그 플라체르(Johann Georg Platzer, 1704~1761)의 '우물가의 레베카'(Rebecca at the Well), 1735, 오스트리아 빈 벨베데레 궁전 박물관.

레베카의 선택

거장 알프레드 히치콕(Alfred Joseph Hitchcock, 1899~1980) 감독이 1940년에 연출한 영화 '레베카'(Rebecca)는 삶과 죽음을 넘나드는 독특한 소재로 당시 평단의 주목을 끌었다. 영화는, 세상을 떠난 레베카가 '지금 여기서' 살고 있는 사람들의 삶에 영향을 주는 일련의 과정을 담고 있다.

3800~4000년 전, 이사악의 아내 이름도 레베카였다. 이사악의 아내 레베카는 이미 죽고 없지만, 마치 히치콕 감독의 영화 속 레베카처럼 오늘날까지도 지대한 영향을 끼치고 있다.

만약 그녀가 둘째 아들 야곱이 아닌, 첫째 에사우를 더 사랑했다면 지금의 이스라엘은 존재하지 않았을 것이다.

아버지로부터 살해 위협을 받아 마음에 큰 상처를 입었을 것이 명백한 이사악은 아내 레베카를 통해 특별한 위로를 받았던 것으로 보인다. 특히 어머니 사라의 죽음 뒤에 이뤄진 혼인이어서, 아내에 대한 정이 더욱 각별했을 것이다.

이사악과 레베카, 또 그의 아들 야곱에 대한 이야기는 구약성경 「창세기」 25장에 자세히 나온다.

마흔 살의 늦은 나이에 레베카와 혼인한 이사악은 진심으로 아내를 사랑했다.(창세 24,67 참조) 그런데 문제가 있었다. 20년이 지나 노인이 될 때까지 아이를 얻지 못한 것이다. 그래서 이사악은 어느 날 아이를 얻게 해 달라고 간절히 기도를 올렸다. 그러자 신기하게도 레베카가 임신을 했다. 그것도, 그동안의 마음고생을 덜어 주기라도 하듯, 아들 둘(쌍둥이)이 한꺼번에 들어섰다.

레베카도 임신 초기, 직감으로 자신의 배 속에 있는 아이가 쌍둥이임을 알았다. 그래서 하느님께 기도로 물었다. "어째서 저에게 이런 일이 일어난 겁니까?" 주님께서 대답했다. "너의 배 속에는 두 민족이 들어 있다. 두 겨레가 네 몸에서 나와 갈라지리라. 한 겨레가 다른 겨레보다 강하고 형이 동생을 섬기리라."(창세 25,22-23)

세상에 먼저 나온 이가 '에사우'이고, 둘째가 '야곱'이다. 참고로 에사우는 이슬람 민족의 조상이 된다. 유대인의 조상이 야곱이니까, 유대인과 아랍인은 애초에 쌍둥이 형제인 셈이다.

야곱은 영어 이름에서 제이콥(Jacob), 잭(Jack) 혹은 재키(Jake) 등으로 변형된다. 요한이 존(John), 베드로가 피터(Peter), 바오로가 폴(Paul), 마리아가 메리(Mary), 안나가 앤(Anne)으로 변형되는 것과 마찬가지다.

남자 이름과 관련, '야곱'에 대한 미국인들의 선호도는 요한(존)과 베드로(피터), 바오로(폴)에 비해 크게 앞선다. 미국의 한 단체가 실시한 조사에 의하면, 1999년부터 2006년까지 미국에서 남자아이 이름으로 가장 많이 사용한 이름이 야곱(Jacob)이었다.

야곱은 '다른 사람의 뒤꿈치를 잡은 사람'이라는 뜻이다. 태어날 때 형 에사우의 뒤꿈치를 잡고 세상에 나왔기 때문에 붙여진 이름이다. 또한 야곱은 '남의 자리를 뺏다, 기만하다'라는 뜻과 관련되기도 한다.(창세 27,36 참조) 반면 에사우는 '털복숭이'라는 뜻이다.

1990년에 케빈 코스트너(Kevin Michael Costner, 1955~)가 감독과 주연을 동시에 맡은 영화 '늑대와 춤을'에서도 인디언들의 이름 중에 '주먹 쥐고 일어서' 등과 같은 재미있는 이름들이 나오는데, 과거에는 동서양을 막론하고 각 사람의 특징을 따서 이름으로 불렀다는 점에서 이는 매우 흥미로운 사실이다. 우리나라에서도 늦게 본 아들과 딸의 이름을 '막둥이' 또는 '말순이'라고 지었다.

어쨌든 비슷한 DNA를 가지고 태어난 쌍둥이 형제면 성격도 비슷할 법한데, 에사우와 야곱은 그렇지 않았다. 완전히 달랐다.

"아이들이 자라서, 에사우는 솜씨 좋은 사냥꾼 곧 들사람이 되고, 야곱은 온순한 사람으로 천막에서 살았다. 이사악은 사냥한 고기를 좋아하여 에사우를 사랑하였고, 레베카는 야곱을 사랑하였다."(창세 25,27-28)

활달한 성격의 에사우는 모험심과 도전 정신이 강했고, 야곱은 지적이고 사려가 깊으며 차분한 성격이었다. 들사람 에사우는 당연히 체격도 우람했을 것이다. 요즘 말로 하면 소위 초콜릿 복근형 남자다. 반면 야곱은 약하고 온순했다.

여기서 이사악, 에사우, 야곱 시대가 거친 유목사회였다는 점을 기억할 필요가 있다. 당시 중동지역에선 유목생활이 주류였다. 그래서 풀이 많은 좋은 땅을 차지하기 위한 부족 단위 소규모 전투가 빈번히 일어나던 때였다. 이런 여건에서는 사냥을 잘하는 늠름한 기상의 에사우가 부족을 이끌 지도자로 적합했다. 야곱은 양치기로는 적합했을지 몰라도, 전사 스타일은 아니었다.

아버지 이사악도 그래서 맏아들인 에사우를 더 사랑했다. 결국 야곱은 에사우의 그늘에서 성장할 수밖에 없었다. 어머니 레베카가 야곱을 더 사랑했던 이유도 여기에서 찾을 수 있다. 어머니는 아버지로부터 사랑받지 못하는 자식에게 더 마음이 끌리는 법이다.

성격이 전혀 다른 쌍둥이 형제. 이쯤 되면 눈치 빠른 사람은 곧 갈등이 일어날 것이라는 사실을 쉽게 예상할 수 있을 것이다. 역시 예상대로 큰일이 벌어진다.

아버지 이사악은 에사우에게 축복을 내리고 가문을 이어가도록 할 생각이었다. 그래서 하루는 맏아들에게 장자권을 수여하기 위해 에사우를 부른다. 하지만 야곱이 어머니의 도움으로 아버지 이사악을 속였고, 결국 에사우에게 주어질 맏아들의 권리와 축복을 빼앗는다. 뒤늦게 이 사실을 알게 된 에사우는 불같이 화를 냈다. 성경은 에사우가 겪었을 상실감과 분노에 대해 비교적 상세히 묘사하고 있다. 상세한 묘사를 하는 이유는 그만큼 이 내용이 중요하기 때문이다.

"에사우는 아버지가 야곱에게 해준 축복 때문에 야곱에게 앙심을 품었다. 그래서 에사우는 '아버지의 죽음을 애도하게 될 날도 멀지 않았으니, 그때에 아우 야곱을 죽여 버려야지' 하고 마음속으로 생각하였다. 레베카는 큰아들 에사우가 한 말을 전해 듣고는, 사람을 보내어 작은아들 야곱을 불러 놓고 그에게 말하였다. '애야, 너의 형 에사우가 너를 죽여서 원한을 풀려고 한다. 그러니 내 아들아, 내 말을 듣고 일어나 하란에 있는 내 오라버니 라반에게로 달아나라. 네 형의 분이 풀릴 때까지, 얼마 동안 그분 집에 머물러라.'"(창세 27,41-44)

힘으로는 야곱이 밀릴 수밖에 없었다. 일단 소나기는 피하고 볼 일이다. 놀란 야곱은 가나안을 떠나 하란을 거쳐 메소포타미아 지역으로 몸을 피했다.

이후 야곱은 오랜 세월 타향살이 과정에서 피땀 흘려 재산을 모았고, 큰 부자가 됐다. 그러던 어느 날 고향이 그리워졌다. 야곱은 형에게 돌아가 예전의 잘못을 빌고 깨진 형제간의 우애를 되살리기로 마음먹었다. 그래서 고향으로 돌아와 많은 재물을 주고, 형과 화해를 했다.

그런데 중요한 이야기는 여기서부터이다. 야곱이 에사우를 만나러 가는 길에서, 그리고 에사우와 화해한 후 베텔에서 역사적 사건이 일어난다. 전승이 두 가지이기 때문에 성경도 이 두 가지 이야기를 함께 전하고 있는데, 성경의 골치 아픈 편집 역사는 차치해 두자. 이야기의 핵심만 알면 된다. 바로 야곱이 하느님으로부터 '이스라엘'이라는 새 이름을 받는다는 것이다.

야곱의 할아버지 아브라함이 땅에 대한 약속, 하느님에 대한 순명, 믿음의 중요성 등 인간이 신을 섬기는 원리들을 확립했다면, 아브라함의 손자 야곱은 그 약속이 이루어질 장(場)을 마련했다. 인류 영성사에 큰 주춧돌을 놓는 이스라엘이라는 이름의 탄생이 바로 그것이다.

"너의 이름은 이제 더 이상 야곱이 아니라 이스라엘이라 불릴 것이다."(창세 32,29)
"이스라엘이 이제 너의 이름이다."(창세 35,10)

성경에서 '이스라엘'이라는 이름이 최초로 나타나는 순간이다.
여기서 궁금증이 생긴다. 유대인, 히브리인, 이스라엘인… 모두 똑같은 말일까. 다르다면 왜 그럴까. 각자 어떤 의미를 담고 있을까.

+ 야곱의 사다리 조형물. 이탈리아 밀라노 대성당 외벽 조형물. 야곱은 어느날 꿈속에서 하늘에 닿아있는 사다리(층계)를 보게 된다. 주님께서 그 위에 서서 이렇게 말씀하신다. "내가 너에게 약속한 것을 다 이루기까지 너를 떠나지 않겠다."(창세 28,15)

+ 구스타프 클림트(Gustav Klimt, 1862~1918)의 '이집트 2'(Egypt II). 오스트리아 빈 미술사 박물관. 히브리인이 하비루인은 아니었지만, 하비루인으로 불리는 사람 중에 히브리인들도 섞여 있었다. 히브리인들은 강대한 민족들의 용병으로 고용돼 전쟁에 가담하기도 했으며, 노예로 팔려가기도 했다. 특히 이집트에서는 다른 하비루들과 함께 피라미드를 쌓는 노역에 동원되기도 했다.

하비루, 히브리, 이스라엘

고대 중국인들은 한반도와 만주 지역에 살고 있던 우리들의 조상을 '동이'(東夷)라고 불렀다. 직역하면 '동쪽 오랑캐'라는 뜻인데 중국 역사에서 중국 사학자들이 중국의 북동쪽과 한국, 일본 또는 그곳에 사는 종족을 이르는 말이다.

중국인들은 동이뿐 아니라 서쪽에 사는 오랑캐를 서융(西戎), 남쪽 오랑캐를 남만(南蠻), 북쪽 오랑캐를 북적(北狄)이라고 불렀다. 스스로를 세계의 중심이라고 생각하다 보니, 주변에 살고 있는 민족들을 모두 오랑캐로 인식한 것이다. 남 말 할 수 없는 것이, 우리도 중국 사람과 일본 사람을 낮잡아 각각 '되놈'과 '왜놈'으로 불렀다.

아브라함과 이사악, 야곱 시대에도 당시 문명지역(이집트, 메소포타미아)에서 주변 지역 사람들을 경멸적 의미로 지칭하던, '오랑캐'와 유사한 명칭이 있었다. '하비루'(Habiru)가 그것이다.

1887년 이집트에서 발굴된 '아마르나 문서'(기원전 14세기 것으로 추정)에 따르면 '아삐루'(Apiru) 또는 '하삐루'(Hapiru)라고도 불렸던 이들은, 기원전 2000년경 안정된 사회에 뿌리를 내리지 못하고 떠돌던 하층민들이었다. 주로 팔레스티나 지역에 살던 무법자, 범법자, 용병, 노예, 반란자 등이 이 부류에 속했다.

이 하비루에서 우리는 자연스럽게 '히브리어', '히브리 민족', '히브리인'의 '히브리'(Hebrews)를 떠올릴 수 있다. 참으로 비슷하다. '하비루'와 '히브리' 두 단어에서 모음을 빼면 같은 자음인 'ㅎ', 'ㅂ', 'ㄹ'이 남는다.

그래서 과거에는 많은 학자들이 히브리의 어원을 하비루에서 찾기도 했다. 하지만 고대 근동 여러 지역에서 더 많은 문서들이 발견되면서 하비루인들은 히브리인처럼 고정된 혈통과 언어, 문화를 갖춘 민족 집단이 아니라는 사실이 드러났다.

하비루는 특정 사회 계층을 경멸적으로 지칭하던 용어일 뿐이었다. 실제로 히브리인은 히브리어로 '이브리'(ibri)다. 배철현의 「신의 위대한 질문」(21세기북스, 2016)에 따르면 이 단어는 '경계를 넘나들다' 혹은 '(규율을) 어기다'라는 뜻의 '아바르'(abar)라는 히브리 동사에서 파생했다. 히브리인은 한 곳에 정착하지 않고 경계를 넘나드는 자율적인 사람들이다. 히브리와 하비루는 관련이 없음을 알 수 있다.

그럼에도 당시 이집트와 메소포타미아 지역에서는 하비루라는 명칭을 히브리인을 지칭할 때 간혹 사용하기도 했다. 히브리인이 하비루인은 아니었지만, 하비루인으로 불리는 사람 중에 히브리인들도 섞여 있었기 때문이다. 실제로 히브리인들은 강대한 민족들의 용병으로 고용돼 전쟁에 가담하기도 했고, 노예로 팔려가기도 했으며, 특히 이집트에서는 다른 하비루들과 함께 피라미드를 쌓는 노역에 동원되기도 했다.

그렇다면 '히브리'(Hebrews)는 성경에서 어떤 의미로 사용될까. 히브리는 하느님 백성을 지칭하는 말로, 「탈출기」 5장 1-3절에서는 히브리인과 이스라엘인을 동일시한다. 아브라함에게도 히브리인이라는 이름이 붙여졌다.(창세 14,13 참조) 적장의 목을 베기 위해 적진으로 들어간 유딧도 스스로를 '히브리 여자'라고 말했다.(유딧 10,12 참조)

「한국가톨릭대사전」에 의하면 신약성경에서 히브리인은 헬레니즘에 영향을 받지 않은 순수한 유대인들을 가리키기도 하고,(사도 6,1 참조) 유대인들을 이방인과 구별하기 위해 사용하는 용어이기도 하다.(2코린 11,22 ; 필리 3,5 참조) 이후 기원전 2세기경에 히브리는 구약성경의 언어와, 이 언어로 기록된 작품들을 의미하게 된다. 그 영향으로 우리는 오늘날 유대인들이 사용하는 언어를 히브리어라고 부른다. 훗날 19세기에는 히브리라는 용어가 세속주의를 극복하는 쇄신운동의 용어로 정착되는데, '히브리 유니온 대학'(Hebrew Union College) 등이 그 예다.

하지만 원래 히브리라는 명칭은 광범위하게, 통상적으로 사용되던 말이 아니었다. 유대인들은 스스로를 히브리인이라는 이름으로 부른 일이 거의 없었다. 주로 이방인이 이스라엘인들을 지칭할 때나,(창세 39,14 ; 탈출 2,6 ; 1사무 4,6 참조) 혹은 이방인에게 신원을 밝히려고 했을 때(창세 40,15 ; 탈출 3,18 ; 유딧 10,12 참조) 간헐적으로 쓰였다.

사실 유대인들은 히브리라는 용어보다는 '이스라엘'이라는 말을 선호한다. 흥미로운 점은 이 명칭이 담고 있는 의미가 지금까지도 유대인들의 정체성을 이야기할 때 종종 거론된다는 점이다.

야곱이 얻은 이스라엘이라는 이 이름에는 '하느님과 겨룬 사람', '하느님께서 싸우신다', '하느님께서 싸워주시기를', '신들과 싸우는 사람', '하느님을 위해 싸우는 사람', '하느님의 정직한 종', '하느님의 지배로 움직이는 사람' 등 다양한 의미가 있다.

이러한 해석들 중 공통적으로 드러나는 함의가 있다. '싸우다'가 그것이다. 이스라엘이라는 이름 자체가 전투적이고 투쟁적인 의미를 지니고 있는 것이다. 실제로 이스라엘은 '지금도' 싸우고 있다.

척박한 자연환경과 강대국들의 위협 속에서 살아야 했던 유대인들에게 '싸움'은 피할 수 없는 '현실'이었을 것이다. 그 싸움의 틈바구니 속에서 사라져간 민족이 하나둘이 아니다. 이스라엘이라는 이름의 주인공, 야곱이 처한 환경도 그러했다. 야곱에게 있어서 가나안 땅은 나그네살이를 해야 하는 이방인의 땅이었다. 그것이 현실이었다.

"야곱은 자기 아버지가 '나그네살이 하던 땅', 곧 가나안 땅에 자리를 잡았다."(창세 37,1)

+ 이집트 카이로 인근의 기자 지역에 위치한, 약 4500년 전 지어진 쿠푸왕의 피라미드(높이 146m). 연대상으로 볼 때, 이집트로 팔려간 요셉도 이 피라미드를 보았을 것으로 추정된다.

+ 스페인 몬세라트 수도원 대성당 파사드의 '그리스도와 12사도상'. 야곱의 아들은 열둘이었다.

12

만약 대가 끊어질 위기에 처한, 아들 귀한 집의 가장이 성경을 읽는다면 약간 맘 상할 부분이 있다. 바로 야곱이 아들을 '줄줄이' 낳는 장면이다.

"이번에도 아들이에요."(창세 35,17)

아들, 아들, 아들…, 또 아들이다.
야곱은 그렇게 무려 열두 명의 아들을 낳는다.
할아버지 아브라함은 본부인에게서 둔 아들이 이사악 하나뿐이었다. 그리고 아버지 이사악은 에사오와 야곱, 쌍둥이 아들 둘만 두었을 뿐이다. 게다가 아브라함과 이사악 모두 젊었을 때는 아들을 보지 못하다가 늘그막에 자녀를 얻었다. 그래서 이사악과 에사오 그리고 야곱은 애지중지 길러졌다.
그런데 아브라함의 손자 야곱은 아들을 무려 열둘이나 낳았다. 아들 각각의 이름은 다음과 같다.

본부인 레아에게서 낳은 아들이 르우벤, 시메온, 레위, 유다, 이사카르, 즈불룬 등 여섯이고, 라헬에게서 낳은 아들이 요셉과 벤야민, 라헬의 몸종 빌하에게서 낳은 아들이 단과 납탈리, 레아의 몸종 질파에게서 낳은 아들이 가드와 아세르이다.(창세 35,22-26 참조)

이들은 각자 이스라엘 12지파의 조상이 된다. 한 민족을 12지파로 나누는 것은 기원전 2000~1600년경 당시 지중해 동부지역과 소아시아 지역에서는 흔히 있는 일이었다.

그렇다면 왜 굳이 '12'였을까.

오늘날 유전학자들은 인류 생존의 수수께끼 속에는 '12의 법칙'이 숨어 있다고 말한다. 인간 스스로도 모르게 몸속에 '12'라는 숫자가 숨어 있다는 것이다. 학자들은 12의 법칙 균형이 깨지면 인류는 멸망한다고 주장한다.

유전학자들은 확률적으로 왼손잡이가 전체 인구의 12분의 1(8.3%)이라고 말한다. 또 12명 중 한 명은 색맹이다. 또한 12명 중 한 명은 대머리다. 왜 그럴까.

인류는 원시시대부터 12명을 기본 단위로 사냥에 나섰다. 그런데 12명 중 대머리와 왼손잡이, 색맹이 한 명씩 포함된 그룹이 가장 사냥을 잘할 수 있었다고 한다. 오른손잡이 11명이 동물을 오른쪽으로 몰 때 한 명은 왼쪽으로 돌아 갔고, 동물에게 가장 가까이 접근할 수 있었던 사람은 대머리였으며, 동물들의 보호색 위장을 판별해내기 위해 색맹이 반드시 필요했다는 것이다.

믿거나 말거나이지만, 실제로 대머리와 색맹, 왼손잡이의 비율은 동서양을 막론하고 오늘날에도 전체 인구의 8.3퍼센트(1/12) 비율을 유지하고 있다.

그래서인지 인간은 유독 12라는 숫자에 집착한다. 인류 최초의 문명, 수메르인들이 사용한 것은 12진법(十二進法, duodecimal)이었다. 우리는 이 12진법을 오늘날 시계에 적용해 사용하고 있다. 우리는 하루 24시간을 오전과 오후 12시간으로 나눈다. 1년 또한 열두 달이다. 올림포스의 주축이 되는 신도 열둘이었다. 아서왕의 전설에 나오는 원탁의 기사도 열두 명이다.

동양에서도 12는 특별한 의미를 지닌 수였다. 십이지(十二支)는 자(子) 축(丑) 인(寅) 묘(卯) 진(辰) 사(巳) 오(午) 미(未) 신(申) 유(酉) 술(戌) 해(亥)를 말한다. 오늘날에도 음악에서 한 옥타브는 12개의 반음 간격이며, 컴퓨터 키보드에도 F1에서 F12까지 12개의 기능키가 있다. 연필 한 다스도 12자루다.

알렉산더 데만트(Alexander Demandt)는 「시간의 탄생」에서 12와 관련해서 이렇게 말했다.

"초기 바빌로니아 시기부터 태양력에 있던 12개월은 숫자 12라는 숫자가 손가락 수에 기반을 둔 10이라는 숫자와 맞먹는 지위를 가지고 있었음을 잘 보여준다. 10은 2,5로 밖에 나눌 수 없지만 12는 2,3,4,6이라는 숫자로 각각 나눌 수 있다.

12에서 파생된 가장 가까운 개념으로 하루에 12시간이라는 단위가 있으며 그 다음에는 60진법을 바탕으로 한 60분과 60초, 360도라는 원의 각도를 들 수 있다. 기하학의 영역에서 원은 여섯 개의 반지름으로 이뤄져 있으며 각 60도씩 마치 똑같이 자른 케이크처럼 여섯 개의 동등한 조각으로 나눌 수 있다.

이오니아오와 헬라스에서 개최되는 경기에 참가하는 팀은 열두개 팀이었다. 헤라클레스는 열두개의 과제를 수행해야 했으며, 전차를 모는 이들은 히포드롬 원형 경기장을 열두 바퀴씩 한 번 혹은 여러번 돌아야 했다." – 알렉산더 데만트(Alexander Demandt)는 「시간의 탄생」(이덕임 옮김, 북라이프, 2018)에서

그리스도교 구원사 속에서도 12는 위력을 발휘하는데, 예수는 제자 "열둘을 뽑으셨다."(루카 6,13) 여기서 12의 의미는 이스라엘 전체의 구원을 상징한다. 5000명을 먹이신 기적에서도 12의 상징은 의미심장하다. 남은 빵조각과 물고기를 모으니 12광주리에 가득 찼다.(마르 6,43 참조) 또 예수님께서는 제자들에게 언젠가는 12옥좌에 앉아 이스라엘의 12지파를 다스리게 될 것이라고 약속하셨다.

"예수님께서 말씀하셨다. '내가 진실로 너희에게 말한다. 사람의 아들이 영광스러운 자기 옥좌에 앉게 되는 새 세상이 오면, 나를 따른 너희도 12옥좌에 앉아 이스라엘의 12지파를 심판할 것이다.'"(마태 19,28)

「요한묵시록」에 나오는 새 예루살렘도 12성문, 12초석으로 이루어져 있다.(묵시 21,12-14 참조)

어쨌든 이스라엘(민족)은 이스라엘(야곱) 이후 그의 열두 아들을 머리로 하는 12부족 동맹체제로 발전하게 된다. 하지만 이들 부족은 훗날 강대국들의 틈바구니 속에서도 그리 쉽게 단결이 이루어지지 않았던 것으로 보인다.(판관 5장 참조)

게다가 이들 부족들끼리의 영토 분쟁도 끊이지 않았다. 훗날 가나안 정복 후, 소위 젖과 꿀이 흐르는 비옥한 땅은 납탈리, 이사카르, 아세르 등에게만

돌아갔을 뿐이었다. 불만이 없을 수 없었다. 이러한 반목을 아예 피하려 했던 기록도 있다. 12지파의 막내 격인 가드와 르우벤 지파는 아예 약속의 땅을 거부하겠다고 모세에게 말했고,(민수 32,1-20 참조) 시메온 지파도 이집트와 인접한 오늘날 가자지구 남쪽 땅을 분배받았다.

12지파 이야기는 여기서 멈추고, 그 조상들의 이야기로 다시 돌아가자.

성경은 야곱의 열두 아들 중 특히 요셉에 주목하고 있다. 성경이 주목한다는 것은 그에 의해 하느님 이야기가 전개된다는 의미이다.

이사악, 야곱(이스라엘)에 이은 아브라함의 3대손 요셉은 명랑한 성격이었던 것으로 보인다. 야곱은 늘그막에 얻은 요셉을 다른 아들들보다 더 사랑했다. 그러자 형제들의 시기가 일었다. 성경은 이 장면을 이렇게 기록하고 있다.

"(야곱은) 다른 어느 아들보다 그를(요셉) 더 사랑하였다. 그래서 그에게 긴 저고리를 지어 입혔다. 그의 형들은 아버지가 어느 형제보다 그를 더 사랑하는 것을 보고 그를 미워하여, 그에게 정답게 말을 건넬 수가 없었다." (창세 37,3-4)

그런데 이처럼 형제들이 요셉을 시기한 데는 요셉에게도 일정 부분 책임이 있었다. 그는 매번 미움받을 짓만 골라서 했다.

"한 번은 요셉이 꿈을 꾸고 그것을 형들에게 말한 적이 있는데, 그 때문에 형들은 그를 더 미워하게 되었다. 요셉이 그들에게 말하였다. '내가 꾼이 꿈 이야기를 들어 보셔요. 우리가 밭 한가운데에서 곡식 단을 묶고 있었어요. 그런데 내 곡식 단이 일어나 우뚝 서고, 형들의 곡식 단들은 빙 둘러서서 내 곡식 단에게 큰절을 하였답니다.' 그러자 형들이 그에게 말하였다. '네가 우리의 임금이라도 될 셈이냐? 네가 우리를 다스리기라도 하겠다는 말이냐?' 그리하여 형들은 그의 꿈과 그가 한 말 때문에 그를 더욱 미워하게 되었다."(창세 37,3-8)

요셉은 마치 형들을 약 올리듯 말했다. 자신을 향한 시기와 질투가 가득한 분위기를 모르지 않았을 텐데 말이다.

"그는(요셉) 또 다른 꿈을 꾸고 그것을 형들에게 말하였다. '내가 또 꿈을 꾸었는데, 해와 달과 별 열한 개가 나에게 큰절을 하더군요.'"(창세 37,9)

모든 가족이 자신에게 굴복할 것이라는 예언이었다.

드디어 요셉을 제외한 나머지 형제들의 인내심이 폭발했다.

형제들은 어느 날 이집트로 가는 상인에게 요셉을 종으로 팔아 넘긴다. 하지만 요셉이 누구인가. 구약성경의 주인공 아닌가. 그가 종으로 팔려 가는 것은 한층 그의 이미지를 극대화하는 데 도움을 줄 뿐이다. 이후 요셉은 이집트에서 감옥에 갇히는 등 고난을 겪지만 타고난 지혜와 재능을 바탕으로 파라오의 눈에 들어 이례적으로 출세를 하게 된다.

결국에는 이집트 재상의 자리에까지 오른다. 종의 신분에서 한 나라의 재상이라니…. 대단한 성공이다. 게다가 그저 그런 평범한 재상이 아니었다.

훌륭한 정치를 통해 모든 국민의 존경을 받는 재상이었다. 파라오도 대만족했다.

재상이 된 요셉은 이후 아버지 야곱을 비롯한 형제들을 모두 이집트로 불러온다. 마치 먹고 살기 힘들어 미국으로 입양 보낸 아들이 부통령이 되어 한국의 가족들을 초대하는 격이다. 이때 요셉에게 의지해 이집트로 건너간 가족(12지파의 조상을 포함한)이 하나둘도 아니고 무려 70명에 이르렀다.(창세 46,8-27 참조)

이때가 기원전 1600년경이다. 요셉 가족들은 이후 행복한 나날을 보낸다. 하지만 그 자손들은 그렇지 못했다. 분위기가 급반전되었기 때문이다. 요셉을 명재상으로 떠받들던 이집트인들이 그 명재상의 자손들을 종처럼 부리며 혹사시킨다.

"진흙을 이겨 벽돌을 만드는 고된 일과 온갖 들일 등, 모든 일을 혹독하게 시켜 그들의 삶을 쓰디쓰게 만들었다."(탈출 1,14)

요셉의 자손들은 더 이상 견디기 힘들었다. 탈출해야 했다.

+ 이집트 사막지대에서 만난 낙타탄 현지 경찰. 기원전 1550년 경. 이집트 제18왕조 시대를 연 아모세 왕이 힉소스 왕조를 무너뜨렸다. 이후 유대인들은 바람 앞 등불 신세가 된다.

창세기의 끄트머리에 서서

이집트 역사를 처음부터 찬찬히 훑어 나가다 보면, 성경과 관련해 놀라운 사실 하나를 발견하게 된다.

요셉이 이집트의 재상으로 이름을 날렸던, 그래서 아버지 야곱을 비롯한 가족들을 이집트로 이주시켰던 시기는 기원전 1600년경이다. 하지만 당시 그곳에는 이집트가 없었다. 정확히 표현하자면, 이집트인들이 세운 이집트가 없었다.

역사는 당시 이집트에 있었던 지배 세력을 '힉소스 왕조'라고 부른다. 이 왕조는 이집트인들이 세운 왕조가 아니었다. 원래 메소포타미아 지역(현재의 이란, 이라크가 위치한 지역)에 거주했던 이들은 당시로서는 최신식 무기인 2~4마리의 말이 끄는 전차로 무장하고 이집트를 침공, 기원전 1680년께 새로운 왕조를 세우고 이집트를 식민통치했다.

힉소스 왕조는 분명 이집트에 존재했던 왕조지만, 실질적으로 이집트 직계 왕족이 다스린 나라가 아니었다.

여기서 힉소스인들이 메소포타미아 지역에서 왔다는 사실에 주목해 보자. 유대인들도 메소포타미아 지역에 기원을 두고 있다는 점은 앞에서 밝혔다. 아브라함은 메소포타미아 지역의 우르 출신이다. 힉소스 왕조와 이스라엘 민족은 혈통으로 볼 때 사촌뻘인 셈이다.

이제야 "요셉의 형제들이 왔다는 소식이 파라오의 궁궐에 전해지자, 파라오와 그의 신하들이 좋아하였다"(창세 45,16)라는 구절이 이해된다. 당시 이집트는 유대인과 비슷한 혈통의 민족이 통치했기 때문에 요셉이 친족들을 불러들여 쉽게 정착시킬 수 있었던 것이다.

더 나아가 「탈출기」 첫머리에 나오는 "그런데 요셉을 알지 못하는 '새 임금'이 이집트에 군림하게 되었다"(탈출 1,8)는 말도 힉소스 왕조를 염두에 둘 때만 이해할 수 있는 대목이다.

새 임금이 힉소스 왕조를 잇는 왕이었다면, 선왕들이 존경했던 위대한 지도자 요셉을 모를 리 없었다. 따라서 '새 임금'이란 바로 새로운 왕조가 나타났음을 의미한다. 힉소스 왕조가 무너지고 새로운 이집트 왕조가 들어선 것이다. 그래야 엄청난 수의 인원이 모세의 인도로 이집트를 탈출하는 이유가 명확해진다.

여기서 이집트 역사를 간단히 짚고 넘어가 보자. 고대 이집트 파라오 왕조는 기원전 332년 알렉산더 대왕에 의해 멸망하기까지 30개 왕조가 흥망을 거듭했는데(그래서 이집트 역사는 머리가 지끈거릴 정도로 복잡하다), 간단히 고왕조 시기(1~10왕조, BC 3100~2040, 약 1000년간), 중왕조 시기(11~17왕조, BC 2040~1567, 약 500년간), 신왕조 시기(18~30왕조, BC 1567~332, 약 1200년간)로 구분한다.

힉소스의 침략으로 이집트 왕조가 남쪽으로 밀려나 힘을 쓰지 못하던 시기가 대략 중왕조 시기 후반이었다. 이때 이집트인들의 심정이 어떠했는지 쉽게 상상할 수 있다. 아마 마음속으로 칼을 갈고 있었을 것이다.

"언젠가는 아시아에서 온 침략자들, 그리고 그들과 함께 이주해온 이스라엘 민족들에게 톡톡히 앙갚음을 해 주고 말겠다."

그들의 꿈은 현실로 이루어진다. 기원전 1550년경. 이집트 제18왕조(신왕조 시대의 첫 왕조) 시대를 연 아모세 왕은 마침내 힉소스 왕조를 무너트린다.

아시아인들의 침략으로 자존심에 상처를 입었기 때문일까. 이전까지 평화주의를 고수하며 주변국들과 원만한 관계를 유지하던 이집트가 이후부터는 갑자기 제국주의적 태도로 돌변한다. 도읍을 새로 건설하고, 주변국들을 침략하기 시작했으며, 노예를 학대하고, 대규모 건축 사업을 일으킨다.
이 상황은 「탈출기」 첫머리에 상세히 묘사되어 있다.

"이집트인들은 강제 노동으로 그들을 억압하려고 그들 위에 부역 감독들을 세웠다. 그렇게 하여 이스라엘 백성은 파라오의 양식을 저장하는 성읍, 곧 피톰과 라메세스를 짓게 되었다."(탈출 1,11)

이집트인들의 계속되는 폭압에 유대인들은 탈출을 감행하지 않을 수 없었다. 이대로 가다가는 민족 자체가 사라질 수 있는 상황이었다.

그렇다면 유대인들이 이집트를 탈출했던 시기는 정확히 언제일까. 많은 학자들은 대체로 그 연대를 람세스 2세 통치 기간(BC 1304~1237)인 기원전 1220년대로 추정하고 있다. 참으로 아득히 먼, 호랑이 담배 피우던 시절의 이야기이다. 아직 로마 민족이 지구상에 나타나지도 않았던 시기의 일이다.

어쨌든 '아브라함 → 이사악 → 야곱 → 요셉 12형제'로 이어지는 이스라엘 민족의 '족장시대'(Patriarchal Age)는 이렇게 막을 내린다. 그와 함께 구약성경 「창세기」도 끝난다. 이제부터 구약성경의 「탈출기」가 시작된다.

이제 우리는 역사 속에서 실제로 일어난 엄청난 한 사건 속으로 들어가게 된다. 어떤 의미에서는 창조 사건보다 더 큰 의미를 지니는 사건이다.
이 이야기는 전설이 아니다. 설화는 더더욱 아니다. 유대인들은 3000년이 지난 지금까지 이 사건에 대한 기억을 생생히 간직하고 있다.

기원전 13세기. 이집트에서 한 유대인 아기가 태어난다.

+ 이집트 카이로 고고학 박물관 앞의 스핑크스 조형물

+ 미켈란젤로(Michelangelo di Lodovico Buonarroti Simoni, 1475~1564)의 모세상. 로마 산 피에트로 인 빈콜리 성당(Basilica di San Pietro in Vincoli, 쇠사슬의 성 베드로 성당)에 있다.

모세의 탄생

이집트 파라오가 히브리 산파들에게 명령을 내린다.

"히브리 여인이 해산하는 것을 도와줄 때에, 사타구니를 보고 아들이거든 죽여 버리고 딸이거든 살려 두어라."(출애 1,16)
- 「공동번역 성서」, 대한성서공회, 1988년

"너희는 히브리 여자들이 해산하는 것을 도와줄 때, 밑을 보고 아들이거든 죽여 버리고 딸이거든 살려 두어라."(탈출 1,16)
- 「성경」, 한국 천주교 주교회의 성서위원회, 2005년

이른바 산아제한 조치이다. 이집트인들은 잡초처럼 생명력이 질긴 유대인들의 인구 증가가 두려웠던 모양이다. 사실 유대인들은 이집트의 지배를 받는 다른 민족들과는 달랐다. 달라도 많이 달랐다. 자기네들끼리만 똘똘 뭉쳤다. 이집트 문명에 쉽게 동화되지도 않았다.

게다가 과거의 명재상 요셉의 사례에서 알 수 있는 것처럼 똑똑한 민족이었다. 이런 민족의 인구가 늘어난다는 것은 곧 이집트의 안보와 직결된 문제였다. 이집트의 유대인 산아제한 조치는 그래서 스스로를 보호하기 위한 자구책이었다고 볼 수 있다.

하지만 유대인들이 누구인가. 강제로 누른다고 고개를 숙이는 그런 민족이 아니다. 히브리 산파들은 파라오의 명령을 한쪽 귀로 흘렸다. 그리고 변명을 했다.

"히브리 여자들은 이집트 여자들과는 달리 기운이 세서, 산파가 가기도 전에 아기를 낳아 버립니다."(탈출 1,19)

미처 죽일 틈도 없이, 산파가 가기도 전에 혼자서 아이를 낳는다는 말이다.
"지긋지긋한 히브리 여자들…."
결국 파라오는 최후통첩을 내린다.

"히브리인들에게서 태어나는 아들은 모두 강에 던져 버리고, 딸은 모두 살려 두어라."(탈출 1,22)

아들을 죽이고, 딸을 살리라는 명령에서 볼 수 있듯이 파라오의 조치는 단순히 유대인들의 인구 축소를 위한 것이 아니었다. 세력의 확대를 우려한 것이었다. 단순히 인구를 감소시키려 했다면 딸도 죽여야 했다.
당시 이집트에서 파라오의 말은 곧 법이었다. 하지만 세상 모든 법에는 늘 빠져나갈 구멍이 있기 마련이다.
얼마 후 유대인 아므람이라는 사람이 아내 요케벳에게서 예쁜 아기를 얻는다. 남자아이였다. 파라오의 명령대로라면 이 아기도 죽어야 했다. 그러나 아버지는 결단을 내린다.

"이 아기를 죽일 수 없어!"

부부는 초롱초롱한 눈과, 해맑은 웃음을 가진 아기를 도저히 죽일 수 없었다. 그래서 부부는 3개월 동안 아기를 숨겨 키웠다.

그런데 문제가 생겼다. 아기의 우렁찬 울음소리 때문에 더 이상 숨겨 키우는 게 힘들어진 것이다. 계속 집에서 키우다가는 아기가 언제 끌려가 죽임을 당할지 모르는 상황이었다. 결국 부부는 고민 끝에 왕골상자에 역청과 송진을 바르고 그 안에 아기를 눕힌 후, 나일강가 갈대숲에 버린다.(탈출 2,3 참조)

이제 아기의 운명은 하늘에 맡겨졌다. 여기서 '역청'(瀝靑)은 타르를 가열, 증류할 때 발생하는 끈적끈적한 검은색 물질로 아스팔트와 유사한, 당시로서는 아주 귀한 재료였다. 바벨탑 및 노아의 방주를 만들 때도 사용한 것으로 보아(창세 11,3 ; 6,14 참조) 역청은 당시 중요한 방수용 재료였던 것으로 보인다. 역청과 송진을 함께 왕골상자에 발랐다는 것은 그만큼 아기에 대한 부모의 애정이 남달랐음을 의미한다.

그 정성이 하늘을 움직였을까.

강변을 거닐던 이집트 공주가 이 상자를 발견한다. 공주는 예쁜 아기의 모습을 보고 한눈에 반했다. 결국 아기는 우여곡절 끝에 공주의 손에 의해 이집트 궁중에서 당시 최고의 교육을 받으며 자라게 된다.

이 아기가 바로 '모세'다. '모세'라는 이름은 '물에서 건져내다'라는 뜻이다. 드라마 같은 모세의 삶은 여기서 그치지 않는다. 건장한 청년으로 성장한 모세는 어느 날 히브리인을 학대하는 이집트인을 '욱'하는 성질 때문에 살해했고, 결국 도망자가 된다. 히브리인으로서 이집트 왕궁에서 자란 모세가 느꼈을 정체성의 혼란이 묵상되는 대목이다.

결국 도망자 모세는 미디안 땅으로 피신하는데, 그곳에서 사제 이트로의 딸 치포라와 결혼, 게르솜이라는 아들을 낳는다. 그렇게 한동안 평온하게 지내던 모세에게 어느 날 엄청난 사건이 발생한다.

모세는 평소와 마찬가지로 호렙산(오늘날의 시나이산)에서 장인의 양 떼를 치고 있었다. 그때 떨기나무 한가운데에서 불꽃이 솟아오른다. 떨기에 불이 붙었는데도, 그 떨기는 타지 않았다. 그리고 불길 가운데서 음성이 들렸다.

신과 인간이 직접 만나는 순간이다.

"내가 이제 너를 파라오에게 보낼 터이니, 내 백성 이스라엘 자손들을 이집트에서 이끌어 내어라."(탈출 3,10)

하지만 여기서 모세는 참으로 나약한 모습을 드러낸다. 그는 순명 대신 한발 물러선다.

"저는 입도 무디고 혀도 무딥니다."(탈출 4,10)

백성을 이끌어야 할 정치가 혹은 지도자가 말을 잘하지 못한다는 것이 말이 되는가. 치명적인 약점이 아닐 수 없다. 모세의 말은 과장된 겸손이 아니었다. 사실이었다. 그는 있는 그대로의 자신의 모습을 고백한 것이다.

실제로 모세는 슈퍼맨이 아니었다. 광개토대왕과 같은 위대한 정복자도, 세종대왕과 같은 카리스마를 지닌 지혜로운 영도자도 아니었다. 엄청난 학문적 성취를 이룬 뛰어난 학자도, 전쟁터에서 천하를 호령하는 용맹한 전사는 더더욱 아니었다.

성경을 읽다보면 모세는 우물쭈물하고 결단력이 없는 인물로 자주 묘사된다. 그릇된 판단을 내리기도 하고, 고집이 세고, 쉽게 흥분하기도 한다. 지극히 인간적이다. 하지만 그는 다른 사람이 지니지 못한 것을 가지고 있었다. 인내와 땀, 신뢰와 희망, 극기와 믿음, 열정이 바로 그것이다. 그는 자신의 인간적 약점을 이겨내려고 고군분투했다.

「탈출기」 18장에는 동틀 무렵부터 해가 지기 전까지 백성들의 고충을 들어주고 판결을 내리는 모세의 열정이 잘 드러나 있다. 모세의 위대함은 여기에 있다. 모세는 열정적인 남자였다. 게다가 그 열정은 오직 하느님을 향해 있었다. 실제로 그는 하느님의 의지를 실현하기 위해 놀라울 만큼 강한 열정을 보였다.

인류 역사를 되돌아보면, 역사는 반드시 여러 사건들이 쌓여 점진적으로 발전하는 형태가 아니다. 역사는 때때로 위대한 인물 혹은 선택받은 인물의 카리스마 및 재능에 의해 거대한 도약을 이뤄낸다. 인류는 몇몇 위대한 철학자, 탐험가, 발명가, 시인 등에게 많은 빚을 지고 있다. 그들이 없었다면 지금과 같은 생활의 편리함도, 높은 지적 수준의 향유도 불가능했을 것이다.

인류의 비약적 도약을 가능케 한 인물 중 단연 돋보이는 인물이 바로 모세다. 모세는 단순히 한 민족의 영도자가 아니었다.

인류는 그에 의해서 "아하, 사람은 이렇게 살아야 하는구나"라는 것을 배웠다. 인류에게 새로운 개념의 윤리의식을 심어준 것이 바로 모세다. 안식일의 개념, 즉 일주일에 한 번은 쉬어야 한다는 개념도 모세에 의해 확립됐다. 모세는 더 나아가 이 땅 위에 유토피아를 건설하고자 했다. 불의를 배척했으며, 하느님의 법을 세우고자 했다.

모세는 우상 숭배 등 오랜 세월 동안 무비판적으로 받아들여지던 관념을 극복, 당시로서는 획기적인 영적 진보를 이뤄냈다. 유일신 신앙을 재발견해 낸 것이다. 모세는 당시까지 인류가 보지 못했던 것을 보게 했다.

유대인의 신이 모세에게 말씀하셨다.

"이제 가거라."(탈출 4,12)

이에 소명을 받은 '인간' 모세는 이집트로 돌아갈 결심을 한다. 이집트로 향하는 그의 손에는 지팡이 하나가 들려 있었다.

+ 지오반니 안드레아 돈 두치(Mastelletta, Giovanni Andrea Donducci, 1575~1655)의 '모세의 발견'(Il ritrovamento di Mose), 1618, 이탈리아 모데나 에스텐세 미술관.

+ 이탈리아 베네치아 성 모세 성당(산 모이세 성당)의 중앙 제대 뒤, 모세가 시나이 산에서 십계명을 받는 장면을 묘사한 조형물

탈출

티베트의 정신적 지도자 달라이 라마(達賴喇嘛)와 중국의 시진핑(習近平) 주석이 테이블 하나를 사이에 두고 불꽃 튀는 설전을 벌이는 형국이다. 달라이 라마의 "제발 부탁합니다. 티베트의 독립을 청합니다"라는 요청에, 시진핑 주석은 "어림도 없는 소리"라고 일축한다.

3200여 년 전, 이집트 왕궁.

유대 민족을 대표하는 모세와 이집트의 왕 파라오가 협상 테이블에 앉았다. 모세는 파라오 람세스 2세에게 유대인들이 광야로 가서 제사를 드릴 수 있게 해 달라고 요청했다가 보기 좋게 거절당했다.(탈출 5,2 참조) 모세의 지팡이가 뱀으로 변하는 기적도 파라오를 위협하지 못했다. 모세는 이어지는 담판(탈출 7,10-13 참조)에서도 별 성과를 거두지 못했다. 1차와 2차 협상은 모두 실패했다.

그때부터 모세는 모든 방법을 동원, 파라오와 정면으로 맞섰다. 영화나 소설로 수없이 다뤄져 많은 이들이 알고 있는 열 가지 재앙 이야기가 바로 그것이다. 나일강이 피로 변하고, 개구리 소동이 일어나고, 모기와 등에가 들끓고, 전염병과 피부병이 만연하고, 우박이 쏟아지고, 메뚜기 떼가 몰려들고, 세상이 어둠으로 변했다.(탈출 7,14-10,29 참조)

하지만 파라오는 꿈쩍도 하지 않았다. 오히려 협박을 했다. 마음 같아선

당장 모세를 죽이고 싶었을 것이다. 하지만 모세가 유대 민족의 대표인만큼 그러지는 못하고 강력한 경고의 메시지를 전했다.

"나에게서 썩 물러가라. 다시는 내 얼굴을 보지 않도록 조심하여라. 네가 내 얼굴을 다시 보는 날, 너는 죽을 것이다."(탈출 10,28)

하지만 모세가 누구인가. 쉽게 물러설 인물이 아니었다. 모세 역시 최후 통첩으로 맞섰다.

"말씀하신 대로, 저도 임금님의 얼굴을 다시는 보지 않겠습니다."(탈출 10,29)

대단한 배포가 아닐 수 없다. 믿는 구석이 있었던 모양이다. 모세는 하느님의 섭리에 기대며 본격적으로 대응에 나섰다.

마지막 열 번째 재앙은 이집트 모든 맏아들의 죽음이었다.

"이집트에 큰 곡성이 터졌다. 초상나지 않은 집이 하나도 없었던 것이다."(탈출 12,30)

이집트의 모든 맏아들이 죽어 나가던 그날 밤, 유대인 가정의 맏아들들은 모두 무사했다. 유대인들은 모세의 지시대로 어린 양의 피를 대문에 칠했고, 이 집들은 천사가 그냥 지나쳤기 때문이었다.

더 이상 버티는 것이 힘들다고 판단한 파라오는 결국 유대인들을 풀어 주라는 명령을 내린다.(탈출 12,31 참조)

유대인들의 탈출이 시작됐다. 이 과정에서 지금까지도 이어지고 있는 유대 민족 최대 축제가 탄생했다. 과월절 축제가 바로 그것이다. 그리스어로 파스카(Pascha)로 발음되는 과월절 축제는 당초 고대 근동 지방의 봄 축제였다. 모세는 이 기간을 이집트 탈출 기회로 삼았고, 결국 성공한 것이다. 이제 파스카는 유대인에게 있어서 억압에서 벗어나는 해방절이 된 셈이다. 이 해방은 단순한 육체적 노예 상태에서 벗어남을 뜻하는 것이 아니었다. 숨 막힐 것 같은 영적 감옥으로부터의 탈출이었다. 더 나아가 유대인들의 탈출은 유일신 하느님이 제시하는 새로운 영적 세계로의 탈출이었다. 이는 훗날 이어지는 유대인의 역사 속에서 한층 명확하게 드러난다.

파라오의 마음이 언제 변할지 모르는 상황이었다. 하루라도 빨리 이집트 땅을 벗어나야 했다. 탈출을 목전에 둔 긴박함 속에서 유대인들은 먹을 때도 허리에 띠를 매고, 발에는 신을 신고, 손에는 지팡이를 쥔 채 긴장을 늦추지 않았다.(탈출 12,11 참조)

다음의 성경 구절에서 탈출 당시의 긴박감을 엿볼 수 있다.

"그들은 이집트에서 가지고 나온 반죽으로 누룩 없는 빵을 구웠다. 반죽이 부풀지 않았기 때문이다. 그들은 이집트에서 쫓겨 나오느라 머뭇거릴 수가 없어서, 여행 양식도 장만하지 못하였던 것이다."(탈출 12,39)

이런 이유로 유대인들은 이집트를 탈출한 그 이듬해, 시나이 광야에서 첫 번째 파스카 축제를 지낸(민수 9,1-14) 이후 지금까지 파스카 축제 때마다 허리에 띠를 매고, 신을 신고, 지팡이를 쥐고, 누룩 없는 빵을 먹는다.

도시를 벗어났다고는 하지만 안심할 수 없었다. 유대인들은 부지런히 걸었다. 하지만 아이들을 제외하고, 걸어서 행진하는 장정만도 60만여 명에 이르는 대규모 인원(탈출 12,37 참조)인 만큼 이동이 느릴 수밖에 없었다.

아니나 다를까. 변심한 파라오의 추격이 시작됐다. 정예부대가 이끄는 병거만 600여 대에 이를 정도로 대규모 부대였다.(탈출 14,7 참조)

설상가상으로 앞에는 갈대바다가 유대인들의 행진을 가로막고 있었다. 유대인들은 절규했다. 하지만 모세가 하느님의 지시대로 지팡이를 내려치자 갈대바다가 양쪽으로 갈라졌고, 유대인들은 무사히 바다를 건너 이집트 병사들을 따돌릴 수 있었다.(탈출 14,15-31 참조)

완전한 자유의 세계로 들어간 유대인들은 기쁨에 휩싸였다. 드디어 완벽한 해방이었다. 얼마나 기쁨이 컸을까. 유대인들은 노래를 부르고, 춤을 추고, 발을 구르며 환호했다.(탈출 15,1-21 참조)

하지만 기쁨도 잠시, 유대인들은 자신들 앞에 놓인 막막한 현실 앞에서 할 말을 잃게 된다. 물과 먹을 것이 절대적으로 부족했다.

이때(앞으로도 수없이 반복되지만) 유대인들은 모세를 원망하고 불평을 쏟아 내기 시작했다. 울면서 매달리는 것까지는 이해가 된다. 심지어는 분노를 터뜨리고 저주하고 위협까지 한다.

"이렇게 고생할 줄 알았으면 이집트를 나오지 않았을 거야. 돌아가잔 말이야, 돌아가!"(탈출 15,24 ; 16,2-3 ; 17,2 참조)

하지만 하느님은 늘 유대인들과 함께 하셨다. 유대인들의 불평이 터져 나올 때마다 물을 주고 먹을 것을 주셨다.(탈출 15,22-17,7 참조)

인간은 나약한 존재다. 지금 갈대바다를 건너 이집트를 탈출한 유대인들은 광야 위에 홀로 서 있다. 머리 위에선 태양이 이글거리고 있다. 유대인들은 우왕좌왕한다. 어떻게 살아가야 할지, 어디로 가야할지 모르고 있다. 뭔가 유대인들을 제어할 수 있는 '확실한 것'이 필요했다.

'법'(法)이 필요했다.

+ 마라의 우물. 모세의 샘 혹은 기적의 샘으로도 불린다. 이집트 시나이반도 남부의 오아시스다. 탈출기에 따르면 이집트 탈출에 성공한 이스라엘 백성은 물을 찾지 못하다 간신히 마라의 샘에 도착했지만 마실 수 없는 물이었다. 이때 모세가 이 물을 단물로 바꾸는 기적을 일으킨다.

+ 유대인들이 강대국 틈바구니 속에서 민족적 고유성을 상실하지 않고 지금까지 이어올 수 있었던 저력의 원천이
  바로 율법이다.

율법

유대인들이 시나이산 밑에 모여 있다. 우왕좌왕하고 있다. 규율도 없고, 질서도 없다. 이때 모세는 하느님으로부터 '법(法) 중의 법'을 받는다. '십계명'(十誡命)이 그것이다. 십계명의 원형은 성경의 「탈출기」 20장 2-17절과, 「신명기」 5장 6-21절에 나타난다. 두 곳에 나타난다는 것은 전승이 두 가지라는 의미이다. 가톨릭교회와 일부 개신교에서는 이를 「고백록」의 저자 아우구스티누스(Aurelius Augustinus, 354~430)와 서방 교부들의 전통에 따라 다음과 같이 구분하고 있다.

1. 한 분이신 하느님을 흠숭하여라.(탈출 20,2-6)
2. 하느님의 이름을 함부로 부르지 마라.(탈출 20,7)
3. 주일을 거룩히 지내라.(탈출 20,8-11)
4. 부모에게 효도하여라.(탈출 20,12)
5. 사람을 죽이지 마라.(탈출 20,13)
6. 간음하지 마라.(탈출 20,14)
7. 도둑질을 하지 마라.(탈출 20,15)
8. 거짓 증언을 하지 마라.(탈출 20,16)
9. 남의 아내를 탐내지 마라.(탈출 20,17)
10. 남의 재물을 탐내지 마라.(탈출 20,17)

하지만 유대인들의 십계명은 조금 다르다. 유대인들은 랍비들의 전통에 따라 다음과 같이 십계명을 정리하고 있다.

1. 나는 너의 하느님이다.(탈출 20,2)
2. 내 앞에 다른 신을 두지 마라.(탈출 20,3-6)
3. 하느님의 이름을 함부로 부르지 마라.(탈출 20,7)
4. 안식일을 기억하여 거룩하게 지켜라.(탈출 20,8-11)
5. 부모에게 효도하여라.(탈출 20,12)
6. 사람을 죽이지 마라.(탈출 20,13)
7. 간음하지 마라.(탈출 20,14)
8. 도둑질을 하지 마라.(탈출 20,15)
9. 거짓 증언을 하지 마라.(탈출 20,16)
10. 남의 아내와 재물을 탐내지 마라.(탈출 20,17)

같은 성경을 바탕으로 하고 있으면서도 그리스도교와 유대인의 십계명에 확연한 차이가 있음을 알 수 있다.

유대인들의 십계명은 그리스도교의 십계명과 달리 '하느님께서 우리와 함께 하신다'는 내용을 강조하고, '안식일 규정'을 첨부하는 반면, '남의 아내와 재물에 대한 욕심'은 한 계명으로 묶었음을 알 수 있다.

유대인의 헌법으로 볼 수 있는 이 십계명은 이후 파생되는 모든 세부 법전들의 모태가 된다. 율법에 대한 자세한 설명은 탈무드와 함께 뒤에서 설명할 기회가 있으므로 여기서는 생략하기로 한다.

유대인들에게 이 법률(율법)은 곧 하느님의 법이었다. 하느님이 직접 하사하신 법이다. 따라서 율법을 위반한다는 것은 곧 하느님께 죄를 짓는다는 것을 의미했다.

당연히 법에 대한 적용이 혹독해질 수밖에 없었다. 인간의 법은 '그 정도 죄는…'이라는 정상참작이 가능하지만 율법에서는 그렇지 않았다.

실제로 모세 시절, 다른 민족들의 법전에선 남편이 간통한 아내를 용서할 수 있었지만, 율법에서는 여자는 물론이고 여자와 간통한 남자도 모두 사형에 처해졌다.(신명 22,22-24 ; 레위 20,10 참조)

그런데 경제사범의 경우는 정반대다.

당시 다른 민족들의 법은 경제 관련 범죄에 대해 가혹한 처벌을 하고 있지만, 유대인들은 관대했다. 예를 들면 도둑이나 경제 사기범들은 다른 민족들의 법에선 사형을 선고 받았지만, 율법은 재산권만 박탈했다. 사람의 생명은 신성한 것이기에 경제적 문제로 이를 앗아갈 수 없기 때문이다.

율법을 이야기할 때 또 빼놓을 수 없는 것이 '할례'이다.

훗날 바오로 사도가 예루살렘 공의회에서 그리스계 그리스도인들의 할례 문제를 놓고 베드로 사도와 대립각을 세울 정도로(사도 15장 참조) 할례는 유대인들의 표지였고, 정체성 그 자체였다.

할례는 당시 가나안 토착민족을 비롯한 인근 다른 민족들에겐 없는 풍속이었다. 일부 이집트인들이 위생 문제 때문에 할례를 하기는 했지만, 유대인들처럼 할례에 종교적 의미를 부여하지는 않았다. 할례의 방법에서도 유대인들은 돌로 만든 칼로 시행하는 전통, 곧 아브라함까지 소급되는 전통을 고수했다.(탈출 4,25 ; 여호 5,2-3 참조)

하지만 할례는 처음에는 그리 중요한 규정이 아니었을 것으로 추정된다. 「신명기」에서 할례를 두 번 언급하는데, 두 번 다 '마음의 할례'를 말한다.(신명 10,16 ; 30,6 참조) 예레미야 예언자도 '마음의 할례'를 역설한다.(예레 4,4 참조) 하지만 뒤에 유배 시대에 가서는 할례가 안식일 준수와 함께 매우 중요한 의미를 지니게 된다. 이 두 행위가 유대인들을 하나로 묶어주는 결속의 표지가 되었기 때문이다.

그런데 이 할례는 유대인 박해의 원인이 되기도 한다. 할례는 사실 다른 민족들이 볼 때 튀는 행동이었다. 유대인들을 지배하는 그리스와 로마의 통치자들은 할례를 박해의 꼬투리로 삼았다. 이방계 그리스도교 신자들도 할례에 대해 강한 혐오감을 나타냈다.

할례와 함께 유대 민족을 다른 민족과 구별하게 하는 뚜렷한 또 하나의 표지가 '안식일 규정'이었다. 안식일 규정의 배경을 놓고 학자들마다 다른 의견을 내놓고 있지만, 하느님으로부터 선택된 민족이라는 선민의식을 드러내는 것이었다는 점에서는 이견이 없다.

할례와 안식일, 까다로운 음식 규정…. 유대인들은 출발부터 타 민족과 달랐다. 뭔가 독특했다. 하지만 학자들은 유대인들이 강대국들의 틈바구니 속에서 민족적 통일성을 상실하지 않고 지금까지 명맥을 이어올 수 있었던 저력의 원천으로 이 율법을 꼽는다.

유대 역사가 살로 배런(S. Baron)은 이렇게 말했다. "확장과 정복이라는 정치적인 힘보다는 인내라는 종교적이고 민족적인 힘이 유대인들의 신앙과 관습의 시금석이 되었다." 당시 다른 민족들은 싸움과 정복, 강력한 무기 등을 통해 자신의 힘을 과시했다. 하지만 유대인들은 인내를 바탕으로 종교적이고 민족적인 힘을 발휘, 생존에 성공했다.

그 힘의 원천이 바로 율법이다. 일부에서는 율법을 부정적으로 보는 경향이 있지만 이는 잘못된 시각이다. 예수도 율법을 없애려하지 않았다. 다만 율법의 완성도를 높이려고 했을 뿐이다.

"내가 율법이나 예언서들을 폐지하러 온 줄로 생각하지 마라. 폐지하러 온 것이 아니라 오히려 완성하러 왔다."(마태 5,17)

예수는 또 율법의 가장 큰 계명이 무엇이냐고 묻는 바리사이파의 질문에 '율법의 통합'을 주창했다.

"'네 마음을 다하고 네 목숨을 다하고 네 정신을 다하여 주 너의 하느님을 사랑해야 한다.' 이것이 가장 크고 첫째가는 계명이다. 둘째도 이와 같다. '네 이웃을 너 자신처럼 사랑해야 한다'는 것이다. 온 율법과 예언서의 정신이 이 두 계명에 달려 있다."(마태 22,36-40)

+ 로마 성계단 성당 프레스코화

아! 모세

한국의 산줄기라면 으레 파도를 타듯 높은 봉우리가 낮은 봉우리를 거느리면서 뻗어나가기 마련이다. 하지만 유대 광야에서는 그런 산을 만나기 힘들다. 어찌된 영문인지 시나이 반도 광야의 산들은 느닷없이 땅에서 불끈 솟아오른 것처럼, 낮은 봉우리들을 거느리지 않는다. 깎아지른 듯한 급경사에 억센 주름들만 수없이 아래로 뻗어 내리는 모습이다. 그 억센 생김이 마치 사람의 접근을 꺼리는 듯하다. 하지만 세상에는 예외가 항상 존재하는 법이다. '늘 그래'는 없다.

느보산(오늘날 요르단 왕국의 마다바 읍에서 북서쪽으로 약 10킬로미터 떨어진 지점에 위치한 산)은 광야에서 볼 수 있는 일반적인 산들과는 다르다. 편안한 모습이다. 삼형제가 서로 의지하고 서 있는 형국이다. 가장 높은 봉우리 니바(Niba)는 해발 835미터이고, 두 번째로 높은 봉우리는 해발 790미터인 무카야트(Mukhayyat), 셋 중 가장 낮은 봉우리는 해발 710미터의 시야가(Siyagha)이다. 세 봉우리의 조화는 물줄기가 흐르듯, 높은 봉우리가 낮은 봉우리들을 거느리고 뻗어나가는 편안한 모습이다.

지팡이에 의지한 백발의 한 노인이 그 느보산의 막내 봉우리인 시야가(신명 34,1 참조) 정상에 서서 가나안 땅을 내려다보고 있다.

구름 한 점 없는 청명한 날씨가 오히려 더 야속했다. 보지 않았으면 이처럼 마음이 아프지 않을 텐데…. 가나안 땅이 눈 속으로 쏟아져 들어왔다. 꿈에도 그리던 젖과 꿀이 흐르는 땅, 가나안 땅이 눈앞에 펼쳐져 있었다. 사해(死海)와 그 서북쪽에 위치한 동굴(쿰란), 오아시스 도시 예리코와 요르단강, 요르단강과 예루살렘 사이의 유대사막, 그리고 예루살렘의 동부 구릉에 있는 올리브산 정상이 모두 한눈에 들어왔다.

"하느님, 어찌하여 저를…."

모세의 입에서 긴 한숨이 새어 나왔다. 모세는 지금 하느님의 말씀을 곰곰이 되짚어 보고 있다.

"너는 내가 이스라엘 자손들에게 주는 땅을 멀리 바라보기만 할 뿐 들어가지는 못한다."(신명 32,52)

하느님은 이스라엘 백성의 반역과 모세 자신의 죄 때문에 모세가 가나안 땅에 들어가지 못하는 것이라고 말씀하셨다.(민수 20,2-13 ; 27,12-14 ; 신명 1,37 ; 4,2 ; 32,48-52 참조) 가나안 땅에 들어가는 것은 이제 유대 후손들의 몫이 될 것이다.

모세가 또다시 긴 한숨을 내쉰다. 죽음이 얼마 남지 않았다. 이제는 하느님과 함께한 지난 세월을 천천히 정리할 시간이다.

"37년… 많은 일들이 있었지…."

모세 자신과 유대인들은 새로운 유형의 사회를 창조했다. 기존의 질서를 파괴하고 모든 것을 새롭게 구축했다. 그것은 반항과 저항의 결과였다. 나라 없는 노예 민족이었던 유대인이 지배 민족이었던 이집트에 항거했다. 당시 세계 최강대국이었던 이집트의 회유와 협박, 저지에도 불구하고 유대인들은 광야로 탈출했다.

세상의 질서(힘과 강자의 질서)를 초월하는 유일신으로부터 주어지는 윤리적 질서가 존재한다는 것을 인식할 수 있었던 유대 민족은 그 어떤 문명의 도움 없이 스스로 하느님으로부터 법률을 수여받았다. 그 중심에 모세가 있었다.

모세는 훗날 자신에게 기원을 두는 모세오경(창세기, 탈출기, 레위기, 민수기, 신명기)이 '율법'이라는 이름으로 유대 민족의 신앙, 사회, 정치제도의 모든 틀을 이루게 된다는 사실을 상상이나 했을까. 유대 민족이 온 인류를 구원하기 위한 도구로 하느님의 백성이 되었다는 사실을 알고 있었을까.

몰랐을 확률이 높다. 사실 당시 정황으로 볼 때 모세는 자신을 위대한 지도자, 혹은 영도자로 인식하지 않았다. 모세 자신은 철저히 지도자가 아닌 중계자로서의 역할에 충실했다. 중계자란 하느님과 백성의 연결고리라는 의미다. 훗날 예언자 호세아는 이러한 의미에서 모세를 예언자라고 부른다.(호세 12,14 참조) 모세는 예언자 중의 예언자였다. 후에도 수많은 예언자들이 나타나 하느님의 뜻과 법을 백성에게 끊임없이 전파하였지만, 그들의 과제는 오직 모세가 백성으로서의 이스라엘 역사의 시초에 대해 말했던 것을 반복하는 것이 전부였다.

모세는 유대인 율법의 꼭짓점이었다. 법은 곧 제도와 조직을 의미한다. 법을 만들었다는 것, 법을 수여받았다는 것은 모세에 의해 유대 민족에게 자신들만의 새로운 정치체제가 만들어졌다는 점을 의미한다.

기원후 66년경, 유대 역사가 요세푸스(Flavius Josephus, 37?~100?)는 모세 당시 유대 정치체제를 '신정정치'(Theocracy)라고 불렀다. '모든 통치권을 하느님의 손 안에 맡기는 정치'였다는 것이다.

실제로 유대인의 유일신은 모세를 매개체로 법률을 제정하였을 뿐만 아니라, 법률이 이행되도록 끊임없이 모세에게 개입하였다. 하지만 여기서 신정정치는 단순히 강압의 정치가 아니다. 법 앞에서는 모든 이들이 평등했다. 초세기 디아스포라 유대인 학자 필로(Pilo)는 이를 가리켜 '민주주의'(Democracy)라고 불렀다. 그리고 "영원한 최고의 법이자 최상의 헌법"이라고 했다.

많은 유대학자들은 모세의 법이 인류 최초의 권리장전이라고 말한다. 모세오경, 즉 율법은 하느님의 모상대로 창조된 인간은 결코 빼앗길 수 없는 권리를 소유하고 있음을 드러냈다.

모세오경은 평등에 관한 최초의 선포였다. 모든 사람이 하느님 앞에서 평등하며, 동시에 법률 앞에서도 평등했다. 훗날에는 이사야 등 예언자들에 의해 혹시 나타날 수 있는 사회 속 불평등을 위해 율법에 '정의'라는 안전장치도 만들어졌다.

모세는 지팡이를 돌려 서서히 산 아래로 내려왔다. 그리고는 곧 쓰러진 후, 다시는 눈을 뜨지 못했다.

유언을 했다면 반드시 성경에 남았을 텐데, 성경에는 그 기록이 없다. 갑작스러운 죽음이었던 것으로 추정된다.

성경은 모세의 죽음을 이렇게 전하고 있다.

"이스라엘에는 모세와 같은 예언자가 다시는 일어나지 않았다. 그는 주님께서 얼굴을 마주 보고 사귀시던 사람이다."(신명 34,10)

'주님께서 얼굴을 마주 보고 사귀시던 사람'이었던 모세를 잃은 유대 민족은 큰 슬픔에 휩싸인다.

"이스라엘 자손들은 모압 평야에서 삼십 일 동안 모세를 생각하며 애곡하였다."(신명 34,8)

그 곡성이 요르단강 건너 가나안 땅까지 울려 퍼졌다.

+ 모세가 십계명을 받은 시나이산 전경

+ 크로아티아 트로기르 성 로브로 대성당의 유대전쟁 조형물. 여호수아 군대가 가나안 토착민들과 전투를 벌이는 장면을 묘사하고 있다.

주사위는 던져졌다

기원전 49년, 로마의 율리우스 카이사르는 루비콘강을 건너 이탈리아 북부로 진격하면서 이런 말을 했다.

"주사위는 던져졌다."(Alea iacta est)

기원전 1200년경, 유대인들도 주사위를 던졌다. 유대 민족 최초의 군사령관인 여호수아가 군사를 이끌고 요르단강을 건너 가나안 땅으로 진격한 것이다.

여호수아 장군은 카이사르가 결의에 차서 루비콘강을 바라보았던 그런 심정으로 요르단강을 바라보고 있었다. 이번 전쟁에 유대 민족의 운명이 걸려 있다고 해도 과언이 아니었다.

반드시 이겨야 하는 싸움…. 칼자루를 움켜 쥔 여호수아의 손에 힘이 들어갔다.

여호수아의 본명은 '호세아'이다. 아버지의 이름은 '눈', 지파는 '에프라임'이었다. 여호수아는 모세로부터 상당한 총애를 받았던 것으로 추정된다. 여호수아는 시나이산에서 모세의 경호를 담당하던 호위대장이었다. 늘 그림자처럼 따라다니며 모세를 보좌했다. 여호수아에 대한 모세의 총애가 대단했음을 알 수 있다. 여호수아라는 이름도 모세가 직접 지어 준 것이다.(민수 13,16 참조)

모세는 광야에서 아말렉족과의 전쟁으로 유대인들이 일촉즉발의 위기에 처했을 때 여호수아에게 군대를 주고 전투에 임하도록 명했다. 이 전쟁에서 여호수아가 모세의 기대를 저버리지 않았음은 물론이다.(탈출 17,8-13 참조)

모세는 그래서 자신이 죽기 전 유대 민족을 이끌 새 지도자로 여호수아를 세웠다.(신명 34,9 ; 민수 27,15-23 참조)

여호수아는 얼마 전 하느님 곁으로 간 모세의 얼굴을 다시 한 번 떠올렸다. 그리고 결의에 찬 눈으로 부하들을 둘러보았다. 여호수아는 팔을 들어 명령했다.

드디어 요르단강 도하작전이 시작됐다. 그런데 문제가 생겼다. 물살이 거셌다. 백성들이 거센 물살 속에서 우왕좌왕하는 사이, 가나안 민족이 공격해오면 전멸은 시간문제였다. 신속하게 강을 건너야 했다. 그때 기적이 일어났다. 계약의 궤를 멘 사제들이 강가에 발을 담그자 갑자기 거센 물살이 멈췄다. 상류에 흙이 쌓이면서 물길이 끊어진 것이었다. 유대인들은 하느님의 도움으로 갈대바다를 무사히 건넜듯, 그렇게 요르단강도 안전하게 건넜다.(여호 3,14-17 ; 4,1-11 참조) 약속의 땅으로 유대 민족이 발을 들여놓는 역사적 순간이었다.

여호수아는 강을 건넌 뒤, 백성들에게 파스카 축제를 지내도록 했다. 또 모든 백성에게 하느님과의 계약의 표시로 할례를 실시하도록 했다.(여호 5,2-12 참조) 이는 민족의 단결을 공고히 하기 위해서였다. 앞으로 수많은 전투가 그들 앞에 기다리고 있었기 때문이다.

요르단강을 건너자 가장 먼저 예리코성이 나타났다.

예리코 공격은 한국전쟁 당시 인천상륙작전을 떠올리게 한다. 방향만 서쪽이 아닌 동쪽으로 바뀌었을 뿐이다. 유대인들이 농경 정착생활을 해온, 그래서 막강한 군사력을 지닌 가나안 남부 토착민들과 정면으로 대결한다는 것은 불가능했다. 때문에 유대인들은 가나안 남부를 우회, 요르단강을 건너 가나안 땅의 허리를 동쪽에서부터 자르고 들어가는 작전을 선택한 것이다.

하지만 예리코도 결코 만만한 상대가 아니었다. 영국의 여류 고고학자 캐슬린 캐니언 박사가 1952~1958년에 걸쳐 발굴한 결과에 따르면, 예리코의 역사는 기원전 7000년까지 거슬러 올라간다. 예리코는 초기 청동기 시대부터 완벽한 성읍을 갖추고 있었다.

하지만 유대인들에게 좋은 징조가 곳곳에서 나타났다. 여호수아는 마치 유비가 조자룡을 얻듯 뛰어난 장수를 얻었으며,(여호 5,13-15 참조) 예리코 내부로부터의 조력자도 얻었다.(여호 2,1-24 참조)

유대인들의 침략 소식을 접한 예리코 사람들은 철저한 수성(守成)작전으로 대응했다. 성문을 열고 벌판에서 싸우는 것이 아니라 공성전을 택한 것이다. 이렇게 되면 자칫 장기전이 될 수 있다. 그러면 유랑 민족인 유대인들이 불리해질 게 뻔했다.

여호수아는 서두를 필요가 있었다. 그래서 이미 요르단강을 건너기 전에 예리코 성에 두 명의 척후병을 파견했다. 하지만 이 사실마저 예리코의 정보망에 의해 발각됐다.

"예리코 임금에게 '이스라엘 자손들 가운데 몇 사람이 이 땅을 정찰하려고 오늘 밤에 이곳으로 왔습니다'라는 보고가 들어왔다."(여호 2,2)

예리코 임금은 비상령을 내리고 스파이 검거 작전에 돌입했다. 이때 궁지에 몰린 척후병은 성벽에 붙어 있는 집에 사는 한 여인의 집에 숨어들었다. 그 여인의 이름은 라합이었다. 라합은 두 척후병을 숨겨주는 것은 물론, 탈출까지 도왔다. 그리고 이렇게 말했다.

"내가 당신들에게 호의를 베풀었으니, 당신들도 내 아버지의 집안에 호의를 베풀겠다고 주님을 두고 맹세해 주십시오."(여호 2,12)

이에 두 척후병은 집 창문에 진홍색 줄을 매달아 놓으면 예리코 성이 함락되더라도 라합의 집은 무사할 것이라고 약속했다.

라합의 도움으로 무사히 정탐을 마치고 돌아온 척후병들이 여호수아에게 말했다.

"정녕 주님께서 저 땅을 모두 우리 손에 넘겨주셨습니다. 그리고 저 땅의 모든 주민이 우리에 대한 두려움에 싸여 있습니다."(여호 2,24)

여호수아는 척후병의 보고를 바탕으로 작전을 구상, 전군에 하달했다.

여호수아는 크게 숨을 들이마셨다. 민족의 미래가 걸려 있는 중요한 결전의 날이 밝아 오고 있었다. 이제 날이 밝으면 예리코를 공격할 것이다.

"달빛은 어둠을 제대로 사르지 못했고, 어둠은 달빛을 마음대로 물리치지 못하고 있었다. 달빛과 어둠은 서로를 반반씩 섞어 묽은 안개가 자욱이 퍼진 것 같은 미명을 만들어 내고 있었다. (예리코는) 켜켜이 싸인 묽은 어둠의 장막에 가려 자취가 없었다."(조정래 「태백산맥」 1부 1권 11쪽)

그 어둠 속에서 여호수아가 하느님의 계시를 기억해냈다.

"내가 너에게 분명히 명령한다. 힘과 용기를 내어라. 무서워하지도 말고 놀라지도 마라. 네가 어디를 가든지 주 너의 하느님이 너와 함께 있어 주겠다."(여호 1,9)

동쪽 하늘에 붉은 물이 서서히 오르기 시작했다. 그 붉은 기운이 예리코 성을 향해 서 있는 여호수아의 등을 떠밀고 있었다.

+ 요르단강. 여호수아는 이 강을 건너 예리코를 공격했다. 예리코 공격은 한국전쟁 당시 인천상륙작전을 떠올리게 한다. 유대인들이 농경 정착생활을 해온, 그래서 막강한 군사력을 지닌 가나안 남부 토착민들과 정면대결 한다는 것은 불가능했다. 그래서 유대인들은 가나안 남부를 우회, 요르단 강을 건너 가나안 땅의 허리를 동쪽에서부터 자르고 들어가는 작전을 선택했다.

+ 발굴이 진행 중인 예리코 성 유적. 유대민족이 가나안 땅으로 들어가는 첫 관문에서 만난 예리코는 그 역사가 기원전 7000년까지 소급될 정도로 오래된 성읍도시였다.

진격, 진격, 또 진격 …

날이 서서히 밝아 오고 있었다. 침묵을 지키던 여호수아가 칼을 번쩍 들어 올렸다. 그리고 전군에 총공격을 명령했다.

"와!"

지축이 우르르 흔들렸다. 병기들이 하늘을 뒤덮었다. 군인들의 키보다 두 배나 더 긴 그림자가 먼저 예리코를 향해 달리고 있었다. 군인들은 그렇게 등으로 태양을 받으며, 함성과 함께 예리코로 돌진했다. 유대 민족의 모든 역량을 하나로 모아 쏟아 부은 엄청난 기세였다.

여기서 당시 유대인들의 전투 방식 및 전투 대형에 대해 살펴보자. 고대 유대인들의 전투에 대해선 근세기까지 거의 알려진 바가 없었다. 하지만 기원전 2세기의 구약성경 사본 및 주석, 유대교 관련 문서가 1947년부터 사해 서쪽 쿰란 동굴에서 발견되기 시작하면서 그 비밀이 풀렸다. 이를 「사해문서」라고 부른다. 최근에는 우리말로도 번역돼 일반인들도 쉽게 열람할 수 있다.

「사해문서」에 따르면 고대 유대인들의 전투 대형은 대체로 보병, 기병, 투석대로 구성됐다. 보병은 거울처럼 광택을 낸 청동 방패로 무장했다. 방패의 높이는 약 2.5암마(약 1.25미터), 너비는 1.5암마(약 0.7미터)였다.

1암마는 팔꿈치에서 가운데 손가락까지의 거리로, 대략 45~50센티미터로 보면 된다. 이를 볼 때 유대인들이 전쟁에 사용한 방패는 온몸을 가릴 수 있는 대형 방패가 아니라 휴대와 기동성이 용이하도록 만든 소형 방패였음을 알 수 있다. 이 방패는 금과 은, 구리로 화려하게 장식했으며 미카엘, 라파엘, 가브리엘 등 천사들의 이름을 새기기도 했다.

보병이 들고 있던 창의 길이는 7암마(약 3미터)였고, 칼은 1.5암마(약 0.7미터)였다. 반면 기병대의 창은 이보다 1암마가 더 긴 8암마(약 3.5미터)였다.

당시 전쟁에 참가할 수 있는 나이는 40~50세였으며, 밥을 짓고 말에게 먹이를 먹이는 등 허드렛일을 하는 보조 전투인력은 50~60세의 연령층이 맡았다. 다만 순발력과 뛰어난 승마술이 필요했던 기병의 경우, 보병과 달리 30~45세로 규정했다.

20대 청년들이 전투에 직접 참가하지 않은 것이 이채롭다. 이들은 다만 군수품을 조달하고 전쟁을 준비하는 역할을 맡았을 뿐이다. 아마도 예비 전력으로서 전투의 경험을 쌓도록 한 것으로 보인다. 그 밖에 소년이나 여성도 전투에 참가할 수 없었다.

전투 방식 또한 독특했다. 「사해문서」에 따르면 유대인들은 전투가 진행되는 동안 끊임없이 뿔 나팔을 불었다. 아마도 숫양 뿔이 사용되었을 것으로 추정된다. 나팔은 군대 소집, 적에 대한 경고, 공격, 추적, 재소집 등에 따라 각기 다른 소리를 내도록 했다. 경고 및 공격 나팔 소리는 높고 끊어지는 소리였고, 후퇴 나팔 소리는 낮은 저음의 긴 울림이었다.

「사해문서」에 나타난 이러한 나팔 소리를 통한 부대 통솔은 여호수아가 예리코를 공격하는 모습을 묘사한 성경에서도 자세히 드러난다.

"숫양 뿔 나팔을 하나씩 든 사제 일곱 명이 계약의 궤 앞에 서서 가며 줄곧 나팔을 불었다. 그리고 무장을 갖춘 이들이 그들 앞에 서서 걸어가고 후위대가 계약의 궤 뒤를 따라가는데, 뿔 나팔 소리는 계속 울려 퍼졌다."(여호 6,13)

유대 보병들의 창과 칼이 햇빛에 반사되어 번쩍거렸다. 엄청난 나팔 소리가 예리코 성을 뒤흔들었다. 유대인들의 공격은 매서웠다. 그러나 예리코는 꿈쩍도 하지 않았다. 6일 동안이나 계속된 공격에도 예리코는 무너지지 않았다. 하지만 7일째가 되는 날 결국 함락되고 만다.

승세를 타기 시작한 유대인들의 기세는 무서웠다. 가나안의 관문 도시, 예리코를 함락시켜 내륙 진출의 발판을 마련한 여호수아는 곧이어 '아이'를 점령했고,(여호 7,1-9,29 참조) 가장 중요한 전략적 요충지였던 기브온마저 평화협상을 통해 손에 넣게 된다.

사실 여호수아는 전쟁광이 아니었다. 여호수아는 불가피한 경우가 아니면 전쟁을 일으키지 않았다. 그는 항복을 받아내거나 동맹 및 협상을 체결하는 것을 더 선호했다. 그 결과가 기브온과의 평화협상으로 나타났다. 예리코와 아이의 참상을 목격한 기브온 사람들은 저항이 무의미하다고 판단했다. 그래서 스스로 여호수아를 찾아와 항복의 뜻을 표했다.

"이제 저희는 나리의 손안에 있습니다. 나리의 눈에 좋고 옳게 보이는 대로 저희 일을 처리하십시오."(여호 9,25)

여호수아는 손에 피 한 방울 묻히지 않고 기브온을 차지했다. 포도 생산의 중심지였던 기브온은 성경에 45회나 언급될 정도로 중요한 도시이다. 지형적으로도 가나안 땅의 중심부에 위치할 뿐 아니라, 남북을 잇는 교통의 요지이기도 했다.

여호수아가 기브온을 차지했다는 것은 가나안 토착민들의 남북 연락망을 끊었다는 것을 의미했다. 그만큼 기브온을 잃은 가나안 땅의 왕들은 충격이 컸다. 예리코와 아이, 기브온 방어선이 무너지면서 이제 모든 가나안 땅이 바람 앞 등불 신세가 된 것이다. 이에 위기를 느낀 가나안 토착세력들이 연합작전을 통해 기브온 탈환에 나섰다.

"우리 함께 기브온을 칩시다."(여호 10,4)

다섯 왕이 힘을 모았다. 예루살렘의 아도니 체덱, 헤브론의 호암, 야르뭇의 피르암, 라키스의 야피아, 에글론의 드비르 왕이 바로 그들이다.

유대인들은 이제 새로운 국면을 맞았다. 지금까지의 전투가 도시국가들과의 개별적 전투였다면 이제는 연합세력과 싸워야 하는 것이다. 정면 대결은 위험이 컸다. 이런 상황에서 여호수아는 역시 현명한 판단을 내렸다. 빠른 기동성을 앞세운, 치고 빠지는 게릴라 작전을 펼친 것이다.

가나안 연합군대는 여호수아의 예상치 못한 기습공격에 큰 타격을 입었

고, 결국 다섯 왕도 잡혀서 죽임을 당했다.(여호 10,1-27 참조)

여호수아는 이제 거칠 것이 없었다. 가나안 중부지역을 평정한 여호수아는 말머리를 남부 쪽으로 돌린다. 본격적인 가나안 정벌이 시작된 것이다.

+ 이스라엘 광야에서 만난 오아시스.

+ 사해문서가 발견된 동굴. 기원전 2세기의 구약성경 사본 및 주석, 유대교 관련 문서가 1947년부터 사해 서쪽 쿰란 동굴에서 발견되기 시작했다.

전쟁 그 후 …

 잔잔하던 찻잔이 심하게 요동치는 형국이다. 가나안 중부지역을 점령한 유대인들은 멈추지 않고 가나안의 남부와 북부를 종횡무진 오가며 휘젓기 시작했다. 가나안 전체가 전쟁의 소용돌이에 휘말리게 된 것이다.

 그중 가장 눈길을 끄는 것은 갈릴래아 호수 북쪽에 세력을 가지고 있던 하초르의 왕, 야빈과의 전투였다. 야빈 입장에서 볼 때 유대인들은 평화의 파괴자이자 침략자였다. 가만히 있을 수 없었다. 결국 주변국들과 정치적 연합을 결성, 유대인들에게 공동으로 대응했다. 연합세력의 초반 기세는 대단했다.

 "병사들의 수가 바닷가의 모래처럼 많고, 군마와 병거도 아주 많았다."(여호 11,4)

 하지만 이미 사기가 하늘을 찌를 듯한 유대인들을 막기에는 역부족이었다.

 "하초르를 점령하고 그 임금을 칼로 쳐 죽였다… 또한 그 성읍에 있는 사람들을 모조리 칼로 쳐 죽여 봉헌물로 바쳤다. 이렇게 그는 숨 쉬는 것을 하나도 남기지 않았다. 그리고 하초르는 불에 태워 버렸다."(여호 11,10-11)

시오노 나나미(鹽野七生)는 「로마인 이야기」에서 "전쟁을 어떻게 수행하고 전후 처리가 어떻게 이루어졌는가를 추적해 보면, 전쟁을 치른 민족의 성격을 알 수 있다"라고 했다.

가나안 침략 전쟁에서 생각해 볼 수 있는 것은 유대인들의 잔혹성이다. 유대인들은 가나안 북부의 하초르를 유린하는 것에 앞서, 남부에서도 비슷한 잔혹성을 보인 바 있다.

"여호수아는 온 땅, 곧 산악지방, 네겝, 평원지대, 비탈지대, 그리고 그곳의 임금들을 모조리 쳐서 생존자를 하나도 남기지 않았다."(여호 10,40)

이는 훗날 로마가 정복전쟁을 하면서 타민족에 대해 포용정책을 취했던 것과는 대조적이다. 플루타르코스(Plutarchos)는 자신의 저서 「영웅전」에서 이렇게 말했다.

"패자조차도 자기들에게 동화시키는 이 방식만큼 로마의 강대화에 이바지한 것은 없다."

하지만 유대인은 달랐다. 대항하는 세력을 파괴하고 약탈했다. 다시는 일어설 수 없도록 부족 전체를 몰살하는 행위도 서슴지 않았다.

그 이유로는 유대인들이 가나안 정착민들에 비해 상대적으로 농경기술 등 생활 문화가 열등했다는 점을 들 수 있다. 열등한 민족을 정복한 후에는 관용을 베풀 수 있지만, 우수한 민족을 살려 두었다가는 언제 다시 반격을 받을지 모를 일이었다. 철저한 파괴만이 후환을 막는 유일한 길이었다. 실제로 유대인들이 당시 가나안 정착민족들보다 농경기술 등이 뒤쳐져 있었다는 사실은 성경에도 나타난다.

"나는 너희에게 너희가 일구지 않은 땅과 너희가 세우지 않은 성읍들을 주었다. 그래서 너희가 그 안에서 살고, 또 직접 가꾸지도 않은 포도밭과 올리브 나무에서 열매를 따 먹게 되었다."(여호 24,13)

유대인들이 당시 가나안 토착민보다 건축, 토기, 농경기술에 있어 열등했다는 이 같은 사실은 지난 백 년 동안 이뤄진 수많은 고고학적 발굴을 통해서도 확인되고 있다.

인류 역사적으로 볼 때 농경 토착민족이 아닌 유목민족은 침략과 약탈을 통해 성장한다. 13세기의 몽골이 그랬고, 기원전 390년 북부 유럽의 켈트족(로마인들은 그들을 갈리안이라고 불렀다)이 그랬다. 켈트족은 당시 높은 수준의 정치체계를 유지하고 있었던 문명국 로마를 잿더미로 만들어 버렸다.

유대 민족의 도시 파괴 행위의 또 다른 원인은 정치체계에서도 찾을 수 있다. 유대 민족이 선택한 정치체계는 로마처럼 공화정도, 민주정도 아니었다. 유일신 하느님에 의한 신정체제였다. 신의 명령은 인간의 잔학성을 미화시킬 수 있다. 인간의 판단에 따른 살인은 불의하지만, 신의 명령을 수행하는 전쟁은 성전(聖戰)이 될 수 있는 것이다.

어쨌든 평화롭게 살던 가나안 토착민들의 비참한 운명은 신으로부터 선택받았다는 유대인들의 자부심과 오랜 광야 생활로 체득된 유대인들의 잡초 같은 근성, 쇠퇴하는 이집트 등 당시 국제 정세 등이 어우러진 결과였다.
　물론 유대인들은 이처럼 가나안 땅을 유혈 점령한 것에 대해 일종의 죄책감을 가지고 있었다.(여호 24,8 ; 판관 11,17 ; 2사무 7,23 ; 민수 33,50 참조)
　한바탕 전쟁의 참혹함이 휩쓸고 지나간 뒤, 가나안 땅에도 평화가 찾아왔다.

　"여호수아는 주님께서 모세에게 이르신 그대로 모든 땅을 정복하였다. 그리고 나서 지파별 구분에 따라 이스라엘 사람들에게 그 땅을 상속 재산으로 나누어 주었다. 이로써 전쟁은 끝나고 이 땅은 평온해졌다."(여호 11,23)

　하지만 수많은 승리에도 불구하고 여호수아는 죽을 때까지 가나안 땅의 정복을 완성시키지 못했다. 유대인들의 가나안 땅 최종 정복은 통일왕국이 성립하는 기원전 1000년대 말에 가서야 볼 수 있다.

　여호수아의 시대도 저물고 있었다. 이 시기를 즈음하여 유대 민족도 세계사에 '잘되는 민족' 중 하나로 명함을 내밀게 된다.
　역사적으로 볼 때 '잘되는 민족'의 첫 번째 조건은 훌륭한 지도자들이 잇달아 나타난다는 점이다. 여호수아의 뒤를 잇는 지도자들이 그랬다.
　성경은 그 여호수아의 후계자들을 '판관들'이라 부른다.

+ 쿰란 공동체 유적. 이곳에선 기원전 8세기부터 사람이 살기 시작하였고, 기원전 2세기에는 유대교의 한 파인 에세네파(Essenes)가 공동생활을 하면서 사해문서를 남겼다.

+ 요한 게오르그 플라체르(Johann Georg Platzer, 1704~1761)의 '판관 삼손의 복수'(Samson's Revenge), 1730, 오스트리아 빈 벨베데레 궁전 박물관.

판관 시대

유대 민족이 낳은 걸출한 명장, 여호수아가 죽었다.(여호 24,29-33 참조)

이때부터 유대인들은 색다른 정치체제를 도입한다. 이른바 판관들의 등장이다. 우리는 판관이라고 하면 신라 시대부터 조선까지 이어 내려왔던 관직으로서의 판관을 떠올린다. 신라 경덕왕 때의 판관은 감찰의 일을 맡아보던 관리였으며, 고려와 조선 시대에는 지방 장관 밑에서 민정을 보좌하던 벼슬아치였다. 현재의 법률용어로는 재판관 혹은 심판관의 의미를 지니고 있다.

하지만 구약성경에서의 판관은 군대를 지휘하는 통치자, 지도자, 구원자 등 다양한 의미로 사용되고 있다. 이해하기 쉽게 '유대 12지파 동맹체제의 조정자'로 보면 된다.

엄밀하게 말하면 유대 민족이 스스로 선택해서 이러한 판관 지도체제를 도입한 것은 아니었다. 어쩔 수 없는 선택이었다고 보는 것이 타당하다. 가나안 지역은 비록 좁기는 하지만 40개 이상의 지리와 기후로 구분되는 다양성을 지닌 지역이다.

당연히 곳곳에 흩어져 살았던 유대 민족 12지파의 전통과 기질, 성격도 제각각이었다. 게다가 유대 민족 12지파는 수직 관계가 아닌 자존심 강한 평등적 관계를 유지하고 있었다. 당연히 각 지파들은 억압적인 중앙집권식 지도체제에 익숙하지 않았다. 왕이 등장할 만한 여건이 아직 갖춰져 있지 않았던 것이다. 이런 상황에서 대두된 것이 바로 판관에 의한 지도체제였다.

이런 판관 지도체제는 기원전 1200년대부터 1000년대까지 2백 년 동안 지속됐다. 이 시기에 등장한 판관은 모두 열두 명이다. 여기에는 유명한 '판관 삼손'의 이야기도 들어 있다.

이러한 판관들은 권력을 세습하는 국가 차원의 지도자가 아니었다. 유대 민족 전체의 진두에 서서 명령을 내리는 절대 권력의 지도자는 더욱 아니었다.

판관은 카리스마적 성격이 강했다. 김수환 추기경이나 법정 스님을 생각하면 된다. 뛰어난 능력과 지도력으로 모든 지파의 존경을 받았던 정신적 지도자였던 것이다. 물론 뛰어난 전투 능력도 빼놓을 수 없는 조건이었다. 이러한 판관들은 일반적으로 한 지파를 이끌었다. 또한 몇몇 판관들은 동시대의 인물일 가능성도 있다.

여기서 흥미로운 점은 판관들의 출신이다. 가난뱅이에다 천민 출신이 대부분이었다. 사회에서 버림받거나, 적응하지 못한 이들도 있었다. 심지어는 여성도 있었고, 매춘부의 아들도 있었다.

판관은 누구나 될 수 있었다. 능력만 있다면 출신과 성향에 상관없이 지도자(판관)로 추대하는 열린 포용성은 고대 유대 사회가 가나안 지역에서 빠르게 정착하고 융성할 수 있었던 이유이기도 하다.

이제 그 판관들의 활약상을 보자.
이민족이 침략했다. 요충지를 잃었다. 모압의 왕이었던 에글론이 암몬과 아말렉의 자손들을 모아 유대 민족(벤야민 지파 일부 지역으로 추정)을 침략, 야자나무 성읍이라고 불리는 곳을 차지했다. 오아시스가 있는 중요한 요충지가 이민족에게 넘어간 것이다. 이로 인해 벤야민 지파의 일부는 이후 18년 동안 모압의 왕 에글론을 섬겨야 했다. 이때 에글론 왕을 대담하게 암살하고 모압 민족을 물리친 장수가 바로 판관 에훗이다.(판관 3,12-30 참조)
그런데 이 에훗이 왼손잡이였다. 고대 유대 사회에서 왼손잡이는 빈약한 사람을 지칭했으며, 사회생활을 하는 데도 많은 차별을 받았다. 그런 그가 유대 민족의 판관이 된 것이다.

판관 중에는 여인도 있었다. 판관 드보라처럼 매력적인 여성도 드물다. 그녀가 야자나무 밑에 앉으면, 이스라엘 자손들이 찾아가 재판을 받곤 했다. 야자나무 밑에 앉았다는 것은 오아시스 즉, 드보라가 중심지역에서 판관의 역할을 수행했음을 알 수 있다.
중국에 판관 포청천이 있었다면 이스라엘에는 드보라가 있었다. 드보라는 뛰어난 군사전략가라기보다는 자신을 중심으로 힘을 모으게 하는 카리스마적 존재였던 것으로 보인다. 이 신비스런 여인은 가나안의 강력한 왕

이었던 야빈에게 대항할 연합군을 구성, 그 군대를 격퇴하기도 했다.(판관 4,1-24 참조)

판관 입타는 매춘부의 아들이었다. 어머니의 직업 때문에 형제들에게 쫓겨난 그는 이후 건달패를 이끌며 뒷골목을 전전했다. 그런데 이 입타가 괴력을 지닌 장사였던 모양이다. 암몬인들이 이스라엘을 공격해 왔을 때, 유대인들은 입타를 기억해냈고, 그를 암몬과 대적할 장수로 추대했다.

이때 입타는 전쟁이 끝난 후에도 지도자의 자리를 보장받는다는 조건으로 전쟁에 참여해 승리한다. 마치 중국 고전 「수호지」(水湖志)의 양산박 도적 무리들이 송나라 황제의 명을 받고 정규군으로 편성돼 적군과 싸우는 모습을 연상시킨다.

판관 시대의 이야기 중 빼놓을 수 없는 것이 바로 삼손과 들릴라를 묘사한 「판관기」 13~16장이다.

삼손은 참으로 복잡한 인물이다. 책임을 회피하려는 어린아이 같은 모습을 보이는가 하면, 폭력을 즐기는 듯한 인상도 보인다. 지나친 힘자랑은 때론 실소를 자아내기도 한다. 또 종교적으로 볼 때 금기인 몸 파는 여자와의 환락에 푹 빠지기도 했다. 그런가 하면 아름다운 한 여성과 사랑에 빠지는 로맨틱한 스토리도 가지고 있다.

유대인들은 이런 인물조차 판관으로 인정했다. 바로 삼손의 회개 때문이다. 유대인의 하느님은 돌아오는 아들을 늘 넓은 가슴으로 끌어안는다.

머리카락이 잘려 힘을 잃고 적군에게 체포된 뒤, 두 눈까지 잃은 삼손의 회개와 절규의 기도는 오늘날까지도 많은 이들의 심금을 울리고 있다. 필자 역시 개인적으로 힘든 일이 생기면, 이 삼손의 기도를 자주 바친다.

"주 하느님, 저를 기억해 주십시오. 이번 한 번만 저에게 다시 힘을 주십시오."(판관 16,28)

+ 안토니 반 다이크(Anthony van Dyck, 1599~1641)의 '사로잡히는 삼손'(The Capture of Samson), 1628, 오스트리아 빈 미술사 박물관.

+ 카라바조(Michelangelo da Caravaggio, 1573~1610)의 '골리앗의 머리를 들고 있는 다윗'(David with the Head of Goliath), 1610년, 로마 보르게제 미술관.

맞수

지금까지의 상대와는 격이 다르다. 유대인들이 모처럼 맞수다운 맞수를 만났다. 단순한 선의의 경쟁자로서의 맞수가 아니다. 맞수라기보다는 악연이라고 부르는 편이 더 어울릴지도 모른다. 악연도 이런 악연이 없다.

'필리스티아'로 불리는 사람들이 가나안 땅에 정착한 것이다. 오늘날 팔레스타인이라는 명칭은 바로 이 필리스티아에서 유래한다.

물론 필리스티아 사람들이 현 팔레스타인 지역 사람들의 직계 조상은 아니다. 하지만 고대 유대인들은 필리스티아 사람들과 피비린내 나는 전투를 치렀고, 3천 년이 지난 지금도 그 지역에 여전히 거주하는 팔레스타인 사람들과 힘든 싸움을 벌이고 있다.

이사악 시기부터 가나안 땅에 들어와 살고 있던 필리스티아 사람들(창세 26,1 참조)을 두고 옛 성경에선 '블레셋 사람들'이라고 번역했다. 훗날 다윗과 싸우는 블레셋의 거인 장수 골리앗이 바로 필리스티아 사람이다.

한 민족의 역사는 때때로 예기치 않은 맞수를 만날 때 새로운 물줄기를 탄다. 필리스티아 사람들의 등장도 유대 역사를 크게 바꾸는 촉매제가 되었다.

여기서 필리스티아 사람들에 대해 알고 넘어갈 필요가 있다. 그래야 유대인들의 역사가 손에 잡힐 듯 가까이 다가올 수 있기 때문이다.

필리스티아 사람들의 고향은 크레타섬이다. 크레타섬은 오늘날 그리스

최남단에 위치한 섬으로, 기원전 3000~2600년경 유럽에서 가장 먼저 문명을 꽃피운 지역이다. 역사가들은 이 문명을 미노아문명이라고 부른다. 하지만 기원전 1500년경 크레타섬에 큰 지진이 발생했고, 그와 함께 찬란했던 문명도 함께 스러졌다.

이때 미케네인이라고 불리는 그리스 원주민들이 크레타에 대한 지배권을 확보했고, 새롭게 미케네문명을 열게 된다. 유명한 호메로스의 「일리아드」에 나오는 영웅들이 바로 이 미케네인들이다. 이들은 훗날 모세가 이집트를 탈출, 갈대바다를 건너는 그 즈음에 소아시아의 맹주 트로이를 침략해 승리하는 기쁨을 맛보기도 했다.

미케네 민족 중 일부 분파(고대시대에는 이들을 바다민족이라고 불렀다)는 이후 크레타섬을 떠나 이집트를 침략했다. 하지만 이집트의 영웅 람세스 2세에 의해 실패했고, 다시 여러 갈래로 나누어져 동부 지중해 연안 곳곳에 정착했다. 이때 가나안 남쪽 해안 평야지대에 정착한 이들이 바로 필리스티아 사람들이다. 오늘날 이스라엘과 팔레스타인이 갈등을 벌이는 가자지구도 고대 필리스티아 사람들이 건설한 도시 중 하나다.

그런데 필리스티아 사람들이 가나안 땅에 발을 들여놓고 정착하는 시기가 묘하다. 유대 민족 입장에서는 아직 가나안 정복을 미처 다 끝내지도 못했는데, 엄청난 맞수를 만난 것이다. 좁은 지역에서 이해관계가 상충하는 두 민족이 만났으니, 충돌이 일어날 것은 불 보듯 뻔했다.

문제는 필리스티아와 유대 민족의 군사력 차이다. 필리스티아 사람들은 유럽 최고의 문명을 자랑하던 크레타섬에서 온 민족답게 당시로서는 최신식 무기인 철제 무기를 사용하고 있었다. 유대인들은 당시 청동제 무기를 사용했다.

다윗이 필리스티아 장수 골리앗에 대적할 때 무릿매를 사용한 이유도 여기에 있다. 철제 무기를 사용하는 골리앗에게 청동제 무기로 어설프게 덤벼드는 것보다는 무릿매가 더 유용했을 것이다. 물론 유대 민족에게도 희망은 있었다. 필리스티아 사람들이 해양민족이었던 만큼 해상전투는 뛰어났지만, 육상전투에는 상대적으로 익숙하지 않았다는 점이다.

어쨌든 유대인 입장에서는 호락호락하게 가나안 땅의 지배권을 필리스티아 사람들에게 내어 줄 수 없는 처지였다. 가나안이 어떻게 정복한 땅인가. 100여 년이 넘는 전쟁을 통해, 수많은 피와 희생을 통해 간신히 손에 넣은 땅이다.

유대인으로서는 아직도 가나안에 산재해 있는 다양한 민족들로부터 확실한 복종을 약속받지 못한 상황이었다. 필리스티아인들을 격퇴시키지 못한다면 가나안 지역에서 어렵게 확보한 우위성이 흔들릴 수 있었다. 만약 유대인들이 조금이라도 밀리는 눈치를 보인다면 지금까지 고개 숙이고 복종하던 민족들이 모두 등을 돌릴 수도 있는 상황이었다.

필리스티아는 유대인들이 반드시 넘어야 할 산이었다. 문제는 필리스티아가 지금까지 가나안 정복전쟁을 통해 만났던 상대와는 비교할 수 없는 큰 산이라는 점이다. 엄청난 힘을 자랑하던 판관 삼손도 그 벽을 넘지 못했다. 삼손을 붙잡아 죽인 것도 필리스티아인들이었다.

삼손이 필리스티아인에게 포로로 잡혔다가 죽자, 삼손을 따르던 '단 지파'는 해체됐다.(판관 18,1-31 참조) 삼손 시대 당시 이미 유다 지파는 필리스티아에 종속되어 있었다.(판관 15,11 참조)

더 이상 밀려서는 곤란했다. 민족 전체가 필리스티아인들의 발아래 놓일 수도 있는 절체절명의 위기였다.

이제 유대인들은 새로운 정치체제를 생각해낸다. 그들에게는 보다 강력한 지도체제가 필요했다.

지금까지 유대 민족 12지파는 외부에서 적이 침략해 왔을 때만 일시적으로 판관이라는 지도자 밑에서 동맹을 맺고 싸웠다. 물론 전쟁이 끝나면 동맹은 다시 흐지부지됐다. 사실 이 동맹체제도 그리 굳건한 것이 아니었다. 지파 사이에 전쟁이 일어난 적도 있었다.(판관 19,1-21,25 참조) 이렇게 느슨한 동맹체제로는 강한 왕의 지휘 아래 일사분란하게 전쟁을 치르는 필리스티아에 대적하기 어려웠다.

이에 유대인들은 자신들을 항구적으로 통치하고 전쟁을 지휘해 줄 왕을 필요로 하게 된다. 필리스티아의 등장으로 인해 강력한 중앙집권식 정치체제를 갖춘 왕정을 도입하게 되는 것이다.

역사에는 '만약'이라는 가정이 불필요하지만, 만약 맞수 필리스티아인들의 가나안 이주가 없었다면 유대 민족의 왕정은 나타나지 않았거나, 혹은 그 시기가 늦춰졌을 것이다.

유대 민족 최초의 왕은 벤야민 지파 출신의 사울이었다. 그는 처음에는 상당한 성공을 거두었다.

+ 필리스티아 사람들이 가나안 남쪽 해안에 정착하면서 유대인들은 중대한 위기에 봉착하게 됐고, 이 위기감은 왕정 도입으로 이어진다. 고대 유대인들은 필리스티아 사람들과 피비린내 나는 전투를 치렀고, 3000년이 지난 지금도 그 지역에 여전히 거주하는 팔레스타인 사람들과 힘든 싸움을 벌이고 있다. 사진은 팔레스타인 거주 지역인 베들레헴의 시가지.

+ 도나텔로(Donato di Niccolò di Betto Bardi, 1386~1466)의 '다윗'(David), 1440년 경, 피렌체 바르젤로미술관

왕의 등장, 최초의 왕 사울

노회한 사무엘의 얼굴에 근심이 가득하다. 미간에 패인 굵은 주름이 고통의 깊이를 가늠케 한다.

평생 동안 유대 민족을 이끌어 온 그를 유대인들은 예언자로, 사제로, 판관으로 존경해 왔다. 그랬던 백성들이 최근 돌변했다. 외적의 침략(특히 필리스티아)에 효과적으로 대응할 수 있도록, 왕을 추대하자고 조르기 시작한 것이다.(1사무 8,6 참조)

'왕? 왕이 왜 필요하지? 내가 무엇을 잘못했단 말인가. 나를 배신하다니…. 평생 헌신해 온 보답이 고작 이런 것이란 말이냐. 왕은 안 돼, 절대 안 돼!'

흔들리는 지파 동맹체제를 바로 잡기 위해 얼마나 노력했던가. 판관직을 요엘과 아비야, 두 아들에게 물려주고 정치 일선에서 물러선 그는 최근까지도 예언자겸 제사장으로 유대 민족을 이끌어 왔다.

그런데 백성들은 사무엘의 두 아들을 미덥지 않아 했다. 더 이상 판관에 의한 지도체제가 아닌 왕정제도의 도입을 요구하고 나선 것이다. 사무엘은 왕정제도만큼은 절대로 용납할 수 없었다. 그것은 자신에 대한 정치적 사형선고나 마찬가지였다.

어느새 날이 밝아 오고 있었다. 사무엘은 지파 지도자 회의를 소집했다. 그리고 왕정제도의 부당성을 조목조목 밝히기 시작했다. 왕정제도로 인해 예상되는 폐해는 수없이 많았다.

"백성들아. 너희들은 왜 그렇게도 어리석은가. 왕을 세우게 되면 좋은 점보다는 나쁜 점이 많다는 것을 왜 모르는가. 우선 직업군인이 등장할 것이다. 왕은 자신의 권력을 공고히 하기 위해 군대를 양성할 것이기 때문이다. 이뿐만이 아니다. 가혹한 조세 부과는 어떻게 감당하려는가. 지금과 같은 체제에선 세금을 많이 거둘 필요가 없지만, 왕은 왕궁 등을 건설하기 위해 세금을 한층 많이 부과할 것이다. 그만큼 강제 노역도 늘어날 것이다."(1사무 8,11-18 참조)

하지만 백성들은 사무엘의 말을 더 이상 들으려 하지 않았다. 마음을 돌리지 않았다. 오히려 한층 강하게 왕을 요구했다.
"상관없습니다. 우리에게는 임금이 꼭 있어야 하겠습니다."(1사무 8,19)
사무엘은 더 이상 반대할 수 없었다. 사무엘이 하느님께 뜻을 물었을 때, 하느님도 "그들의 말을 들어 임금을 세워 주어라"(1사무 8,22)라고 하셨다.

사무엘은 고집을 꺾을 수밖에 없었다. 사무엘은 미츠파의 총회(1사무 10,17-27 참조)를 주관, 뛰어난 전투 지휘 능력을 갖춘 사울을 왕으로 선출했다.
사울이 유대 민족의 첫 번째 왕으로 추대된 것이다.

사울은 잘생긴 젊은이였다. 이스라엘 자손들 가운데 그처럼 잘생긴 사람은 없었다. 키도 모든 사람보다 어깨 위만큼은 더 컸다.(1사무 9,2 참조) 요즘 말로 소위 얼짱, 몸짱 남자다.

"사무엘은 기름병을 가져다가, 사울의 머리에 붓고 입을 맞춘 다음 이렇게 말하였다. '주님께서 당신에게 기름을 부으시어, 그분의 소유인 이스라엘의 영도자로 세우셨소.'"(1사무 10,1)

하지만 유대인들 중에는 사울을 왕으로 인정하지 않으려는 자들도 있었다.
"하필이면 사울이냐"는 것이다. 이는 사울이 벤야민 지파였기 때문이다. 우리는 야곱의 열두 형제 중 벤야민이 막내였다는 것을 기억한다. 그 때문인지 지파 동맹 중에서도 벤야민은 가장 작은 지파로 분류되었다.
게다가 사울의 고향인 기브아는 한때 동족을 대상으로 전쟁을 일으킨 전력이 있었다.(판관 19,1-21,25 참조) 유대 민족을 한때 위기에 빠뜨린 벤야민의 기브아에서 탄생한 사울이 이제는 각 지파들을 권력으로 억압할 수 있는 왕이 된 것이다. 이에 대해 북쪽지역 지파들의 우려가 특히 컸다.

일부 역사가들은 사무엘이 왕의 권한 약화를 위해 의도적으로 벤야민 지파에서 초대 왕을 추대했다고 분석하고 있다. 지지기반이 약한 허수아비 왕을 내세우고, 자신은 섭정을 하려 했다는 것이다.
이 주장을 전적으로 받아들이기에는 어려움이 있지만 사무엘이 등 떠밀려 왕정 수립에 동의하고, 또한 왕을 세운 후에도 지속적으로 사울을 견제하는 정황은 성경 곳곳에 나타나고 있다.

하지만 사울은 사무엘을 비롯한 백성들의 우려를 깨고, 놀라운 능력을 발휘하기 시작했다. 모압, 암몬, 에돔, 초바의 왕들 및 필리스티아, 아말렉과 싸워 연전연승했다.(1사무 14,47-48 참조) 대 암몬 전쟁 직후 길갈에서 공식적 즉위가 다시 이뤄지는 것도 이 때문이다.(1사무 11,14-15 참조)
하지만 사무엘과 사울의 갈등은 좀처럼 멈추지 않았다.
「사무엘 상권」 15장에는 자신의 말을 듣지 않고 전리품을 챙긴 사울을 다그치는 늙은 사무엘의 모습이 생생하게 묘사되어 있다. 사무엘 입장에서는 사울의 세력이 의외로 커지자 제동을 걸 필요가 있었을 것이다. 드디어 사무엘은 사울에게서 완전히 등을 돌렸다.

그런데 여기서 사울이 보인 태도가 안쓰러울 정도다. 그는 등을 보인 사무엘에게 애걸하며 매달린다. 사울이 얼마나 매달리며 애원했는지, 뿌리치는 사무엘의 옷자락이 찢어졌을 정도였다.(1사무 15,23-27 참조)
불쌍한 사울…. 사울은 점차 고립의 늪에 빠졌다. 왕다운 의지와 판단력도 잃어 갔다. 강박관념에 의한 일종의 정신착란 증세 혹은 조울증도 있었던 것으로 추정된다.
"주님의 영이 사울을 떠나고, 주님께서 보내신 악령이 그를 괴롭혔다."(1사무 16,14)
가중되는 필리스티아인들의 압력도 견디기 어려웠을 것이다. 특히 자신의 왕권을 인정해 주지 않는 유대 지도자들의 보이지 않는 견제도 힘들었을 것이다.

사울이 이렇게 몰락하게 된 가장 큰 이유는 무엇보다도 정치적 판단을 잘못했다는 데에 있다. 판관이자 예언자로서 왕의 배후에서 권력을 행사하고자 했던 사무엘의 존재가 불편했을 수도 있다. 하지만 사울은 한동안 사무엘과 동맹관계를 유지해야 했다.

"안 되겠어. 왕을 바꿔야겠어."

사무엘은 사울의 대안을 모색했다. 그래서 등장하는 인물이 바로 다윗이었다.(1사무 16,6-13 참조)

초창기의 다윗은 오히려 사울의 총애를 받았다. 특히 사울의 아들 요나탄은 다윗에게 마음이 끌려 그를 자기 목숨처럼 사랑했다. 요나탄은 자기가 입고 있던 겉옷을 벗어 다윗에게 주고, 군복과 심지어 칼과 활과 허리띠까지도 주었다.(1사무 18,2-5 참조) 다윗 입장에서는 왕(사울)과 왕자(요나탄)로부터 대단한 은혜를 받은 것이다.

하지만 다윗은 훗날 사울과 원수가 된다.

+ 미켈란젤로의 '다윗'(Davide di Michelangelo, 복제품), 이탈리아 피렌체 시뇨리아 광장(Piazza della Signoria)에 있다.

사울 VS 다윗

　성경에서 사울과 다윗의 권력 투쟁에 대한 내용만큼 흥미진진한 이야기도 드물다. 모험과 도전, 사랑, 권모술수, 삼각관계, 좌절, 의심, 모함 등 흥행을 위한 필수 요소를 두루 갖춘, 한 편의 완벽한 드라마를 보는 듯하다. 완벽한 드라마가 대부분 그렇듯 이 드라마의 마지막 장면에서도 극적인 반전이 있다.

　드라마의 첫 장면에선 근엄하고 엄숙한 모습의 사울왕이 등장한다. 유대 민족 최초의 왕, 사울은 인물을 등용하는 데 귀족과 평민을 가리지 않았다. 조선 시대의 탕평책을 생각하면 된다.
　사울은 사무엘 등 기존 기득권 세력의 견제로부터 독립하기 위해 보수세력과 줄이 닿지 않는 젊고 참신한 인물이 필요했다. 새로운 질서를 재편하기 위해선 어쩔 수 없는 선택이었을 것이다. 자기편을 많이 만들어야 했다. 그래서 구상한 것이 이른바 탕평책이었다.

　"그는 용감하고 힘센 사람을 보면 누구든지 자기에게 불러 모았다."(1사무 14,52)
　다윗도 이 탕평책의 혜택을 받은 사람 중 하나였다. 다윗은 사울 왕이 발탁한 인재 중 단연 두각을 나타냈다.

그런데 성경은 다윗에 대해 상반된 두 가지 이야기를 들려준다. 다윗은 골리앗과 싸울 때 사울이 갑옷과 투구를 주자 그 무게 때문에 제대로 걷지도 못했다. 그리고 "제가 이런 무장을 해 본 적이 없어서, 이대로는 나설 수가 없습니다" 하고는 갑옷과 투구를 벗어 버렸다.(1사무 17,39)

다윗은 정규 무장 경험조차 없었던 풋내기였던 것이다.

반면 같은 「사무엘 상권」의 16장 18절에는 "그는 비파를 잘 탈 뿐만 아니라 힘센 장사이며 전사로서, 말도 잘하고 풍채도 좋다"고 나온다.

이를 볼 때 다윗은 처음에는 완벽한 전사가 아니었으나, 전문적 군사 훈련을 통해 차츰 완벽한 군사 지도자로 변모한 것으로 추정된다.

성경은 다윗이 필리스티아(블레셋)와의 에페스담밈 전투에서 거인 전사 골리앗을 죽인 후 대내외적으로 두각을 나타내기 시작했다고 기록하고 있다.(1사무 17장 참조)

다윗이 골리앗을 죽인 방법은 무릿매질이다. 많은 이들이 돌팔매(돌을 던지는 행위)라고 잘못 알고 있지만, 정확하게 말하면 다윗은 손으로 돌을 던진 것이 아니었다. 무릿매질이 정확한 표현이다. 무릿매는 돌을 끈에 맨 후 끈의 양 끝을 잡고 휘두르다가 한쪽 끝을 놓아 던지는 팔매를 말한다.

무릿매는 당시 목동들의 중요한 호신용 무기였지만, 전투용 무기로도 흔히 사용됐다. 무릿매를 사용하는 부대가 별도로 있었을 정도였다. 실제로 훗날 분열왕국 시대에 북이스라엘의 왕 요람과 남유다의 왕 여호사팟 연합 부대의 모압 정벌에도 무릿매부대가 크게 활약했다.(2열왕 3,25 참조) 900

여 년 후 로마의 율리우스 카이사르도 자신의 전쟁담을 다룬 「갈리아 전쟁기」에서 무릿매 부대가 중무장 및 경무장 보병과 함께 중요한 역할을 담당했음을 언급하고 있다.

어쨌든, 대 골리앗 전투의 승리 이후 다윗의 입지는 크게 달라졌다. 이제 그는 유대 민족의 인기를 한 몸에 받는 전쟁 영웅이 됐다. 군중은 새로운 영웅의 탄생에 열광했다. 다윗이 누구인가. 그동안 늘 밀리기만 했던 필리스티아와의 싸움에서 승리를 거둠으로써 유대인들에게 자신감을 심어준 장본인이다.

이에 사울 왕가는 처음에는 다윗을 통해 필리스티아 대응 능력을 증대시킬 수 있다고 판단한 것으로 보인다. 다윗은 사울 왕가에 있어서 구세주였다. 그래서 왕자 요나탄은 심지어 자기가 입고 있던 겉옷을 벗어 다윗에게 주고, 군복과 칼과 활과 허리띠까지도 주었다.(1사무 18,2-5 참조) 이뿐만이 아니었다. 사울은 처음에는 다윗을 사윗감으로 생각하기까지 했다.

하지만 상황은 엉뚱한 곳에서 틀어지기 시작했다. 다윗이 대 필리스티아 전투를 계속 주도하면서 연전연승을 거두자 백성들의 관심이 다윗에게 집중되기 시작한 것이다. 민심은 움직인다. 사울에게 열광하던 백성들이 이제는 다윗에게 열광하고 있는 것이다. 사울은 당황했다. 그래서 점차 다윗을 경계하게 되었다. 승승장구하는 다윗을 방치했다가는 자칫 왕조의 기반이 위협받을 수 있는 상황이었다. 조선의 선조가 이순신을 의도적으로 경계한 것과 비슷한 상황이다.

결국 다윗을 위험한 존재로 인식한 사울은 집요할 만큼 다윗 제거 노력에 나선다. 사울은 왕이었다. 아무리 온 국민이 열광하는 영웅이라고 해도 이제 막 정치적 상승세를 타고 있던 다윗으로서는 정면 대응이 불가능했다. 좀더 힘을 키울 필요가 있었다. 다윗은 어쩔 수 없이 망명길에 오르게 된다.

사울 입장에서 볼 때 다윗의 망명은 그를 더욱 위험한 인물로 간주하는 계기가 됐을 것이다. 왕위를 찬탈할 욕심이 없고, 스스로 결백하다면 망명을 하지 않았을 테니까 말이다.

사울은 친위대를 동원, 다윗을 집요하게 추적한다. 이 과정에서 사울은 무리수를 둔다. 다윗을 도왔다는 이유만으로 놉의 사제들을 몰살한 것이다.(1사무 22,6-23 참조) 이는 사울 자신의 종교적 기반마저 무너뜨리는 어리석은 행동이었다. 이 사건으로 사제들은 사울에게서 완전히 등을 돌린다. 사무엘과 연대하지 못해 정치적 고립을 자초했던 사울의 정치적 미숙함이 또다시 드러나는 대목이다.

다윗은 다윗대로 살길을 모색해야 했다. 결국 다윗은 지금까지 칼끝을 마주하고 싸웠던 필리스티아와 전략적으로 손을 잡게 된다.(1사무 21,11-16 ; 27,1-12) 필리스티아 입장에서도 다윗과의 동맹을 망설일 이유가 없었다.

이는 유대 민족과 필리스티아 간의 2파전이 벌어지고 있는 가운데, 제3의 친 필리스티아 유대 세력이 새롭게 형성된다는 것을 의미한다. 이렇게 되면 싸움은 복잡하게 돌아가기 마련이다.

든든한 지원 세력을 얻은 다윗은 이제 마음 놓고 아말렉 등 가나안 남부 지역 세력을 정벌, 전리품을 백성들에게 나눠주는 등 정치적 입지를 다져간

다.(1사무 30,1-31 참조)

　다윗이 자신의 정치적 입지 구축에 몰두하고 있던 그 시간, 필리스티아는 드디어 눈엣가시였던 사울 왕가에 대한 대대적 공세에 나선다.
　사울은 이미 다윗이라는 뛰어난 장수를 잃은 상태였다. 할 수 없이 그는 직접 연합세력을 모아 전장으로 나갔다. 하지만 역부족이었다. 사울은 자신의 모든 병력을 끌어모아 싸운 길보아산 전투에서 처참한 패배를 맛보게 된다. 이 전투에서 사울과 왕자 요나탄을 포함한 대부분의 왕가 사람들이 전사했다. 성경은 그 비참함을 이렇게 묘사한다.

"사울 가까이에서 싸움이 격렬해졌다. 사울이 (적의) 궁수들에게 큰 부상을 입었다. 사울이 자기 무기병에게 명령하였다. '칼을 뽑아 나를 찔러라.' 그러나 무기병은 너무 두려워서 찌르려 하지 않았다. 그러자 사울은 자기 칼을 세우고 그 위에 엎어졌다. 사울이 죽는 것을 보고, 무기병도 칼 위에 엎어져 그와 함께 죽었다."(1사무 31,3-5)

　개인적으로 성경의 이 부분을 읽을 때마다, 「삼국지」의 관우와 장비, 유비, 제갈공명이 죽을 때와 똑같은 안타까움이 밀려든다.
　자! 이제, 유대 민족 최초의 왕이 죽었다. 그리고 약속의 땅 가나안의 주요 거점들이 대부분 필리스티아 점령 하에 들어갔다. 가나안에서 필리스티아인들에게 대적할 세력은 더 이상 존재하지 않는 듯 보였다.

　이때 다윗은 무엇을 하고 있었을까.

+ 프란스 푸르버스(Frans Pourbus D.A.I the Elder, 1545~1581)의 '다윗과 아비가일'(David and Abigail), 1570, 오스트리아 빈 미술사 박물관.

+ 로마 스페인 광장 인근에 있는 '원죄 없이 잉태되신 성모의 원주'(Column of the Immaculate Conception)의 다윗왕 조각상. 다윗은 사울의 죽음 후 필리스티아의 영향력을 벗어나 헤브론에서 큰 정치적 도약을 이뤄낸다.

다윗, 영웅으로 떠오르다

인기와 정치적 지지도는 반드시 정비례하지 않는다.

인기 연예인이 국회의원 선거에서 낙선하는 것도 같은 이유에서다. 인기는 호감이지만, 지지는 신뢰다. 인기가 지지로 이어지기 위해선 호감이 신뢰로 바뀌어야 한다. 그 촉매제는 감동이다. 백성들에게 감동을 주는 지도자만이 단순한 호감을 전적인 지지로 바꿀 수 있다.

대 골리앗 전투 이후 다윗의 대중적 인기는 급상승했지만, 이것이 곧 다윗의 정치적 지지도 상승으로 이어진 것은 아니었다. 다윗 입장에선 사울의 끊임없는 견제로 정치적 신뢰를 쌓을 기회조차 없었다. 다윗에게는 사울과 대적하기 위한 탄탄한 지지기반이 필요했다.

유대 민족의 원수였던 필리스티아와 전략적 제휴에 나선 것도 이러한 이유에서였다. 필리스티아 망명을 통해 다윗은 비로소 사울의 위협에서 벗어날 수 있었고, 마음껏 자신의 정치적 능력을 드러낼 기회를 얻게 되었다. 그곳에서 다윗은 자신의 지도자적 자질을 유감없이 발휘하기 시작했다. 특히 가나안 남부지역에 거주하는 아말렉족을 쳐부순 후, 그 전리품을 배분하는 과정에서 다윗은 수준 높은 정치적 행보를 보였다.

다윗은 유다 원로들에게 전리품의 일부를 보내면서 이렇게 말했다.

"여기 주님의 원수들에게서 빼앗은 전리품 일부를 어르신들께 선물로 드립니다."(1사무 30,26)

이러한 다윗의 행동은 과거에 사울이 전쟁에서 이긴 후 전리품을 독차지한 것과 대조적이다.(1사무 15장 참조) 다윗은 사울과 의식적으로 다른 행보를 보인 것이다. 이점에서 다윗은 고대 사회에서는 드물게 '백성의 민심'에 눈뜬 뛰어난 정치적 감각의 소유자였다.

그렇게 민심 확보에 주력하고 있던 어느 날, 다윗은 사울이 필리스티아와의 전투에서 전사했다는 소식을 듣는다. 이때 다윗의 행동이 의외다.

"다윗이 자기 옷을 잡아 찢었다. 그와 함께 있던 사람들도 모두 그렇게 하였다. 그들은 사울과 그의 아들 요나탄, 그리고 주님의 백성과 이스라엘 집안이 칼에 맞아 쓰러진 것을 애도하고 울며, 저녁 때까지 단식하였다."(2사무 1,11-12)

다윗은 더 나아가 사울을 애도하는 노래(2사무 1,17-27)까지 짓는다.
이러한 다윗의 반응은 사울로부터 끊임없이 생명의 위협을 받았다는 점을 상기해 볼 때 얼핏 이해가 되지 않는다. 어쩌면 이러한 다윗의 태도 자체도 정치적 이유에서 나온 것이 아닐까. 전 유대 민족을 이끌겠다는 야심도 이때부터 생겼는지 모른다.
어쨌든 사울에 대한 다윗의 애가(哀歌)는 3000년의 시공간을 뛰어넘어 지금까지도 읽는 이들의 심금을 울리고 있다. 그 일부를 들어 보자.

"이스라엘의 딸들아 사울을 생각하며 울어라. 그는 너희에게 장식 달린 진홍색 옷을 입혀 주고 너희 예복에 금붙이를 달아 주었다. 어쩌다 용사들이 싸움터 한복판에서 쓰러졌는가? 요나탄(사울의 아들)이 네 산 위에서 살해되다니! 나의 형 요나탄, 형 때문에 내 마음이 아프오. 형은 나에게 그토록 소중하였고 나에 대한 형의 사랑은 여인의 사랑보다 아름다웠소. 어쩌다 용사들이 쓰러지고 무기들이 사라졌는가?"(2사무 1,24-27)

사울을 추모하는 이러한 다윗의 일련의 행동은 당시 유대 백성들에게 깊은 감동을 주었음에 틀림없다.

물론 다윗은 사울의 죽음을 애도했지만, 사울이 제거되면서 몸과 마음이 편안해진 것만은 사실이다. 목숨을 위협하던 정적은 사라졌고, 더 이상 필리스티아의 힘을 빌릴 필요도 없었다. 그래서 다윗은 필리스티아의 영향력에서 벗어나 유다 지파 성읍들 가운데 한 곳인 헤브론으로 간다.(2사무 2,1 참조) 헤브론은 가나안 남부의 중심부에 위치한 도시다. 비유하자면 한반도 남쪽의 대전쯤에 위치한 도시라고 생각하면 된다. 다윗은 이 헤브론에서 왕의 지위에 오르는 큰 정치적 도약을 이뤄낸다.(2사무 2,4 참조)

다윗이 그동안 공들인 정치적 노력이 가시적 성과로 이어지는 대목이다. 물론 여기에는 필리스티아와 친밀한 관계를 유지하길 원했던 유다 지파의 성향도 한몫했다. 필리스티아에 망명한 경력이 있는 다윗이라면 적어도 필리스티아와 전쟁을 하지는 않을 것이라는 믿음이 있었던 것이다.

여기서 하나 짚고 넘어가야 할 점은, 다윗이 왕이 되었다고 해서 모든 유대 민족의 왕이 되었다는 의미는 아니라는 것이다. 다윗은 아직 '단에서 브에르세바까지'(한국식 표현으로는 백두에서 한라까지), 모든 가나안 땅의 왕이 된 것은 아니었다. 당시 유대 민족이 여러 지파로 나눠져 있었다는 것을 상기할 필요가 있다.

그렇다면 남부지역에서 다윗이 승승장구하던 그때, 이스라엘(가나안 북부)은 어떤 상황이었을까. 사울은 죽었지만 사울의 군대는 아직 미력하게나마 그 생명력을 이어가고 있었다. 사울의 또 다른 아들 이스보셋이 왕가 재건을 꿈꾸고 있었다. 하지만 남부의 다윗왕이 탄탄한 지지기반 속에서 날로 성장세를 보인 반면, 북부에선 거듭된 정치적 혼란을 겪는다. 왕을 배반한 북부 이스라엘군의 최고 사령관은(2사무 3,6-11 참조) 다윗과의 밀약을 추진하다(2사무 3,12-21 참조) 결국에는 다윗의 본거지에서 다윗의 부하에게 살해당한다.(2사무 3,22-39 참조) 군 사령관을 잃은 북부 이스라엘에선 설상가상으로 왕이 암살당하는 사건까지 발생했다.(2사무 4,1-12 참조)

가나안 남쪽은 다윗이 다스리고 있었다. 북쪽을 다스리던 왕조는 정치적 혼란을 거듭하다 결국에는 무너졌다. 누가 보아도 이어지는 결과는 뻔하다. 백성들의 눈이 향한 곳이 어디겠는가.
다윗은 민족을 이끌 영웅으로 떠오르고 있었다.

+ 예루살렘 최후의 만찬 경당 앞에 있는 다윗상

+ 기베르티(Lorenzo Ghiberti, 1378~1455)의 '다윗의 예루살렘 입성', 1425~1452, 피렌체 성 세례자 요한 세례당(Battistero di San Giovanni) '천국의 문'(Florence Baptistery Bronze Doors) 부조 부분.

예루살렘 점령

오늘날까지 유대 민족이 이어질 수 있었던 그 뿌리에는 '다윗'이 있다. 다윗은 유랑민족 유대인들에게 '국가'라는 개념을 심어준 인물이다. 만약 유대 민족이 국가를 만들지 않고 단순한 종교 연합 공동체 형태를 유지했다면 어떻게 되었을까. 오래지 않아 주변 강대국들에 의해 해체되었을 것이다. 하느님 유일신도 다른 민족들의 수많은, 그저 그런 신들 중 하나로 전락했을 것이다.

하지만 유대인들의 입장에서 볼 때, 유일신 하느님은 유대 민족의 해체를 원하지 않았다. 유대인들은 그래서 하느님이 다윗을 보냈다고 믿었다. 우선은 뿌리가 만들어지는 것이 중요했다. 아직 유일신 신앙은 뿌리가 약했다.

다윗은 유대인들의 영웅일 뿐만 아니라, 하느님 유일신 신앙의 수호자이기도 했다. 다윗이 있었기에 통일왕국이 가능했고, 일체감과 소속감, 민족의식, 유일신 신앙이 뿌리내릴 수 있었다.

실제로 다윗은, 당시까지만 해도 근동지방에서 별로 주목 받지 못했던 하느님 백성, 유대 민족을 단숨에 '잘나가는 민족'으로 바꿔 놓는다. 고대에서 드물게 유일신 신앙을 가진 민족이 신흥 강국으로 급부상한 것이다. 이제 그 일련의 과정을 살펴보자.

가나안 남부에서 세력을 쌓던 다윗은 가나안 북부의 사울 왕조가 무너진 후, 북부 원로들에 의해 왕으로 추대되었다. 지파별로 갈려 반목하고 경쟁하던 유대 민족이 다윗을 중심으로 하나가 되는 순간이었다.

"우리는 임금님의 골육입니다. 전에 사울이 우리의 임금이었을 때에도, 이스라엘을 거느리고 출전하신 이는(다윗)임금님이셨습니다. 또한 주님께서는 '너는 내 백성 이스라엘의 목자가 되고 이스라엘의 영도자가 될 것이다'하고(다윗)임금님께 말씀하셨습니다."(2사무 5,1-2)

이때가 기원전 1000년경이다. 모든 이스라엘 지파들로부터 인정받은 왕, 다윗은 이제 뭔가 보여 주어야 했다. 그 첫 번째 행동이 바로 예루살렘 점령이다.(2사무 5,6-12 ; 1역대 11,4-9 참조)

예루살렘 점령만큼 유대 민족에게 큰 의미를 지니고 있는 사건도 드물다. 그래서 이 부분은 좀더 자세히 설명할 필요가 있다.

예루살렘은 가나안 내륙의 남과 북을 이어 주는 전략적 요충지에 자리하고 있었다. 한반도의 개성 혹은 서울과 비슷한 지역에 위치한 도시이다. 이처럼 예루살렘은 전략적으로 가장 중요한 위치에 있었음에도 불구하고 유대 민족은 여호수아가 가나안 땅에 발을 들인 지 200년이 넘는 기간 동안 한 번도 점령하지 못했다. 남북을 잇는 연결 고리였던 예루살렘을 점령하지 못했기에 남과 북의 유대 민족은 자연히 거리가 멀어졌다. 그래서 일부

학자들은 이 주요 거점을 정복하지 못했기 때문에 유대 민족이 남과 북으로 분단되었다고 분석하고 있다. 남과 북은 훗날 북쪽의 이스라엘 왕국과 남쪽의 유다 왕국으로 갈라지는 씨앗이 된다.

그만큼 예루살렘성은 난공불락의 요새였다. 전설의 장수 여호수아도, 쟁쟁한 판관들도 정복하지 못했던 땅이다.
그래서 예루살렘성에 거주하는 여부스족은 자부심이 컸다. 여부스족이 다윗에게 "너는 이곳에 들어올 수 없다. 눈먼 이들과 다리 저는 이들도 너쯤은 물리칠 수 있다"(2사무 5,6)고 큰소리 친 것은 단순한 호기가 아니었다.

하지만 다윗은 예루살렘 없이는 통일 유대 왕국 또한 없다고 생각했다. 예루살렘 점령은 정치·종교적 수도의 확립을 의미한다. 이는 고도의 정치적 행위였으며, 다윗은 이를 통해 분열된 남과 북의 두 그룹을 하나로 통합할 수 있다고 생각했을 것이다.
그래서인지 다윗은 지파들의 도움 없이 자신이 개인적으로 지휘하던 군대만 동원, 예루살렘 정복에 나섰다.(2사무 5,6 참조)
다윗은 예루살렘 정복을 유대 민족 지파 연합군의 승리가 아닌 자신의 공적으로 만들고 싶었을 것이다. 그래야 자신의 목소리에 힘이 더 실릴 수 있기 때문이다. 실제로 지금도 예루살렘성은 영어로 '다윗성'으로 불린다.

예루살렘 공략은 쉽지 않았다. 여호수아와 쟁쟁한 판관들도 정복하지 못했던 성이 그렇게 쉽게 함락될 리 없었다.

하지만 다윗이 누구인가. 당대의 영웅이다. 다윗은 고심을 거듭하다, 결국 기습작전을 펴기로 했다. 작전은 성공했다. 수로(水路)를 통해 성내로 진입, 순식간에 성을 장악한 것이다.(1역대 11,4-9 참조) 그 선봉에는 '요압' 장군이 있었다. 이로서 예루살렘은 비로소 유대인들의 역사 속으로 들어오게 됐다.

2009년 6월, 예루살렘에서는 기념비적인 고고학적 발굴이 이뤄졌다. 예루살렘성의 수로가 론 베리(Ron Beeri) 박사 팀에 의해 모습을 드러낸 것이다. 이로써 예루살렘에 어떻게 물이 공급되었는지 알 수 있게 되었다. 당시 발굴된 수로는 6~7세기와 16세기 초에 지어진 것이지만, 예루살렘 성전 파괴 이전의 수로에 바탕을 두고 있다는 점에서 눈길을 끌었다. 전설로만 전해 오던 예루살렘 수로의 존재가 비로소 확인된 것이다.

어쨌든 예루살렘 정복 후 다윗은 명실상부한 유대 민족의 왕으로 우뚝 선다. 그가 도읍으로 정한 예루살렘은 유대 민족이 도약을 이루는 땅이었다. '계약의 궤'도 예루살렘으로 옮겼다.(2사무 6,1-23 참조)

하지만 출발부터 순조로웠던 것은 아니다. 반발도 심했다. 한 벤야민 지파 출신의 말에서 다윗이 처한 당시 분위기의 일단을 엿볼 수 있다.

"우리가 다윗에게서 얻을 몫도 없다. 그러니 이스라엘아, 저마다 제집으로 돌아가라."(2사무 20,1)

다행히 반란은 진압됐지만 그 통치가 편할 리 없었다. 후궁들로 인한 폐해도 컸다. 외적으로부터의 위협도 완전히 사라졌다고 볼 수 없었다.

다윗이 해야 할 일은 아직도 많았다.

+ 예루살렘 전경. 예루살렘은 전략적 요충지에 자리 잡고 있다. 여호수아가 가나안 땅에 발을 들인지 200년이 넘는 기간 동안 한 번도 점령하지 못한 땅이었지만, 다윗은 그 예루살렘을 점령했다.

+ 파올로 베로네제(Paolo Veronese, 1528~1588)의 '다윗의 도유'(The Anointment of David), 1555, 오스트리아 빈 미술사 박물관.

다윗은 어떤 인물이었나

"이제 다 이루었다."

다윗 왕의 얼굴에 행복이 가득했다. 평생 동안 염원하던 소원을 이룬 모습이었다.

그동안의 많은 우여곡절을 딛고 '계약의 궤'를 드디어 예루살렘의 성막으로 옮겨 안치한 날, 다윗은 기쁜 나머지 덩실덩실 춤을 추었다.

이런 다윗의 모습에 대해 「사무엘 하권」은 "온 힘을 다하여 주님 앞에서 춤을 추었다"(2사무 6,14)라고 기록했고, 「역대기 상권」은 "껑충껑충 뛰며 춤추었다"(1역대 15,29)라고 서술하고 있다.

다윗은 여기에서 그치지 않았다.

"남녀를 가리지 않고 이스라엘 모든 군중에게 빵 과자 하나와 대추야자 과자 하나, 그리고 건포도 과자 한 뭉치씩을 나누어 주었다."(2사무 6,19)

무엇이 다윗을 이토록 들뜨게 했을까.

이를 이해하기 위해선 우선 '계약의 궤'가 무엇인지 알 필요가 있다. 유대인들이 생명처럼 소중하게 여기는 계약의 궤가 무엇인지 모르는 이들이 아직도 많다.

여기서 궤(櫃)는 '물건을 넣도록 나무로 네모나게 만든 그릇'을 의미한다. 그냥 '상자'라고 해도 될 텐데 굳이 '궤'라고 부르는 것은 신과 관련된 거룩한 것인 만큼 좀더 품위 있게 표현하기 위한 것이 아닌가 생각된다. 사실 '계약 상자' 혹은 '계약 그릇'보다는 '계약의 궤'라고 쓰는 것이 왠지 품위 있어 보인다.

어쨌든, 유대인들이 하느님의 도움을 받아 이집트에서 집단 탈출에 성공한 것이 기원전 1250년경이다. 하느님은 이후 시나이산에서 모세를 통해 유대 민족에게 십계명을 새긴 석판을 내린다. 모세는 그 십계명 석판을 넣은 궤(상자)를 '주님의 궤' 혹은 '계약의 궤'라고 불렀다.

이후 유대 민족은 자신들이 이동할 때마다 이 '계약의 궤'와 계약의 궤를 보관하는 성막(성스러운 천막)을 함께 모시고 다녔다. 계약의 궤는 이처럼 유대 민족과 늘 함께했다. 계약의 궤는 유대인들에게 하느님의 존재 그 자체이며, 민족의 결속을 가능케 하는 끈이었다. 동시에 계약의 궤는 유대 민족의 정통 신앙을 상징한다.

인간이기에 나약했던 다윗은 남의 아내와 재물을 탐내는 등 많은 실수도 저질렀지만,(2사무 11,1-27 ; 12,1-12 참조) 동시에 탁월한 종교적 왕이기도 했다. 그는 유대 민족이 하느님의 신앙을 중심으로 하나가 되어야 한다고 생각했다. 그는 종교적 인물이었다. 그래서 가나안 땅의 중심지에 위치하고 있었던 전략적·종교적·정치적 요충지인 예루살렘을 손에 넣자마자, 계약의 궤를 그곳으로 옮기기로 결심했던 것이다.

계약의 궤 예루살렘 안치는 예루살렘이 명실상부한 유대 민족의 정치 · 종교적 수도가 된다는 것을 의미했다. 물론 다윗의 업적 중에서 군사적 업적을 빼놓을 수 없다. 당시로선 가장 막강한 군사력을 자랑하던 필리스티아를 제압, 가나안 남서부의 길고 좁은 해안지역에 그들을 가두어 버렸다. 여담이지만, 이스라엘은 고대 필리스티아인들을 몰아넣었던 그 땅에 오늘날에는 팔레스타인 사람들을 가두어 두고 있다.

다윗은 이 밖에 암몬, 모압, 시리아족, 에돔족, 아람 등과 싸워 승승장구했다.(2사무 8,1-14 참조) 참으로 "주님께서는 다윗이 어디를 가든지 도와주셨다."(2사무 8,14 ; 10) 소국이었던 이스라엘은 다윗 때문에 대국이 될 수 있었다.

하지만 다윗에게서 단지 '힘'만을 읽는다면 어리석은 짓이다. 다윗은 이스라엘 역사상 가장 최전성기를 누린 왕이다. 단지 '힘'이 세다고 해서 전성기의 대업을 이루는 것은 아니다.

다윗은 하느님의 말씀을 정확히 이해했다. 그는 왕정제도 자체가 종교적 의무를 위한 것임을 잘 알고 있었다. 다윗에게 있어서 '왕'은 유대 민족이 신앙을 중심으로 하나가 되도록 하는 도구적인 인물에 불과했다.

계약의 궤를 예루살렘으로 모셔온 이유도 그 때문이었다. 다윗은 단순히 이스라엘 왕국의 창건자가 아니었다. 그가 꿈꾸는 것은 신앙왕국이었다. 그에게 왕관이 필요했던 것은 신앙을 보호하기 위한 목적 이상도 이하도 아니었다.

로마는 우락부락한 인상의 율리우스 카이사르의 정복전쟁을 통해 기틀이 다져졌다. 하지만 카이사르는 단순한 전사가 아니었다. 지금도 읽는 사람의 심금을 울리는 많은 문학작품을 남겼다.

다윗도 마찬가지다. 카이사르가 그랬던 것처럼 다윗은 전사였던 동시에, 음악, 저술, 춤 등을 이용하여 종교적 행위에 참여한 감성적 스타일의 남자였다. 다윗이 음악가이자 시인이며 구약성경 「시편」의 저자라는 전승은 너무나도 강하기 때문에 전적으로 부인하기 힘들다.

다윗은 왕국의 존속이 하느님 신앙을 수호하는 데 있다고 믿었다. 다윗은 자신의 이러한 신념이 후계자 솔로몬 시대에도 그대로 이어지기를 원했다. 그래서 그는 훗날 솔로몬에게 이런 유언을 남기고 하느님 품에 안긴다.

"나는 이제 세상 모든 사람이 가는 길을 간다. … 주 네 하느님의 명령을 지켜 그분의 길을 걸으며, 또 모세 법에 기록된 대로 하느님의 규정과 계명, 법규와 증언을 지켜라."(2열왕 2,2-3)

다윗의 유언은 다윗의 삶, 그 자체였다.

+ 다윗왕 석상, 이탈리아 시에나 두오모 박물관.

+ 기베르티(Lorenzo Ghiberti, 1378~1455)의 '솔로몬과 시바의 여왕', 1425~1452, 피렌체 성 세례자 요한 세례당(Battistero di San Giovanni) '천국의 문'(Florence Baptistery Bronze Doors) 부조 부분.

왕자들의 암투, 그리고 솔로몬의 등장

어쩜 이렇게 똑같을까. 솔로몬이 다윗의 뒤를 이어 왕위를 물려받는 과정을 보면, 조선왕조 초기에 왕자들이 벌인 왕위 다툼과 판박이다. 역사를 보면 위대한 왕 뒤에는 항상 소용돌이를 일으키는 왕자들이 있다.

솔로몬은 그 '왕자의 난' 속에서 살아남았고, 결국에는 왕위에까지 올랐다.

다윗 왕국판 '왕자의 난'의 씨앗은 다윗 왕의 맏아들 암논 왕자에 의해 뿌려졌다. 이야기가 길어지기 때문에 간단히 정리하면 다음과 같다.

다윗의 맏아들 암논 왕자가 이복 누이동생 타마르 공주를 성폭행하는 패륜을 저질렀다.(2사무 13,1-14 참조) 그런데 타마르 공주에게는 한 어머니에게서 태어난 남동생, 압살롬 왕자가 있었다.

이 압살롬 왕자가 보통내기가 아니었던 모양이다. 분노한 압살롬 왕자는 그 소식을 듣자마자 즉시 형 암논을 죽인다.(2사무 13,23-30) 이유야 어찌 되었건 동생이 형을 죽인 것이다. 당연히 압살롬 왕자는 목숨의 위협을 느꼈다. 고민하던 그는 결국 반란을 일으키기로 결심하고 아버지의 왕위를 찬탈하려 했다. 처음에는 반란이 성공하는 듯 보였지만, 결국 성공 직전에 실패하고, 압살롬 왕자는 살해된다.(2사무 15,1-18,17 참조)

이후 벌어지는 일은 점입가경이다. 한 번 흐트러진 질서는 회복하기 힘들다. 넷째 아도니야 왕자도 왕권에 도전했다. 그러나 솔로몬의 어머니 밧 세바와 그 측근들의 발 빠른 움직임 덕분에 실패했고, 결국 솔로몬이 다윗왕의 후계자로 지목된다.(1열왕 1,5-53 참조)

이후 솔로몬은 무자비한 정적 제거 작업에 나섰다. 형 아도니야 왕자를 죽였고,(1열왕 2,13-25 참조) 사제 에브야타르를 귀양 보내는 한편, 개국공신인 요압 장군도 살해했다.(1열왕 2,26-35 참조)

지금으로 말하면 차기 대권주자와 군 장성, 고위 성직자를 모두 숙청한 것이다. 특히 요압 장군을 제거한 것은 큰 결단이었다. 요압 장군이 누구인가. 예루살렘 공략의 선봉에 서서 큰 공적을 올리는 등, 아버지 다윗의 오른팔이나 다름없던 사람이었다.

요압 장군은 충성심의 전형으로 볼 수 있다. 특히 다윗이 압살롬 왕자의 반란으로 예루살렘을 버리고 요르단 동쪽지역으로 피신했을 때, 직접 반란을 평정하기도 했다. 이처럼 요압은 평생 동안 전쟁터를 누비며 다윗 왕국을 위해 헌신한 인물이다. 그런 인물을 솔로몬은 자신의 왕위 계승에 도움이 되지 않는다고 해서 제거한 것이다.

어쨌든 "이리하여 솔로몬의 손안에서 왕권이 튼튼해졌다."(1열왕 2,46)

솔로몬은 정적 제거 작업을 마치자마자 주변 정세로 눈을 돌리기 시작했다. 솔로몬 당시 고대 사회는 철기 사회로 진입하고 있었다. 철제 농기구 사용으로 농작물 생산이 비약적으로 늘었고, 광산 개발도 한층 탄력을 받았다.

세계는 부유해지고 있었고, 가나안 땅은 당시 교역의 중심지였다. 이집트에서 아시리아를 가려고 해도, 또 아시리아에서 이집트를 가려고 해도 모두 솔로몬의 땅을 통과해야 했다. 막대한 통행세가 솔로몬의 수중으로 흘러들어 왔다.

솔로몬은 우선 도성과 외곽의 성들을 보수했다. 군대에는 병거를 도입, 전력을 강화했다. 병거는 오늘날로 말하면 전차이다. 솔로몬은 또한 '무역은 아내가 성사시킨다'라는 기치를 내걸고 주변 제후국들의 공주들과 본격적으로 정략결혼에 나섰다. 성경은 이와 관련해 다음과 같이 기록하고 있다.

"솔로몬 임금은 파라오의 딸뿐 아니라 모압의 여자와 암몬의 여자, 에돔의 여자와 시돈의 여자, 그리고 히타이트의 여자 등 수많은 외국 여자를 사랑하였다."(1열왕 11,1)

이렇게 맞아들인 왕비와 후궁의 숫자가 상상을 초월했다.
"솔로몬에게는 왕족 출신 아내가 칠백 명, 후궁이 삼백 명이나 있었다."(1열왕 11,3)
아내와 후궁을 합쳐 잠자리를 함께하는 여인이 1000명이다.

이러한 정략결혼의 결과는 처음에는 만족할 만한 수준이었던 것으로 보인다. 뒤에 가서는 여자 문제 때문에 솔로몬이 잘못된 길로 들어서게 되지만, 일단 정치적 안정을 바탕으로 막대한 경제적 이익을 얻을 수 있었다.

항구는 연일 조공과 무역 상품을 실어 나르는 배로 가득했다.(1열왕 9,26-28 참조) 이를 위해 솔로몬은 대규모 상선단을 조직하기도 했다. 돈이 쌓이면 해야 할 일이 많아지는 법이다. 솔로몬은 대대적인 토목 및 건축 사업도 함께 벌였다.(1열왕 9,15-25 참조) 솔로몬의 이 토목 및 건축 사업을 지휘한 관리 책임자들만 550명이었다고 하니 대단한 규모가 아닐 수 없다.

권력 장악 초기에 보인 잔혹성과는 달리, 정권 안정기의 솔로몬은 '평화의 왕'이었다. 솔로몬은 전쟁을 싫어했다. 아니 싫어한 것이 아니라, 더 이상 전쟁을 일으킬 필요가 없었다고 보는 편이 정확할지도 모른다.

굵직한 전쟁들은 대부분 아버지가 치러냈기 때문에 솔로몬은 차려진 밥상에 숟가락만 놓으면 됐다. 솔로몬은 전쟁터를 누비는 그런 근육질의 남자가 아니었다. 오히려 냉철한 지성을 지닌 호리호리한 학자형에 가까웠다. 소위 꽃미남의 두뇌형 인간이다.

어느 날 솔로몬의 꿈에 하느님이 나타났다. 그리고 물었다. "내가 너에게 무엇을 해 주기를 바라느냐?" 솔로몬이 대답했다. "저는 어린아이에 지나지 않아서 백성을 이끄는 법을 알지 못합니다. 당신 종에게 듣는 마음을 주시어 당신 백성을 통치하고 선과 악을 분별할 수 있게 해주십시오." 그러자 하느님께서 말씀하셨다. "자신을 위해 장수를 청하지도 않고, 자신을 위해 부를 청하지도 않고, 네 원수들의 목숨을 청하지도 않고, 옳은 것을 가려내는 분별력을 청하였으니, 이제 너에게 지혜롭고 분별하는 마음을 준다. 또한 나는 네가 청하지 않은 것, 곧 부와 명예도 너에게 준다."(1열왕 3,5-15 참조)

솔로몬은 지혜로웠다. 지혜를 청했기에 지혜를 포함한 모든 것을 얻을 수 있었다. 마치 "쇠도끼가 제 도끼입니다"라고 말해서 금도끼 은도끼를 모두 얻은 나무꾼처럼, 솔로몬은 '겸손히' 지혜를 청함으로써 모든 것을 얻었다. 솔로몬의 꿈은 현실이 되었다. 다윗의 힘과 감성에 의해 싹이 틔워진 유대 민족 통일왕국은 솔로몬의 지혜와 이성에 의해 만개하게 된다.

　이스라엘 역사에서 강력한 중앙정부와 이웃나라가 함부로 넘보지 못할 정도의 막강한 군사력은 오직 솔로몬 시대에서만 찾아 볼 수 있다. 물론 영토도 가장 넓었다. 유대인들이 마음 편하게 신앙생활을 영유할 수 있었던 시기도 솔로몬 시대가 유일했다.
　하지만 역사는 참 얄궂다. 역사는 시기와 질투 가득한, 살아 있는 생명체이다. 한참 상승 기류를 타는 민족이 있으면 어김없이 뒤에서 붙잡아 끌어 내린다. 유대 민족의 황금기도 그리 오래가지 않았다.

　솔로몬 몰락의 시간이 다가오고 있었다.

+ 크로아티아 트로기르 성 로브로 대성당 기둥의 조형물. 성전 건축을 위해 강제 동원된 서민들이 겪는 고충을 표현하고 있다.

끊이지 않는 망치 소리

솔로몬은 중대한 결심을 한다. 성전을 세우기로 결정한 것이다. 당시까지 유대인들은 성전을 갖지 못했다.

사실 성전 건립 프로젝트의 시안을 처음 만든 것은 솔로몬의 아버지 다윗이었다. 다윗은 왕국을 세우자마자 성전 건립에 대한 강한 원의를 드러냈다. 그래서 차곡차곡 돈도 모았다. 하지만 정작 자신은 꿈을 이루지 못했다. 왕국의 기틀을 다지는 일이 우선이었기 때문이다.

성전 건립의 꿈은, 아버지 다윗이 차려 놓은 밥상에 숟가락만 놓으면 됐던 솔로몬에 의해 달성된다.

예루살렘에 드디어 망치 소리가 울리기 시작했다. 솔로몬 통치 4년째인, 기원전 959년경의 일이다.

성전 건립은 유대 민족 역사상 가장 큰 규모의 공사였다. 「열왕기 상권」 5장을 보면 그 엄청난 규모를 짐작할 수 있다. 성전 건축에 필요한 목재를 레바논에서 운반해 오는 일에만 3만 명이 동원됐다. 또 돌을 캐고 다듬고 운반하는 데는 8만 명의 석공과 7만 명의 인부가 동원됐다. 이들을 관리하는 인부만 3300명이었다고 하니, 오늘날 기준으로 봐도 대공사가 아닐 수 없다.

하지만 유대인들은 이를 악물고 꿈을 이뤄냈다. 공사 시작 7년만인 기원전 952년경, 드디어 웅장한 모습의 성전이 모습을 드러냈다. 광야에서 떠돌며 천막에 하느님을 모셔야 했던 유대 민족으로서는 감격적인 일이 아닐 수 없었다. 이젠 천막이 아니라 성전에 하느님을 모실 수 있게 된 것이다.

성경은 당시 성전의 규모와 모습, 내부 장식 및 성전에 들어간 기물 등을 상세히 묘사하고 있다.(1열왕 6장 참조)

석조로 이루어진 성전은 대략 길이 28미터, 폭 10미터, 높이 14미터의 규모였다. 천주교 서울대교구 명동대성당이 길이 69미터, 폭 28미터, 지붕 높이 23미터, 종탑 높이 45미터이니까, 솔로몬 성전은 명동대성당의 약 3분의 1 규모였던 것으로 짐작된다.

성전 내부는 순금 등잔대 등으로 화려하게 장식했다.(1열왕 7,13-50 참조) 성전에는 가로세로 약 9.5미터 규모의 지성소도 마련했는데, 역시 향백나무에 금을 입혀 화려하게 장식했다.

탈무드 전승에 의하면 이 지성소에는 계약의 궤와 모세의 지팡이, 아론의 막대기, 만나가 담긴 항아리, 야곱이 하늘에 이르는 사다리 꿈을 꾸었을 때 베고 잤던 돌베개 등이 보관되었다. 하지만 훗날 예루살렘 멸망(기원전 587년) 이후 모두 사라져 지금은 그 존재를 확인할 수 없다.

성전 축성식이 열리던 날, 유대인들은 기뻐하고 환호했다. 유대 민족은 이제 더 이상 떠돌이 민족이 아니었다. 번듯한 성전을 가진 아시아 최고의 민족으로 거듭난 것이다.

유대인들은 솔로몬에게도 환호했다. 솔로몬은 성전 건축의 위업을 이룬 지혜로운 재판관이자 민족을 이끌어갈 영도자였다.

하지만 솔로몬은 여기서 멈췄어야 했다.
돈이 많으면 욕심도 함께 커지기 마련이다. 그리고 욕심은 파멸을 낳는다. 솔로몬은 성전 건축이 끝나자마자 자신과 왕비들, 후궁들이 살 왕궁도 짓겠다고 선언했다.
문제는 왕궁의 규모였다. 솔로몬이 계획한 왕궁은 성전보다 30퍼센트 정도 더 큰 규모였다. 당연히 왕궁 건축 기간도 성전 건축 기간의 두 배 가까운 13년이라는 세월이 소요됐다. 성전 건축보다 훨씬 많은 인력이 투입됐음은 물론이다.
백성은 지치기 시작했다. 게다가 솔로몬의 지갑도 얇아졌다. 성전 건축을 포함, 21년간 계속된 대형 토목 공사로 인해 국고도 서서히 바닥을 드러내기 시작했다. 늘어난 관료 계급, 솔로몬의 대규모 식솔과 그들의 호화로운 왕궁 생활도 왕실 재정의 위기를 앞당겼다.

여기서 솔로몬은 또다시 실수를 저지른다. 재정 적자가 늘어나면 토목건축 사업을 줄이고 왕궁 소요 경비를 절감하는 등 긴축재정을 했어야 했다.
하지만 솔로몬은 정반대의 길을 걷는다. 그가 선택한 방법은 지출을 줄이는 것이 아니라, 수입을 늘리는 것이었다. 정복전쟁을 하지 않는 상황에서 수입을 획기적으로 늘리는 방법은 한 가지밖에 없다. 바로 세금을 늘리는 것이다.

솔로몬은 이를 위해 왕국을 열두 개의 행정구역으로 나눈다. 그리고 한 구역에서 한 달씩 돌아가며 왕궁 생활 유지비를 부담하게 했다.(1열왕 4,7-19 참조) 또 가나안 사람들(유대인이 아닌 사람들)을 노예로 삼아 궁과 성, 요새 건축 등에 투입했다.(1열왕 9,15-25 참조)

그럼에도 재정 적자는 개선될 여지가 보이지 않았다. 솔로몬은 여기서 또다시 유대인들이 경악할 일을 저지른다. 다윗이 어렵게 획득한 영토를 헐값에 팔아넘긴 것이다. 솔로몬은 성전과 왕국 건립에 사용할 나무와 금을 제공한 이방인 왕에게 갈릴래아 땅의 성읍 스무 개를 넘긴다.(1열왕 9,11 참조) 오늘날로 치면 빚을 갚기 위해 일본에게 독도를 팔아넘기는 행위나 다름없다. 이쯤 되면 당시 솔로몬의 재정이 얼마나 심각한 위기에 처해 있었는지 짐작할 수 있다.

솔로몬의 잘못은 여기서 그치지 않는다. 솔로몬은 파라오의 딸을 비롯한 자신의 여인들에게 그들을 위한 궁전과 이방인 신전을 지어주고, 이방인들이 모시는 신에게 제사를 지내도 좋다고 허락했다.

"솔로몬은 자신의 모든 외국인 아내를 위하여 그들의 신들에게 향을 피우고 제물을 바쳤다."(1열왕 11,8)

예루살렘은 이제 하느님의 성읍이 아니었다. 지중해 연안 모든 민족 신들의 집합 장소가 됐다. 매일 그 수많은 신들을 위한 제사가 치러졌다. 이제 유일신 하느님은 다른 수많은 신들 중 하나로 전락하고 말았다.

결국 하느님은 솔로몬에게서 등을 돌린다.

"내가 반드시 이 나라를 너에게서 떼어 내 너의 신하에게 주겠다. 다만 네 아버지 다윗을 보아서 네 생전에는 그렇게 하지 않고, 네 아들의 손에서 이 나라를 떼어 내겠다."(1열왕 11,11-12)

이를 기점으로 솔로몬 왕국에 서서히 균열이 생기기 시작했다. 그동안 솔로몬의 권세에 눌려 지내던 주변 약소국들이 서서히 그의 권력을 넘보기 시작한 것이다. 내부적으로도 강력한 경쟁자(예로보암)가 등장했다.

+ 이탈리아 베네치아 유대인 게토의 벽에 설치되어 있는 다윗의 별

+ 분단과 분열의 상징인 독일 베를린 장벽. 유대민족은 '이스라엘'로 불리는 북쪽 왕국과 '유다'로 불리는 남쪽 왕국으로 갈라진다. 남북으로 갈라져 반목하고 있는 우리들의 현실도 기원전 924년 유대민족의 남북 분열과 닮았다.

왕국의 분열

「삼국지」를 읽다 보면 적어도 세 번은 책을 던졌다가 다시 집어 든다는 말이 있다. 첫 번째는 관우가 죽을 때, 두 번째는 유비가 죽을 때, 마지막은 제갈공명이 죽을 때라고 한다.

성경도 읽다 보면 던질 정도는 아니지만, 마음이 아련해져서 큰 한숨을 내쉬게 하는 부분이 몇 곳 있다.

그중 한 장면이 바로 솔로몬의 죽음이다. 솔로몬 자체에 대한 애상 때문이 아니다. 솔로몬 사후, 통일 왕국이 남쪽 유다와 북쪽 이스라엘로 갈라지기 때문이다. 이 분열은 훗날 강대국들에 의해 유대 민족이 나라를 잃고 뿔뿔이 흩어져 유랑하는 단초가 된다. 하느님만 따르며 하느님 왕국을 꿈꾸었던 유대인들이 하느님을 모실 터전을 잃어버리게 되는 것이다.

남북으로 갈라져 반목하고 있는 우리들의 현실도 기원전 924년 유대 민족의 남북 분열을 한층 안타깝게 보게 하는 이유다.

우리가 일상생활에서 경험하는 것이지만, 분열은 하루아침에 찾아오는 것이 아니다. 반목이 쌓이고 쌓이면 그 결과가 분열로 이어진다. 왕국의 분열도 솔로몬이 생존해 있을 당시부터 그 조짐이 조금씩 보이기 시작했다.

솔로몬의 신하 중에 예로보암이라는 사람이 있었다. 예로보암은 왕궁을 건설하는 등 대형 토목공사를 담당하던 감독자였다. 그런 그가 솔로몬의 학정으로 힘들어하던 백성들을 대변하며 솔로몬 왕권에 도전했다. 하지만 이 도전은 실패했고 예로보암은 이집트로 피신했다.(1열왕 11,26-40 참조)

반란이 시도되었다는 것 자체만으로 지혜의 왕 솔로몬의 명성과 권위는 타격을 받았다. 하이에나는 사자가 지칠 때를 기다렸다가 집단으로 공격한다. 아무리 힘센 사자라도 하이에나의 집단 공격에는 당해낼 수 없다.

그동안 솔로몬 왕국의 위세에 눌려 아무 말도 하지 않고 있던 주변 소수 부족들도 솔로몬 왕국이 지친 기색을 보이자 자주 도발을 감행했다.(1열왕 11,14-25 참조) 민족의 결속이 견고하다면 이런 소수 부족들의 공격 정도는 쉽게 막아낼 수 있다.

그럼에도 상황은 악화일로로 치닫고 있었다. 백성들은 강제 노역에 동원됐고, 세금은 갈수록 무거워졌다. 불만이 쌓일 수밖에 없었다. 12지파 지도자들의 마음도 서서히 솔로몬을 떠나기 시작했다. 솔로몬은 세금 징수를 목적으로 행정구역을 인위적으로 열두 개로 나눔으로써, 전통적으로 이어져 내려오던 이스라엘 12지파의 독자적 권위를 부정했다.(1열왕 4,7-19 참조)

하지만 아직도 솔로몬이 두 눈을 시퍼렇게 뜨고 호령하는 시점이었다. 솔로몬이 누구인가. 왕국을 동방의 선진 교역국으로, 명실상부한 유프라테스 강 서쪽의 패권국으로 올려놓은 장본인이 아닌가. 솔로몬의 권위가 워낙 컸던 탓에 솔로몬 생존 시에는 결정적 위기가 찾아오지 않았다. 문제는 솔로몬의 사후였다.

솔로몬이 죽자 백성들은 그동안 참고 있었던 욕구들을 한꺼번에 분출해내기 시작했다. 솔로몬의 왕위를 이은 아들 르하브암에게 세금 및 부역 경감을 요청한 것이다.

"임금님의 아버지께서는 우리의 멍에를 힘겹게 하셨습니다. 이제 임금님의 아버지께서 지우신 힘겨운 일과 무거운 멍에를 가볍게 해주십시오. 그러면 우리가 임금님을 섬기겠습니다."(1열왕 12,4)

하지만 솔로몬의 아들은 아버지가 넘겨준 나라를 통치하기에는 역량이 부족했다. 르하브암은 원로들의 의견을 무시하고 젊은 신하들이 제시한 강경노선을 선택했다.

"내 아버지께서 그대들의 멍에를 무겁게 하셨는데, 나는 그대들의 멍에를 더 무겁게 하겠소. 내 아버지께서는 그대들을 가죽 채찍으로 징벌하셨지만, 나는 갈고리 채찍으로 할 것이오."(1열왕 12,14)

실수였다.
어처구니없는 오판 하나가 통일왕국을 파괴하는 결과로 이어졌다. 강경노선을 선택하려면 군사력이 강해야 했다. 무력은 잠시나마 불만을 잠재울 수 있기 때문이다. 하지만 르하브암에게는 그런 힘조차 없었다.

가만히 있을 백성들이 아니다. 북쪽 10개 지파가 솔로몬의 아들 르하브암에게서 등을 돌렸다. 그리고 독자적인 왕조를 출범시켰다.

우리는 이 왕국을 '북이스라엘'로, 다윗 왕조를 계승하는 솔로몬과 르하브암의 남쪽을 '남유다'라고 부른다. 남유다에는 유다와 벤야민 두 개 지파만이 남게 되었다. 북이스라엘의 초대 왕에는 솔로몬이 살아 있던 당시 반란을 꾀하다 이집트로 피신했던 예로보암이 취임했다.

남유다의 르하브암은 처음에는 북이스라엘의 독립을 용납하지 않으려 했던 것으로 보인다.

"르하브암은 온 유다 집안과 벤야민 지파에 동원령을 내려 정병 십팔만을 모았다. 이스라엘 집안과 싸워 왕권을 되찾으려는 것이었다."(1열왕 12, 21)

하지만 당시 가나안 북쪽은 남쪽보다 경제력에서 우위를 보이고 있었다. 당연히 인구도 더 많았다. 남유다의 군사력으로는 북이스라엘을 물리적으로 제압하기 힘들었다. 북이스라엘도 정통성을 지닌 다윗 왕조를 힘으로 멸망시킬 의도가 없었다. 자연히 분단은 고착화됐다. 참으로 안타까운 일이 아닐 수 없다.

더욱 아쉬운 점은 왕국이 분열된 시점이다. 당시는 아시리아와 이집트 등 강대국들이 부흥을 꿈꾸며 눈을 가나안으로 막 돌리고 있던 상황이었다.

유대 민족은 힘을 모아야 할 시기에 둘로 갈라선 것이다. 하지만 이미 상황은 되돌릴 수 없었다.

남서쪽의 호랑이(이집트 22왕조 파라오 시삭)와 북동쪽의 사자(아시리아 왕 아슈르 단 2세)가 거의 동시에 먹이 냄새를 맡았다.

+ 이탈리아 시칠리아 몬레알레 대성당의 이사야 예언자 석상. 북 이스라엘은 아시리아와 대항하지 말라는 이사야의 경고를 무시했는데 이것이 멸망에 이르는 단초가 된다.

방황

"솔로몬이 죽었다고? 그리고 왕국이 둘로 갈라졌다고? 이렇게 좋은 기회를 놓칠 수 없지. 그동안 솔로몬에게 눌려 살던 분풀이를 해야겠다."

이집트의 왕 시삭이 분열된 왕국의 남쪽(남유다)을 침공했다. 솔로몬이 죽고 난 지 5년째 되는 해였다.

이집트군의 주력은 병거 1200대와 기병 6만이었다. 병거 한 대에 딸린 병사를 네 명으로 계산하고, 기록되지 않은 보병 및 보조군의 수를 감안하면 동원된 병력은 총 15만에 달했을 것으로 추정된다. 여기에 이집트의 동맹인 아프리카 리비아와 수키군, 에티오피아군 등도 다수 참전했다.(2역대 12,2-3 참조)

남유다로선 이런 대군을 막아낼 방법이 없었다. 남유다 왕국은 별다른 저항 한 번 해보지 못하고 왕국 내 대부분의 도시와 요새를 이집트에 내주게 된다. 심지어는 철옹성 예루살렘까지 유린당했다.

"르하브암 임금(솔로몬의 아들) 제 오 년에 이집트 임금 시삭이 예루살렘에 올라와서, 주님의 집에 있는 보물과 왕궁의 보물을 가져갔다. 모조리 가져가 버렸다. 또한 솔로몬이 만든 금 방패도 모두 가져갔다."(1열왕 14,25-26)

다윗과 솔로몬이 애써 쌓아 놓았던 왕국의 부(富)가 대부분 이집트의 창고로 옮겨졌다. 국제무역의 유통망도 이집트 왕 시삭의 손아귀에 넘어갔다. 남유다는 무장해제됐다.

다행히 시삭은 남유다 왕국을 완전히 멸망시키지 않고 철군했다. 남유다 왕국을 멸망시켜 직접 지배하는 것보다, 목숨을 살려 놓고 지속적으로 조공을 받는 것이 더 낫다고 생각했을 것이다.

이쯤 되면 남유다 왕국은 북이스라엘과의 통일에 대해 진지하게 고민했어야 했다. 힘을 모아 외세에 대적하는 방안을 모색했어야 했다. 하지만 이런 상황에서도 남유다 왕국과 북이스라엘은 정신을 차리지 못했다.

남유다와 북이스라엘의 분쟁은 접경지역을 중심으로 계속됐다. 이집트가 남쪽 유다를 침공한 틈을 타고 북이스라엘이 예루살렘 코앞까지 진군해 요새를 건설했으며, 이에 남유다 왕국은 이웃 나라인 아람에 원병을 청해 이에 대치했다. 남과 북 사이의 골은 점점 깊어갔다.

그럼에도 통일의 가능성은 여전히 남아 있었다. 북이스라엘은 당초 남유다의 과중한 세금 부과에 반대해 갈라진 나라다. 하지만 갈라진 이후에도 세금은 전혀 줄어들지 않았다. 북이스라엘 사람들은 남유다 왕의 억압을 피하기 위해 북이스라엘의 독립을 지지했지만 북이스라엘 왕의 억압도 그에 못지 않았다.

"이렇게 억압받을 줄 알았다면 남쪽의 유다와 갈라질 이유가 없었잖아. 게다가 남쪽에는 하느님의 성전인 예루살렘도 있는데…."

이혼한 뒤 후회하는 것과 마찬가지다. 백성들의 원망이 커져만 갔다. 북이스라엘 유대인들의 정신적 수도는 여전히 예루살렘이었다. 실제로 북이스라엘 건립 후 북쪽에 살던 제사장 대부분이 성전이 있는 예루살렘으로 거처를 옮겼다.

북이스라엘 입장에서는 참으로 난감한 상황이었다. 대책을 강구할 수밖에 없었다. 그 대책은 남유다와 화해하는 것이어야 했다. 그런데 여기서 북이스라엘의 왕 예로보암은 최악의 선택을 한다. 어처구니없는 대책이었다.

베텔과 단(오늘날 북한에서 개성과 신의주 위치에 해당)에 사당을 만들고 여기에 주님의 상징물로 금송아지를 만들어 안치했다. 예로보암의 심정은 이해가 된다. 남유다에는 예루살렘이 있었다. 북쪽에도 뭔가 정신적 구심점이 필요했을 것이다. 북쪽 왕의 입장에서 예루살렘 성전을 향하는 백성들의 눈과 귀, 발을 막아야 했다. 하지만 금송아지는 바알 신앙의 한 단면으로 오해할 수 있었다.

"하느님의 계명을 모두 저버린 채, 자기들을 위하여 쇠를 녹여 부어 송아지 형상을 두 개 만들고 아세라 목상을 만들었으며, 하늘의 모든 군대를 예배하고 바알을 섬겼다. 더구나 그들은 자기 아들 딸들을 불 속으로 지나가게 하고, 점괘와 마술을 이용하였다. 이렇게 그들은 주님의 눈에 거슬리는

악한 짓을 저지르는 일에 자신들을 팔아 주님의 분노를 돋우었다."(2열왕 17,16-17)

남유다는 달랐다.

3대 왕인 아사는 이교 신전을 폐쇄하고 전통적 하느님 신앙으로 돌아섰다. 아사 왕은 철저히 이교 신앙을 배척했으며, 심지어는 이교도였던 대왕대비마저 폐위시켰다.

이와 달리 북이스라엘은 종교 혼합주의 정책으로 일관했다. 북이스라엘에선 유대인 특유의 유일신 신앙이 점차 자취를 감추기 시작했다. 엘리야, 엘리사, 아모스 등 북이스라엘의 타락을 경고하는 예언자들이 나타나는 것도 이러한 이유 때문이었다. 여기서 잠깐, 예언자 아모스의 입을 빌어 말씀하시는 하느님의 슬픈 노래를 들어 보자.

"이스라엘 집안아, 이 말을 들어라. 내가 너희를 두고 부르는 이 애가를. 처녀 이스라엘이 쓰러져 다시는 일어나지 못하는구나. 제 땅에 내던져졌어도 일으켜 줄 사람 하나 없구나… 이스라엘 집안에서 천 명이 출정하던 성읍은 백 명만 남고 백 명이 출정하던 성읍은 열 명만 남으리라."(아모 5,1-3)

북이스라엘의 역사는 평온하지 않았다. 쿠데타와 내란, 왕권 도전이 그치지 않았다.(2열왕 9,1-37 참조)

조선왕조 500년 동안 27명의 왕이 등극했지만, 북이스라엘에선 200년 동안 무려 20명이 왕위에 올랐다. 왕조도 아홉 번이나 교체됐다. 재위 기간이 일 년이 채 안 되는 왕이 7명에 달했다. 왕의 평균 재위 기간은 10년에 불과했다. 반면 350여 년 동안 존속한 남유다 왕국에서 왕의 평균 재위 기간은 17년이었다.

예언자들의 애끓는 호소에도 불구하고 북이스라엘은 하느님 유일신 신앙으로부터 그렇게 점차 멀어져 갔다.

그 결과는….

▧ 남북 임금의 계보(출처 : 성서와 함께 「역사서 1」)

▲ 남 유다
르하브암(기원전 924~913) - 아비얌 - 아사 - 여호사팟 - 여호람 - 아하즈야 - 아탈야 - 요아스 - 아마츠야 - 우찌야 - 요탐 - 아하즈 - 히즈키야 - 므나쎄 - 아몬 - 요시야 - 여호아하즈 - 여호야킴 - 여호야킨 - 치드키야(기원전 597~586)

▲ 북 이스라엘
예로보암(기원전 924~910) - 나답 - 바아사 - 엘라 - 지므리 - 티브니 - 오므리 - 아합 - 아하즈야 - 요람 - 예후 - 여호아하즈 - 여호아스 - 예로보암 2세 - 즈카르야 - 살룸 - 므나헴 - 프카흐야 - 페카 - 호세아(기원전 732~722)

+ 북이스라엘에 경고를 보냈던 예언자 엘리야의 동상. 카르멜산 입구에 세워져 있다.

북이스라엘의 멸망

그야말로 '요지경'이다.

북이스라엘의 왕 즈카르야는 통치 여섯 달만에 살룸에게 살해됐다.(2열왕 15,10 참조) 살룸도 한 달 후 므나헴에게 암살됐다.(2열왕 15,14 참조) 북이스라엘은 만신창이가 되어 갔다. 실제로 북이스라엘은 쇠약해질 대로 쇠약해져 므나헴 시대에 이미 아시리아 왕에게 조공을 바치는 처지로 전락했다.

"므나헴은 아시리아 임금에게 주려고, 모든 부자에게서 은을 쉰 세켈씩 거두었다."(2열왕 15,20)

이런 상황을 주먹으로 가슴 치며 바라본 사람이 있었다. '페카'는 유대 민족이 강대국에게 조공을 바치는 상황을 도저히 참을 수 없었다. 그래서 므나헴에 이어 왕위에 오른 프카흐야를 죽이고 스스로 왕위에 올랐다. 그리고 대 강경 아시리아 정책을 선포했다.

아시리아에 대항하기 위해선 남유다와의 연대가 최우선 과제였다. 그래서 남유다의 왕 '아하즈'(2열왕 16,1-20 참조)에게 손을 내밀었다.

"함께 힘을 모아 아시리아에 대항하자."
하지만 돌아온 대답은 "NO"였다.

남유다의 왕 아하즈는 아시리아에 대항하는 것은 무모한 짓이라고 판단했다. 그는 오히려 친(親) 아시리아 정책을 폈다.

북이스라엘 입장에서 보면 혹을 떼려다 붙인 꼴이었다. 가만히 있을 수 없었다. 유다 왕국을 그대로 놔둘 경우, 아시리아와 유다로부터 동시에 협공을 받을 수 있었다. 결국 북이스라엘은 유다에 반(反) 아시리아 성향의 새로운 왕을 세우기 위해 전쟁을 일으켰다.(이사 7,1-9 ; 호세 5,8-6,6 참조)

이런 상황에서 남유다 왕국이 선택할 수 있는 카드는 오직 하나밖에 없었다. 바로 아시리아에 원군을 청하는 것이었다.

"아시리아 임금에게 사신들을 보내어 이렇게 말하였다. '저는 임금님의 종이며 아들입니다. 저를 공격하고 있는 이스라엘 임금의 손아귀에서 저를 구해주십시오.'"(2열왕 16,7)

아시리아로선 호박이 넝쿨 채 굴러들어 온 셈이었다. 남유다 왕국의 원군 요청은 그렇지 않아도 이스라엘 침공 기회를 엿보고 있었던 아시리아에게 전쟁의 명분을 만들어 준 꼴이 됐다. 신라의 요청을 받고 고구려를 침공한 당나라에 비유할 수 있다.

아시리아는 망설이지 않았다. 즉각 군사적 행동을 시작했다. 당시 고대 근동 최고의 군사력을 자랑하던 아시리아군은 순식간에 다마스쿠스를 장악하고, 그 여세를 몰아 북이스라엘 지역의 대부분을 점령했다.

"아시리아 임금 티글랏 필에세르가 와서 이욘, 아벨 벳 마아카, 야노아,

케데스, 하초르, 길앗, 갈릴래아와 납탈리 전 지역을 점령하고, 사람들을 아시리아로 끌고 갔다."(2열왕 15,29)

이제 북이스라엘은 수도 사마리아만 간신히 살아남아 버티고 있는 상황이었다. 북이스라엘의 왕 '페카'는 이미 정치적 능력을 상실했다. 이런 페카를 죽이고 스스로 왕위에 오른 인물이 북이스라엘의 마지막 왕 '호세아'(예언자 호세아와는 동명이인)이다.

호세아도 허리 굽히기를 싫어했던 인물이다. 겉으로는 아시리아에 조공을 바치는 척하며 기회를 엿보다가 마침내는 이집트에 도움을 요청, 아시리아에 대항한다. 아시리아는 더 이상 참지 않았다. 대군을 몰고 와서 북이스라엘의 마지막 숨통이었던 사마리아마저 함락시켰다.(기원전 722년) 그리고 북이스라엘에 거주하던 유대인들을 오늘날 이란과 이라크 지역으로 강제 이주시켰다.

"아시리아 임금은 사마리아를 함락하고, 이스라엘 사람들을 아시리아로 끌고 가서 하라와 고잔 강가 하보르와 메디아의 성읍들에 이주시켰다."(2열왕 17,6)

아시리아는 원래 다른 민족들을 정복한 후 '이주'라는 극단적 방법을 사용하지 않던 나라였다. 전쟁 초기에는 유대인들과의 전투에서 이긴 후에도 친화정책을 우선시했다. 하지만 다른 민족과 달리 유대인들은 쉽게 아시리아에 동화되지 않았다. 끊임없이 봉기하고 반항했다. 제국을 유지해야 했던 아시리아 입장에서 보면 유대인들은 분명 다루기 힘든, 골칫덩이 민족이었을 것이다. 결국 아시리아는 '강제 이주'라는 극약 처방을 선택할 수밖에 없었다. 유대인들이 떠난 도시에는 아라비아 사람들을 이주시켰다.

"아시리아 임금은 바빌론과 쿠타와 아와와 하맛과 스파르와임에서 사람들을 데려다가 이스라엘 자손들을 대신하여 사마리아 성읍들에 살게 하였다. 그리하여 그들은 사마리아를 차지하고 그 성읍들에서 살았다."(2열왕 17,24)

엄청나고도 거대한 비극이 발생했다. 유대 민족의 북쪽 열 개 지파는 이제 역사와 신화 속으로 사라졌다. 언어와 신앙도 모두 사라졌다. 극적으로 사마리아에 남을 수 있었던 유대인들도 이주민들과 자연스럽게 어울려 살며, 결혼을 하는 등의 과정을 통해 피가 섞였다.

유대인들의 혈통은 이제 유다 왕국만을 통해 이어졌다. 남유다 왕국의 유대인들이 보았을 때 북이스라엘의 유대인들은 더 이상 유대인이 아니었다. 유대인들의 인식 속에 북이스라엘의 사마리아인들은 더 이상 선민이 아니었다. 유대인들은 더 이상 사마리아인들과 함께 약속받은 땅을 공유할 수 없었다. 사마리아인들은 이방인들과 피가 섞인 사람들이었다.

예수 시대에 이르기까지 사마리아인들이 유대인들로부터 천대를 받았던 이유도 여기에 있다.(요한 4,1-42 참조)

북이스라엘은 역사 속으로 사라졌다. 이제 유대인들의 나라는 남유다 왕국만 남았다.

+ 아시리아의 침략으로 북이스라엘은 무너지고, 북이스라엘 유대인들은 오늘날의 이란 이라크 지역으로 뿔뿔이 흩어졌다. 사진은 당시 북이스라엘 지역에 속했던 카파르나움의 유적

+ 기원전 650년경 고대 아시리아 제국 지도. 북이스라엘을 멸망시킨 아시리아는 곧 남유다에 대한 야욕을 드러내기 시작했다. 남유다 왕국은 그야말로 순망치한(脣亡齒寒), 입술 없는 이 신세가 됐다.

순망치한(脣亡齒寒)

영웅들이 패권을 다투던 춘추전국시대 말엽(기원전 655년)의 일이다. 당시 5대 강대국 중 하나였던 진(晉)나라가 약소국이었던 우나라의 임금에게 사신을 보냈다.

"괵나라를 공격하려 하니 길을 통과할 수 있도록 해 달라."

진나라가 괵나라를 공격하기 위해선 우나라를 통과해야만 했다. 우나라 임금이 어전 회의를 열었다. 어떻게 해야 좋을지 판단이 서지 않았기 때문이다. 이때 한 신하가 임금에게 충언을 했다.

"길을 빌려 주면 안 됩니다. 입술이 없으면 이가 시린 법입니다.(순망치한, 脣亡齒寒) 괵나라와 우나라는 입술과 이의 관계입니다. 진나라가 괵나라를 멸망시키면 그 다음에는 반드시 우리나라를 멸망시킬 것입니다."

하지만 우나라 임금은 이 말을 듣지 않았다. 길을 빌려 주는 최악의 선택을 한다. 결과는 충신이 예언한 대로였다. 우나라의 길을 빌려 쉽게 괵나라를 정벌한 진나라는 돌아가는 길에 우나라까지 함께 멸망시켰다.

순망치한이다. 입술이 없으면 이가 시린 법이다. 진나라가 괵나라와 우나라를 멸망시켰던 그 시기(기원전 650년경)에, 가나안 땅에서도 똑같은 일이 일어났다. 북이스라엘의 멸망 후, 홀로 남게 된 남유다 왕국이 바람 앞 등불의 처지에 놓이게 됐다. 북이스라엘이 '입술'이라면 남유다는 '이'였다.

예루살렘 성벽 위에 선 남유다의 히즈키야 왕은 밀려오는 아시리아 대군을 바라보며 결의를 다지고 있었다. 죽을 각오로 싸울 작정이었다.
그 순간 히즈키야 왕은 아버지 아하즈 왕을 떠올렸다. 만감이 교차했다. 아버지는 참으로 못난 사람이었다. 아버지는 과거 북이스라엘이 남유다와 함께 손잡고 아시리아에 대항하자고 했을 때, "NO"라고 대답했다. 그리고 북이스라엘의 몰락을 팔짱끼고 지켜본 사람이다. 심지어는 아시리아에 예물과 함께 사신을 보내 애걸을 했다.

"아하즈는 아시리아 임금 티글랏 필에세르에게 사신들을 보내어 이렇게 말하였다. '저는 임금님의 종이며 아들입니다. 올라오시어, 저를 공격하고 있는 아람 임금과 이스라엘 임금의 손아귀에서 저를 구해 주십시오.' 아하즈는 주님의 집과 왕궁의 창고에 있는 은과 금을 거두어, 아시리아 임금에게 선물로 보냈다."(2열왕 16,7-8)

잘못된 판단이었다. 북이스라엘을 멸망시킨 아시리아는 곧 남유다에 대한 야욕을 드러내기 시작했다. 남유다는 그야말로 '입술 없는 이(순망치한)' 신세가 되었다. 다급해진 아버지는 아시리아 왕의 눈 밖에 나지 않기 위해, 예루살렘 성 안에 아시리아 신들을 위한 제단을 세우기까지 했다.(2열왕 16 참조)

히즈키야가 아버지로부터 왕위를 물려받을 때쯤 남유다 왕국은 만신창이가 된 상태였다. 영토는 줄어들었고, 경제는 붕괴됐으며, 하느님 신앙은 사라져가고, 민심은 흉흉했다. 히즈키야는 죽어가는 왕국을 그대로 보고만 있을 수 없었다.

개혁을 선언했다. 개혁의 골자는 두 가지였다. 아시리아로부터의 독립과 유일신 하느님 신앙으로의 복귀가 그것이었다.

히즈키야는 아시리아 임금에게 대항했고, 그를 섬기지 않았다.(2열왕 18,7 참조) 성전을 정화하고(2역대 29,3-36 참조) 파스카 축제를 열었으며,(2역대 30장 참조) 종교개혁을 단행했다.(2역대 31장 참조)

예루살렘에 있던 아시리아 신들을 위한 제단이 파괴됐고, 정기적으로 아시리아에 바쳐야 했던 공물 상납도 중단했다. 아시리아의 예루살렘 포위공격에 대비해 성 밖 기혼샘에서 성 내부로 물을 끌어 들이는 지하수로(525미터)도 만들었다.(2역대 32,30 참조) 이렇게 생겨난 연못이 그 유명한 실로암이다.

히즈키야는 자주국방을 위한 노력도 게을리하지 않았다.

"허물어진 성벽들을 모두 쌓고 탑들을 높였으며, 성 밖에 또 다른 성벽을 쌓았다. 그는 다윗성 안에 있는 밀로 궁을 보수하고 표창과 작은 방패도 넉넉하게 만들었다."(2역대 32,5)

이러한 일련의 개혁은 점진적으로서가 아니라 짧은 시간에, 집중적으로 이뤄졌다.

"그 일은 갑작스럽게 이루어졌다."(2역대 29,36)

히즈키야의 이러한 급진적 개혁은 제사장 계급에서부터 하층민들에 이르기까지 큰 호응을 얻었던 것으로 보인다.

"그는 성공을 거두었다."(2역대 31,21)

하지만 유다 왕국의 개혁 움직임을 간과할 아시리아가 아니었다.

"아시리아 임금 산헤립이 쳐들어왔다."(2역대 32,1)

사르곤 2세에 이어 왕위에 오른 아시리아 왕 산헤립은 뛰어난 전략과 용병술로 고대 근동 지방을 초토화시켰다. 히즈키야가 만반의 준비를 했음에도, 남유다 왕국의 성읍들은 순식간에 무너졌다. 동맹을 약속한 바빌로니아도 이미 무너졌고, 이집트는 자기 앞가림도 하기 힘든 상황이었다.

이름만 들어도 무시무시한 아시리아 대군이 예루살렘으로 밀려들어 왔다. 유다 왕국을 도와줄 지원군은 없었다. 절체절명의 위기였다. 히즈키야 왕은 백성과 군사들 앞에 서서 외쳤다. "힘과 용기를 내어라. 아시리아 임금과 그가 거느린 모든 무리 앞에서 두려워하지도 당황하지도 마라. 그보다 더 크신 분이 우리와 함께 계시다."(2역대 32,7) 유대인 병사들은 죽을 각오로 적과 맞서 싸우겠다면서 스스로 각오를 벼렸다. 손이 으스러져라 창을 움켜쥐었다. 밀려오는 적군을 노려보는 눈은 붉게 충혈됐다.

그 순간이었다. 기적이 일어났다. 유대인 병사들은 눈앞에서 벌어지는 일을 믿을 수 없었다. 이게 어찌된 일인가. 아시리아 병사들이 예루살렘 성 앞에서 저절로 픽픽 쓰러지기 시작한 것이다. 성경은 상식적으로 이해할 수 없는 이 사건을 이렇게 기록하고 있다.

"그날 밤 주님의 천사가 아시리아 진영에서 18만 5천 명을 쳤다. 아침에 일어나 보니 그들이 모두 죽어 주검뿐이었다."(1열왕 19,35 ; 2역대 32,21)

누구도 예상하지 못한 일이었다. 이집트, 바빌로니아도 벌벌 떨게 했던 아시리아가 전투 한 번 제대로 하지 못하고 약소국 유다 왕국에게 어이없는 패배를 당한 것이다.

어떻게 된 것일까. 이와 관련해 마이클 비디스(Michael Biddiss) 등 의학자들은 「질병의 역사」에서 "당시 아시리아 진영에 페스트가 유행했을 것"이라고 추정하고 있다. 페스트는 고대 사회에서 가장 전염 속도가 빠르고 치사율이 높았던 전염병 가운데 하나였다.

어쨌든 예루살렘은 살아남았다. 이사야의 예언은 정확했다.

"만군의 주님이 시온산과 그 언덕에 내려와 싸워 주리라. 둥지 위를 맴도는 새들처럼 만군의 주님이 예루살렘을 지켜 주리라. 지키고 건져 주며 감싸고 구원해 주리라."(이사 31,4-5)

유다 왕국은 일단 한숨 돌릴 수 있게 됐다.

+ 기원전 586년 나라를 잃은 유대인들은 이후 헤로데 대왕 이전의 하스모네아 왕조를 제외하고는 2500년 가까이 자신들의 나라를 갖지 못한다. 사진은 예루살렘 성벽 밖, 올리브산에 있는 유대인들의 무덤. 메시아를 기다리는 유대인들은 대부분 이곳에 묻히기를 소망한다. 이곳으로 메시아가 오신다고 믿기 때문이다.

유대인들, 나라를 잃다

구약성경 「열왕기」 혹은 「역대기」 예언서들을 읽다 보면 머리가 지끈지끈 아프다. 수없이 많은 왕들의 이름 때문이다. 아하즈, 히즈키야, 므나쎄, 아몬….

솔로몬 이후 북이스라엘과 남유다에서 잇달아 등장하는 왕들의 이름은 발음하는 것조차 어렵다. 게다가 당시 고대 근동의 역사적 사전 지식이 없으면 성경의 맥락을 읽어내기가 쉽지 않다. 관련 참고 서적들도 왜 그렇게 읽기 어려운지….

하지만 어렵다고 해서 그냥 덮어 버리기에는 아쉬움이 남는다. 특히 남유다 왕국 몰락 및 바빌론 유배와 관련한 내용은 구약성경의 핵심 중에서도 핵심이다. 큰 틀을 중심으로 그 맥락을 잡아 보자. 왕들의 이름을 모두 외울 필요는 없다. 4~5명만 알고 있어도 전체 흐름을 파악할 수 있다.

우선 히즈키야 왕(2열왕 18-19장 참조)을 기억할 필요가 있다. 아마도 심장이 두 개였던 왕이 아니었나 싶다. 간이 부어도 심하게 부었던 왕이다. 하룻강아지가 범 무서운 줄 모른다고…. 당시 세계 최강국이었던 아시리아에 정면으로 대적했다. 그리고 기적적으로 승리를 이끌어냈다.(1열왕 19,35 ; 2역대 32,21 참조) 이후 아시리아는 내부 혼란 및 바빌로니아의 성장 등 악재가 겹치면서 쇠퇴한다.

히즈키야 왕을 이은 요시아 왕(2열왕 22-23장)도 눈여겨볼 필요가 있다. 그도 대대적인 개혁운동을 전개했다.

"점쟁이와 영매와 수호신들과 우상들과 온갖 혐오스러운 것들을 치워 버렸다."(2열왕 23,24)

수많은 이방 신전을 폐쇄했으며, 우상을 숭배하는 사제들을 추방했다. 잡신들을 위한 모든 전례들이 중단됐다. 남창들의 집들을 허물었고, 파스카 축제를 지냈다.
유다 왕국에도 오랜만에 평화가 찾아오나 싶었다.

하지만 주위에서 가만히 놔두지 않았다. 이집트가 다시 유다 왕국을 넘보기 시작했던 것이다. 호랑이 굴(아시리아)에서 간신히 도망쳐 나왔는데, 여우(이집트)를 만난 격이다. 요시아 왕이 이집트의 침공에 맞서기 위해 전장으로 나갔다. 그런데 요시아는 정치·종교적 차원에서는 뛰어난 능력을 보였지만, 전투적 능력은 그리 뛰어나지 않았던 것으로 보인다. 요시아는 이집트의 파라오 느코와 맞선 므기또 전투에서 사망하고 만다.(2열왕 23,29 참조) 이로써 남유다 왕국에 모처럼 일던 희망의 불씨는 제대로 피워 보지도 못하고 한 순간에 꺼지고 말았다.

유다 왕국을 무릎 꿇게 만든 이집트는 요시아의 아들 여호야킴을 왕으로 세운다. 이제 유다 왕국은 이집트의 속국에 불과했다.

그런데 이때 이집트에게 참으로 난감한 상황이 발생한다. 이제 막 먹이를 사냥해서 맛있게 먹으려고 하는 그 순간, 사자(바빌로니아)가 나타나서 먹이를 내놓으라고 한다. 바빌로니아가 아시리아를 제압하면서 그 세력이 급부상한 것이다.

유대인들은 이래저래 동네 북 신세로 전락하고 말았다. 이집트에 보낼 조공을 마련하기 위해 허리띠를 졸라매며 뻘뻘 땀 흘리던 여호야킴 왕은 이제 바빌로니아의 임금 네부카드네자르에게 조공을 보내야 하는 처지에 놓였다. 여우 이집트는 사자 바빌로니아의 기세에 눌려, 자기네 땅에서 꿈쩍도 하지 못하고 있었다. 이런 상황에서 여기저기 눈치 보기에 바빴던 불쌍한 왕 여호야킴이 죽고 그의 아들 여호야킨이 임금이 됐다.

여호야킨은 선대왕과는 달리 용기를 내 바빌로니아에 도전장을 내밀었다. 자존심이 강했거나, 세상 물정을 몰랐거나 둘 중 하나일 것이다. 하지만 무리였다. 먼저 국가의 내실을 다지고, 국제 정세를 면밀히 살폈어야 했다. 반역의 기미를 눈치챈 바빌로니아는 여호야킨 왕 등극 석 달 만에 다시 예루살렘을 침공, 점령한다. 그리고 여호야킨을 폐위시켰다.

여호야킨의 뒤를 이어 왕위에 오른 사람이 치드키야(1열왕 24,8-17, 유다 왕국의 마지막 왕)이다. 이 왕이 또다시 바빌로니아에 항거한다. '살기 위한', '자존심을 지키기 위한' 유대인들의 마지막 저항이었다.

하지만 이것이 바빌로니아의 마지막 남은 인내심을 소멸시켰다. 분노한 바빌로니아는 "더 이상 유대인들을 봐줘선 안 되겠다"며 다시 예루살렘으로 진군했다. 그리고 다시는 유대인들이 재기할 수 없도록 철저히 예루살렘을 파괴했다. 성전과 예루살렘은 폐허가 됐고,(2열왕 24,20-25,7 참조) 왕족들은 모두 바빌로니아의 수도 바빌론으로 끌려갔다.

기원전 586년, 다윗 왕 이후 400년을 이어오던 유대인들의 나라는 이렇게 무너졌다.

성경을 읽다가 이 부분에 이르면 가슴이 아련해진다. 모든 것이 잿더미가 됐다. 남유다 왕국의 멸망은 그동안 쌓아 올린 유대인들의 모든 것이 사라짐을 의미했다. 선민의식, 하느님과의 계약, 율법, 예루살렘 성전, 땅에 대한 약속…, 무엇보다도 희망이 사라졌다.

여기서 눈여겨 볼 것이 있다. 유다 왕국이 무너진 이 시기를 즈음해, 인류가 동시에 엄청난 영적·정신적 진보를 이뤄낸다는 점이다. 비슷한 시기에 인도에서는 석가모니가, 중국에서 공자가, 그리스에서는 철학의 아버지 탈레스가 활동했다.

앞으로 살펴보겠지만, 유대인들도 나라를 잃은 후 바빌론 유배 시기를 거치면서 엄청난 영적 도약을 이뤄낸다. 몰락이 역설적으로 새로운 빛을 발견하는 계기가 된 것이다.

신은 거의 비슷한 시기에 중동, 중국, 인도, 그리스를 오가며 인류에게 영적·정신적 빛을 제시하고 계시했다. 기원전 6세기, 신은 참으로 바빴다는 생각이 든다.

+ 안식일 전날, 예루살렘 통곡의 벽 앞에 모인 유대인들.

잿더미 속에서 피어나는 희망

대재앙이었다.

바빌로니아에 의해 예루살렘이 폐허가 됐다. 약탈과 방화 속에서 여자들은 땅을 치며 울부짖었고, 영문을 모르는 아이들은 그런 엄마의 치맛자락을 붙잡고 함께 울었다. 예루살렘의 모든 보물은 약탈당했으며, 반항하는 사람은 모두 학살됐다. 주님의 집과 왕궁을 비롯해 예루살렘에 있는 모든 집들이 불타 없어졌다. 예루살렘 성벽도 허물어졌다.

예루살렘은 죽음의 도시가 됐다.(2열왕 25,8-10 참조)

그리고 살아남은 이들 중 대부분이 바빌로니아의 수도 바빌론으로 끌려갔다.(2열왕 25,21 참조) 역사상 이렇게 철저히 한 민족의 수도가 유린당하고 민족 전체가 이산(離散)되는 일은 찾아보기 힘들다.

바빌로니아를 욕할 일이 아니다. 바빌로니아의 입장도 충분히 이해할 수 있다. 유대 민족은 유별났다. 다르게 대접할 필요가 있었다. 보통 한 민족이 정복당하면 대개 정복 문화의 높은 문명에 안주하고 흡수된다. 다른 민족들은 생명과 안보만 책임져 준다면 언제든지 바빌로니아에 협력했다.

하지만 유대인들은 달랐다. 수없이 회유하고 달래 보았지만 유대인에게는 통하지 않았다. '이 정도면 정신을 차렸겠지'라고 생각할 때마다 유대인들은 다시 일어나 저항했다. 이는 바빌론 유배가 한 번이 아닌 수차례에 걸쳐 진행된 이유이기도 했다. 바빌로니아로선 어쩔 수 없이 유대인들을 흩어 놓을 수밖에 없었다. 이런 민족을 한곳에 모여 살게 놔뒀다간 언제 또다시 뒤통수를 칠지 모를 일이었다.

유대인들은 비탄에 빠졌다.(시편 137,1-4 ; 하깨 2,3 ; 즈카 1,12 참조) 바빌로니아의 신(神)을 모시는 마르두크 신전은 웅장했다. 예루살렘에서 보았던 하느님의 집은 마르두크 신전에 비하면 초가에 불과했다.

유대인들은 고민하기 시작했다. 예루살렘의 하느님은 바빌로니아의 신보다 힘이 약한 것일까. 왜 하느님은 예루살렘을 떠나신 것일까. 당신의 신전이 무너지는 것을 왜 지켜만 본 것일까. 하느님은 과연 신들 중의 최고의 신인가. 왜 우리를 버린 것일까. 바빌로니아 민족이 선택받은 것인가, 우리 민족이 선택받은 것인가. 우리의 하느님은 여전히 건재하신가. 잃어버린 하느님을 어디에서 다시 찾아야 하는가.

이러한 고민 속에서 놀라운 영적 비약이 이뤄진다. 바빌론 유배 이전까지 유대인들이 생각해 온 하느님은 유일하신 하느님이기보다는 모든 신들 가운데 가장 강력한 신이라는 이미지가 강했다. 세계에는 수많은 신이 있는데, 그 신들 중 하느님이 으뜸이라고 생각했다. 하지만 이 시기를 즈음하여 하느님 이외의 다른 모든 신들이 부정된다. '유일신 하느님'에 대한 예언도 이 시기에 집중된다.

"나는 처음이며 나는 마지막이다. 나 말고 다른 신은 없다."(이사 44,6)

유대인들에게 하느님은 모든 만물의 근원이시며, 전지전능하신 분이라는 인식이 비로소 자리하게 된다. 하느님은 우주를 창조했으며, 역사를 완성한다. 이스라엘의 몰락은 그 계획의 일부이며, 그 계획은 바빌론 유배라는 고통 속에서 아직도 진행되고 있다. 아시리아와 바빌로니아가 이스라엘을 침공한 것도 모두 하느님의 뜻이다. 바빌로니아의 수도 바빌론으로 끌려온 것도, 바빌론 땅에서 우리가 울부짖는 것도 모두 하느님 섭리의 과정이다.

유대인들은 이마를 '탁' 치며 "이제 알았다"라고 말했다.

지금까지 광야에서 터득한 투박한 하느님 신앙이, 세련된 세계적 지평을 지닌 고등 신앙으로 도약하는 순간이었다. 유대인의 성찰을 통해 비로소 하느님 유일신 신앙이 전 인류가 공유할 수 있는 신앙으로 발전하게 되는 것이었다.

이러한 성찰은 '회당'(시나고그)을 중심으로 탄탄하게 뿌리내린다. 포로로 끌려온 이들은 소규모 공동체 단위로 정기적으로 특정한 장소(회당)에 모여 율법을 듣고 배웠다. 이 회당은 오늘날까지 유대인들의 종교 문화적 공동체성을 확인하고 강화시키는 핵심적 역할을 하고 있다. 지금도 유대인들은 전 세계 어디든 열 명 이상이 모이면 회당을 만들어 신앙생활을 이어간다.

회당을 허용했다는 것, 유대인들의 소규모 공동체 모임을 허락했다는 것 자체에서 우리는 바빌로니아의 관용을 읽을 수 있다. 바빌로니아는 아시리아에 비해 상대적으로 덜 잔인했다. 유대인들은 바빌론 유배 중에도 자유롭게 모임을 갖고 자신들의 신앙을 지켜낼 수 있었다.

실제로 바빌로니아의 왕은 유다 왕국의 마지막 왕 여호야킨을 후대했다.

"바빌론 임금 에윌 므로닥은 자기가 임금이 된 그해에, 유다 임금 여호야킨을 감옥에서 풀어 주었다. 바빌론 임금은 그에게 친절히 말을 건네며, 그와 함께 바빌론에 있는 다른 임금들의 자리보다 더 높은 곳에 그의 자리를 마련해 주었다. 그 뒤에 여호야킨은 죄수복을 벗고, 살아 있는 내내 바빌론 임금 앞에서 늘 음식을 먹게 되었다. 여호야킨의 생계비는 그가 살아 있는 내내, 임금이 날마다 일정하게 대 주었다."(2열왕 25,27-30)

더 나아가 바빌로니아는 예루살렘 성도에 대해서도 강압적인 식민정책을 실시하지 않았다. 아시리아는 북이스라엘 왕국을 멸망시킨 후, 그 수도인 사마리아에 다른 민족을 이주시켰지만, 바빌론은 예루살렘에 다른 민족을 이주시키지 않았다. 따라서 예루살렘에는 이방인들의 신전이 난립하지 않았다.

이제 유대인들의 마음속에 다시 희망이 하나둘 피어나기 시작했다. 그들은 좌절에 빠져 헤어나지 못하는 그런 민족이 아니었다. 재앙은 그 재앙을 받아들이는 사람에 의해 전혀 다른 의미를 갖는다. 재앙 앞에서 좌절하고 주저앉는 사람이 있는가 하면, 어떤 이들에게 재앙은 새로운 출발점이 되기도 한다. 그 재앙을 어떻게 받아들이고 승화시키느냐에 따라 바로 민족의 존립이 달려 있다.

　유대인들은 재앙 앞에 무릎을 꿇지 않았다. 시간이 흐르면서 유대인들은 다시 예루살렘으로 돌아갈 수 있을 것이라는 희망의 싹을 하나둘 틔우기 시작했다.

+ 이스라엘 카파르나움에 있는 고대 유대인 회당 유적. 유대민족이 하느님 신앙을 발전시키는 시점은 민족의 발전기가 아닌, 역경기였다. 유대인들은 바빌론 유배시기를 통해 하느님 유일신 신앙을 하나의 종교(유대교)로 정착, 발전, 정제시켰다.

유대교의 정착과 발전

외국에 나가면 애국자가 된다는 말이 있다. 조정래 대하소설 「아리랑」에는 빚 20원에 하와이 역부로 팔려간 방영근이 사탕수수 농장에서 욕설과 채찍질을 당하며 노예 같은 생활을 하는 내용이 나온다. 그는 낯선 하와이의 바다를 보며 한국의 바다를 그리워한다. 그리고 이렇게 말한다.

"참 바닷물도 징허게년 푸르고 맑네."(「아리랑」, 10권 16장)

너무나 아름다워 오히려 낯선, 그 바닷가에서 방영근은 매일 고국으로 돌아갈 날만 손꼽아 기다린다. 하와이 이민 1세대의 남다른 귀향 의식을 읽을 수 있다.

바빌론에 강제로 끌려간 유대인들도 마찬가지였다. 가나안 땅에서는 하느님 말씀을 거스르고, 때로는 우상숭배도 했던 유대인들이 유배지 바빌론에선 놀라울 정도로 강한 신앙심을 드러낸다. 50년이라는 짧은 포로기 동안 유대인은 신앙적 차원에서 놀라운 창조적 힘을 발휘했다.
"우린 하느님께서 선택하신 민족이야. 민족의 뿌리를 잃으면 안 돼"라는 집단 위기의식이 발동한 것으로 보인다. 사람은 위기가 닥치면 어딘가에 매달리고 싶어하기 마련이다.

이 시기에는 민족이 거주할 나라도, 다윗과 같은 지도자도, 민족을 대표해 하느님께 제사를 드릴 제사장도 없었다. 그동안 백성들의 여론을 모으는 등 구심점이 되어 오던 12지파도 모두 사라졌다. 유대인들은 이제 그 누구로부터도 보호받을 수 없었다. 믿는 것은 오직 신앙뿐이었다. 유대인은 과거 아브라함의 하느님, 이사악의 하느님, 야곱의 하느님을 기억해냈다. 그리고 하느님께 '올인'(다 걸기)했다.

이로 인해 오늘날의 유대교라고 부를 수 있는 제도적·종교적 틀이 형성됐다. 일부 학자들이 유대교의 실질적 탄생과 형성을 아브라함 시대가 아닌 바빌론 유배기로 보아야 한다고 주장하는 것도 이 때문이다.

실제로 이 시기에 대를 이어 전수되는 유대인 종교 교육의 형태가 최초로 나타났다. 할례는 가나안 땅에 있었을 때보다 더 엄격히 시행되었고, 안식일 개념도 강화되었다. 또 유대인들은 이때부터 정기적인 축제를 통해 매 절기들을 엄격하게 기념했다. 유대 민족의 확립을 기념하는 과월절(파스카, 유월절)도 이 시기부터 정확히 지켜졌다. 정결법, 식사법 등 신앙의 규칙들이 중요한 것으로 여겨졌고, 안식일마다 회당에서 율법을 낭독하고, 암기하였다. 「신명기」에 기록된 다음과 같은 명령이 제대로 모습을 갖춘 것도 아마 이 시기였을 것으로 추정된다.

"오늘 내가 너희에게 명령하는 이 말을 마음에 새겨 두어라. 너희는 집에 앉아 있을 때나 길을 갈 때나, 누워 있을 때나 일어나 있을 때나 이 말을 너희 자녀에게 거듭 들려주고 일러 주어라. 또한 이 말을 너희 손에 표징으

로 묶고 이마에 표지로 붙여라. 그리고 너희 집 문설주와 대문에도 써 놓아라."(신명 6,6-9)

정통파 유대인들은 이 「신명기」 말씀을 지금까지도 실천하고 있다.

법치주의는 국가가 있어야 성립하는 것이다. 그런데 정작 국가를 잃은 유대인들이 점점 종교적 법치주의자들이 되어 갔다. 이례적인 일이었다. 이런 과정을 거쳐 하느님 유일신 신앙은 하나의 종교(유대교)로 정착, 발전, 정제되어 간다.

여기서 하나의 도식을 이끌어낼 수 있다. 유대인들의 신앙 역사에 있어서 가장 중요한 분수령 네 가지를 꼽으라면 첫째 아브라함, 둘째 모세, 셋째 바빌론 유배기, 넷째 제2성전 파괴 이후를 들 수 있다. 아브라함과 모세의 시대에는 유일신 하느님 종교가 탄생했고, 뒤의 두 시대를 통해서는 유대교로의 발전과 정제가 이뤄졌다. 그런데 흥미로운 점은 이 중요한 네 시기에 유대인들은 모두 국가를 가지지 못했다는 점이다.

유대인들은 외세의 간섭에서 벗어나 독자적인 국가를 운영했을 때 오히려 종교의 순수성을 유지하지 못했다. 유대 민족은 여호수아가 가나안 땅을 정복한 후 급속히 부패하기 시작했다. 이런 현상은 유대 민족의 최대 부흥기였던 솔로몬 시대에도 나타났다.

유대 민족이 하느님 신앙을 발전시키는 시점은 민족의 발전기가 아닌, 역경기였다. 신비스럽게도 유대 민족은 역경에 처할 때마다 단호하게 스스로의 하느님 유일 신앙을 고수했으며 유대교 특유의 독특한 체제를 발전시켰다.

이처럼 바빌론 유배 이전 유대인들의 단순한 유일신 하느님에 대한 믿음이 유배를 거치면서 체계화되고 규격화된다. 특히 이 시기 유대인들은 예언자들로부터 희망의 메시지를 받는다.

"너희에게 새 마음을 주고 너희 안에 새 영을 넣어 주겠다. 너희 몸에서 돌로 된 마음을 치우고, 살로 된 마음을 넣어 주겠다. 나는 또 너희 안에 내 영을 넣어 주어, 너희가 나의 규정들을 따르고 나의 법규들을 준수하여 지키게 하겠다. 그리하여 너희는 내가 너희 조상들에게 준 땅에서 살게 될 것이다. 너희는 나의 백성이 되고 나는 너희의 하느님이 될 것이다."(에제 36,26-28)

하느님은 이제 죽은 자들의 마른 뼈가 다시 이어져 그 위에 힘줄이 생기고, 살이 오르며, 가죽이 덮인 뒤 생기가 들어가 되살아나는 놀라운 섭리를 일으키실 것이다.(에제 37,1-14 참조)

그 희망은 오래 지나지 않아 성취되었다.
기원전 539년, 페르시아군이 바빌로니아의 수도 바빌론을 무혈점령했다. 이제 주인이 바뀌었다. 신바빌로니아 제국은 역사에서 모습을 감추었고, 새로운 제국 페르시아가 등장했다.
기원전 538년, 그 페르시아 제국의 키루스 대왕이 세상이 깜짝 놀랄 발표를 한다.

+ 스페인 코르도바의 유대인 거리에 있는 12세기 위대한 랍비 마이모니데스(Maimonides)의 동상. 한때 이스라엘 지폐에 마이모니데스가 들어갔을 정도로 유대교 신학 발전에 끼친 그의 영향은 지대하다.

+ 예루살렘 올리브산 주님눈물성당에서 바라본 예루살렘 전경. 유대인들이 부푼 기대를 안고 다시 찾은 예루살렘은 꿈속에서 그리던 그런 낙원이 아니었다.

귀향

페르시아의 키루스(키루스 2세, 혹은 고레스) 대왕은 신바빌로니아 제국을 무너뜨린 후, 중대 선언을 담은 포고령을 내린다.

조금 긴 내용이지만 여기서는 성경에 나와 있는 내용을 모두 소개하기로 한다. 유대인 역사에서 이처럼 감격적인 순간은 드물기 때문이다.

"주 하늘의 하느님께서 세상의 모든 나라를 나에게 주셨다. 그리고 유다의 예루살렘에 당신을 위한 집을 지을 임무를 나에게 맡기셨다. 나는 너희 가운데 그분 백성에 속한 이들에게는 누구나 그들의 하느님께서 함께 계시기를 빈다. 이제 그들이 유다의 예루살렘으로 올라가서, 주 이스라엘의 하느님 집을 짓게 하여라. … 모든 지방의 사람들은 예루살렘에 계시는 하느님의 집을 위한 자원, 예물과 함께 은과 금과 물품과 짐승으로 그들 모두를 후원하여라."(에즈 1,2-4)

꿈 같은 일이 일어났다.

드디어 유대인들의 귀향이 가능해졌다. 당시 키루스 대왕의 이 해방령은 대단한 사회적 반향을 불러일으킨 빅뉴스였다. 키루스 대왕의 이 해방령은 19세기 바빌론 궁전 유적지에서 발굴돼, 오늘날 대영박물관에 소장되어 있는 '키루스 대왕 비문'에 잘 나타나 있다.

이제 유대인들은 국가 재건을 제외한 모든 것을 할 수 있는 자유가 주어졌다. 이어 유대인들의 대대적인 귀향작전이 전개됐다.

여기서 예루살렘의 귀향을 '작전'이라고 표현한 것은, 이 귀향이 산발적이고 개별적으로 이뤄진 것이 아니라 체계적이고 집단적으로 이뤄졌기 때문이다.

키루스 대왕은 다윗 왕조의 혈통을 이어받은 세스바차르(에즈 5,14)를 유다 지역 총독에 임명, 기원전 538년 귀향작전을 지휘토록 한다. 이때 귀향에 나선 이들은 대부분 바빌론에서 태어나고 자란 유배 2세대였다. 유배 1세대들은 대부분 세상을 떠나고 없었다. 아버지가 살던 땅으로 귀향에 나선 이들은 바빌론에서의 생활 기반을 모두 버리고 예루살렘으로 향했다. 예루살렘에 가면 무엇이 기다릴지 아무도 몰랐다. 그저 새 공동체 실현과 새 땅에 대한 막연한 희망을 가지고 바빌론을 떠나 가나안 땅으로 향했다.

하지만 이들을 기다리고 있었던 것은 아무것도 없는 황량한 벌판 위에 서 있는 예루살렘이었다. 성벽조차 제대로 없는 예루살렘은 온전한 집 한 채 남아 있지 않은 폐허 그 자체였다. 과거 솔로몬의 영화를 드러내던 남유다 왕국은 이제 버려진 땅이었다. 북이스라엘의 도읍 사마리아도 더 이상 유대인들의 땅이 아니었다. 이방인과 피가 섞인 사마리아인들은 지역 종교와 혼합된 하느님 제의를 바치고 있었다. 그들은 더 이상 유대인이 아니었다.

그럼에도 첫 귀향자들은 실망하지 않고 본격적인 성전 재건 작업에 착수했다. 그런데 문제는 엉뚱한 곳에서 발생했다. 성전 재건을 위해 제공하겠다던 키루스 대왕의 재건 비용이 지속적으로 조달되지 않았다. 엎친 데 덮친 격으로 사마리아인들과의 갈등도 격화됐다. 심지어 가난하고 무식하다는 이유로 바빌론 유배 대상에서 제외돼 현지에 남았던 토착 유대인들과도 사이가 좋지 않았다.

바빌론에 끌려가지 않았던 유대인 후손들은 갑자기 바빌론에서 밀어닥친 '잘난' 유대인들의 물결이 달갑지 않았다.

역사는 유대인들을 떠난 자, 남겨진 자, 피가 섞인 자로 나눠 놓았다. 이들은 이제 더 이상 하나가 될 수 없었다. 살아온 과정이 달랐으며 현재의 처지가 달랐다. 서로를 이해할 수도, 그 필요성도 느끼지 못했다. 갈등은 더욱 심해졌고 결국에는 충돌로까지 이어졌다. 첫 귀향자들의 성전 재건 노력은 결국 물거품으로 돌아갔다.

두 번째 대대적인 귀환은 첫 번째 귀향자들이 출발한 지 8년 뒤인 기원전 530년에 이뤄졌다. 지휘관은 신임 유대 총독 즈루빠벨이었다.

성경은 당시 즈루빠벨과 대사제 예수아의 인도로 귀향한 유배자들을 정확히 4만 2360명으로 기록하고 있다.(에즈 2,64) 여기에 남녀 종이 7337명이었고, 이동과 수송에 사용한 말과 노새, 낙타, 나귀가 각각 736마리와 245마리, 435마리, 6720마리였다.

대규모 이주였던 만큼 성전 재건의 열기도 그만큼 높았다. 그 결과 작은 성전 하나가 만들어졌다. 당시 초라한 성전의 모습은 성경에도 잘 나타나 있다.

"지금은 이 집이 너희에게 어떻게 보이느냐? 너희 눈에도 있으나마나 하지 않느냐?"(하까 2,2)

대성전을 건립할 자리에 초라한 단칸 목조 공소 건물을 세운 격이다.
그런데 이번 귀향자들은 배타성이 강했다. 가나안 땅에 남아 있던 유대인을 비롯해 다른 모든 이민족들과 융화되지 못했다. 그들은 성전 건축에 토착 유대인과 사마리아인들을 배제시켰다.(에즈 4,3 참조)

예루살렘은 아직도 폐허 그대로였다. 민족 간, 지역 간 갈등으로 정세는 항상 불안했다. 다윗 왕국 재건의 조짐은 전혀 보이지 않았다. 게다가 유대인 공동체의 분열 조짐까지 계속 이어졌다. 첫 귀향 후 수십 년이 흐르는 동안 제2의 다윗 왕국을 꿈꾸던 귀향 공동체는 점차 활기를 잃어 갔다. 하느님 신앙도 점차 시들해져갔다.
하지만 예루살렘을 향한 산발적 귀향의 물결은 그치지 않았다. 스스로를 '정화된 남은 자'라고 여기는 이들의 용감한 여행이 계속됐다.
부귀영화를 버리고 희망을 가슴에 품은 많은 이들이 미지의 땅 예루살렘으로 밀려들었다.
그러나….

+ 예루살렘 성벽 밖. 올리브산에 있는 유대인들의 무덤.

+ 예루살렘 성벽을 재건하는 느헤미야. 느헤미야는 예루살렘이 안정을 찾기 위해선 유대 백성들의 재산과 생명 보호가 선행되어야 한다는 사실을 알고 있었던, 뛰어난 정치적 감각의 소유자였다. 삽화_김 사무엘

느헤미야

 유대인들이 부푼 기대를 안고 다시 찾은 예루살렘은 꿈속에서 그리던 그런 낙원이 아니었다.

 돌아온 자들과 밥그릇을 나눌 생각이 없었던 토착 유대인들(유배되지 않았던 유대인들)의 박해, 이민족들의 침략, 사마리아인들의 냉대 등으로 인해 많은 귀향 유대인들이 고통 속에 지내야만 했다.

 "이럴 줄 알았다면, 바빌론에 사는 것이 더 좋았을 텐데…."

 결국 바빌론으로의 유턴 현상이 일부 나타나기 시작했다.

 그렇게 다시 돌아간 인물 중에 '하나니'라는 사람이 있었다. 하나니는 친척 느헤미야를 찾아가 예루살렘의 처참한 상황을 전했다.

 "예루살렘 성벽은 무너지고 성문들은 불에 탔습니다."(느헤 1,3)

 하나니의 말을 전해들은 느헤미야는 주저앉아 통곡했다. 그리고 자신이 직접 예루살렘으로 가서 모든 고통을 종식시키기로 다짐한다.

 느헤미야는 왕의 술을 따르는 시종이었다.(느헤 1,11 참조) 하지만 시종이라고 해서 단순한 종의 신분으로 생각해선 곤란하다. 고대 중근동 사회에서는 왕의 독살이 빈번히 일어났다. 당연히 왕의 술을 담당한 시종은 왕의 생명과 안전을 책임진 가장 믿을 수 있는, 측근 중의 최측근이어야 했다.

왕에게 있어서 유대인 느헤미야는 없어서는 안 되는 소위 자신의 오른팔이었던 셈이다. 느헤미야는 예루살렘으로 갈 기회를 엿보기 시작했다. 그러던 어느 날 기회가 찾아왔다. 왕의 기분이 좋아 보였다. 느헤미야는 왕 앞에 가서 자신의 결심을 고백했다.

"임금님께서 좋으시다면, 그리고 이 종을 곱게 보아주신다면, 저를 유다로, 제 조상들의 묘지가 있는 도성으로 보내 주셔서, 그 도성을 다시 세우게 해주시기를 바랍니다."(느헤 2,5)

이에 왕은 느헤미야에게 유대 총독의 지위를 내리고, 예루살렘행을 허락했다. 왕은 주판알을 튕겼을 것이다. 예루살렘의 혼란은 페르시아 왕실로서도 골치 아픈 문제였다. 유대인들의 귀향을 통해 변방 지역의 안정을 꾀하려 했지만, 정작 혼란은 가중되고 있었다. 이를 잠재우기 위해선 뛰어난 정치적 감각을 지닌 인물이 필요했다. 그 적임자가 느헤미야였다. 특히 느헤미야의 청렴함은 왕의 결정을 더욱 쉽게 했을 것이다. 실제로 느헤미야는 유대 총독으로 있었던 12년간 급여를 전혀 받지 않았으며, 자신의 종들을 성벽 재건 사업에 직접 투입할 정도로 재물에 집착하지 않는 모습을 보여주었다. 이는 느헤미야 스스로의 고백에서도 잘 드러난다.

"내가 유다 땅에서 그들의 지방관으로 임명을 받은 날부터, 곧 아르타크세르크세스 임금 제 이십 년부터 제 삼십이 년까지 열두 해 동안 나와 내 형제들은 지방관의 녹을 받지 않았다. 나의 선임 지방관들은 백성에게 짐을 무겁게 지우고, 양식과 포도주와 그 밖에 은 마흔 세켈을 거두어 들였다. 그들의 부하들까지 백성에게 상전 노릇을 하였다. 그러나 나는 하느님을 경외하였기 때문에 그렇게 하지 않았다. 또한 나는 이 성벽 쌓는 일에만 힘을 쏟고서, 밭뙈기 하나 사들이지 않았다. 내 부하들도 모두 그 일을 위해 모여들었다."(느헤 5,14-16)

느헤미야는 호위 병사들까지 내어준 왕의 배려로 무사히 예루살렘에 도착했다. 그는 여장을 풀 여유도 없이 곧바로 성벽 재건 사업에 뛰어들었다.

여기서 우리는 느헤미야의 뛰어난 정치적 감각을 읽을 수 있다. 도시가 안정을 찾기 위해선 무엇보다도 치안 확립이 중요하다. 백성들은 정권이 가족의 안전을 지켜 주고 재물을 보호해 준다고 믿을 때만 충성을 바친다. 느헤미야는 예루살렘이 안정을 찾기 위해선 유대 백성들의 재산과 생명보호가 선행되어야 한다는 사실을 알고 있었음이 분명하다.

그런데 느헤미야의 성벽 재건 사업은 곧 암초를 만났다. 성벽 재건은 유대인들의 무장을 의미했다. 성벽이 재건될 경우 유대인 정착촌을 대상으로 하는 약탈과 방화 및 노예사냥은 어려워진다. 결국 아라비아인들과 암몬인들을 비롯해 예루살렘 및 인근 지역에 정착해 살고 있던 사람들이 성전 재건 사업을 필사적으로 방해하고 나섰다.(느헤 3,34-35 참조)

그래서 느헤미야는 성벽을 둘러보는 작업도 밤에 비밀리에 행해야 했다.(느헤 2,11-16 참조) 성벽 재건 작업도 무장을 한 상태에서 진행할 정도였다. 짐을 지고 나르는 이들은, 한 손으로는 일을 하고 다른 손으로는 무기를 잡았다. 성벽을 쌓는 이들은 저마다 허리에 칼을 차고 작업에 임했다. 비상 사태 발생을 신속히 알리기 위해 느헤미야의 옆에는 늘 나팔수가 동행했다. 느헤미야는 성벽 건축의 어려움을 이렇게 고백했다.

"내 형제들도, 내 수하 젊은이들도 나를 따르는 경비병들도, (성벽 공사 기간 동안) 그 누구도 옷을 벗거나 오른손에서 무기를 놓는 일이 없었다." (느헤 4,17)

그렇게 작업은 매일 "동이 틀 때부터 별이 나올 때까지"(느헤 4,15) 진행됐다. 이런 노력의 결과로, 52일 만에 드디어 성벽이 완성됐다.
일부 역사학자들은 민족 멸망의 조짐은 대형 토목건축에서 찾을 수 있다고 주장한다. 피라미드를 만든 이집트가 그랬고, 만리장성을 쌓은 진나라가 그랬다. 우리나라도 흥선대원군의 경복궁 재건 이후 인플레이션과 그로 인한 국력 쇠퇴를 경험했고, 결국 나라까지 잃었다.
하지만 느헤미야의 주도로 이뤄진 기원전 440년경의 예루살렘 성벽 재건 공사는 전혀 다른 결과로 이어졌다. 쇠퇴가 아니라 융성이다. 성벽 재건 공사는 그 자체로 유대인들을 하나로 결집시키는 효과를 낳았다. 예루살렘 성벽 재건은 유대 민족의 도약을 가져오는 하나의 전환점이었다.

여건만 조성되면 좋은 일은 한꺼번에 줄줄이 이어지기 마련이다. 페르시아 궁정에서 높은 자리에 있었던, '하늘의 하느님께서 내리신 법의 학자 에

즈라 사제'(에즈 7,12)에 의해 율법이 공포됐으며,(느헤 8,1-12 참조) 초막절 등 각종 민족 절기가 지켜지기 시작했고,(느헤 8,13-16 참조) 종교 제의도 틀을 갖추었다.(느헤 12,44-47 참조) 다양한 개혁을 통해 공동체의 안정도 이뤄졌다.(느헤 13,4-31 참조) 귀향 유대인들은 비로소 튼튼한 성벽 안에서 다리를 뻗고, 편히 쉴 수 있게 된 것이다.

이후 200여 년의 시간은 유대인들의 역사에서 빈 공간으로 남는다. 여기서 '빈 공간'이라고 표현한 것은 큰 재난과 재앙이 없었다는 의미다.
페르시아는 유대인들의 종교적 자유를 허락했으며, 예루살렘 재건도 적극 지원했다. 그래서 유대인들은 그들의 고향인 가나안 땅을 비롯해 페르시아 제국 어느 곳에서든지 자유롭게 신앙생활을 할 수 있었다. 페르시아는 유대인들의 친구였다.

하지만 이러한 안정도 오래가지 않았다. 그 변화의 물결은 페르시아의 위기와 함께 찾아왔다.
알렉산더 대왕의 5만 정예 병력이 가나안 땅 입구인 '이수스'에서 페르시아의 왕 다리우스 3세의 15만 대군을 격파한 것이 기원전 333년의 일이다.

+ 그리스 테살로니카에 있는 알렉산더 대왕 동상. 유대인들의 든든한 방패막이었던 페르시아가 마케도니아의 알렉산더 대왕에 의해 무너진다. 알렉산더 대왕 이후 동서양은 헬레니즘이라는 새로운 문명의 흐름 속에서 하나로 묶이게 된다.

뒤바뀐 세계 판도

미국이 멸망했다. 중국이 국제사회의 새로운 패권자로 우뚝 섰다. 든든한 울타리였던 미국은 이제 사라졌다. 세계의 정치, 경제, 문화는 중국을 중심으로 재편됐다. 그동안 미국에 의지하던 이스라엘은 당황한다. 이스라엘의 운명은 앞으로 어떻게 될 것인가.

단순한 상상이지만, 유대인들은 기원전 300년경에 이와 비슷한 상황을 실제로 경험했다. 유대인들에게 있어서 페르시아는 오늘날 미국과 같은 존재였다. 페르시아의 종교 관용정책 아래에서 유대인들은 예루살렘 성전을 재건하고, 성벽을 다시 세웠으며, 율법 공동체를 재탄생시킬 수 있었다.

많은 유대인들이 부(富)를 쌓을 수 있었으며 능력 있는 유대인들은 페르시아 중앙 정계까지 진출했다. 자연히 유대인들의 사회적 지위는 높았다. 유대인들은 아마도 '이대로 쭈욱'을 원했을 것이다.

하지만 든든했던 방패막이었던 페르시아가 마케도니아의 알렉산더 대왕(Alexandros the Great, BC 356~BC 323)에 의해 무너졌다. 유대인들은 오늘날 미국이 멸망하는 것과 같은 충격에 휩싸였을 것이다. 유대인들은 그 알렉산더 대왕을 성경에서 이렇게 묘사하고 있다.

"마케도니아 사람으로, 필리포스의 아들인 알렉산드로스는 페르시아인들과 메디아인들의 임금 다리우스를 쳐부순 다음, 그 대신 왕위에 올랐다. 그 이전에 알렉산드로스는 그리스를 다스리고 있었다. 그는 많은 전쟁을 치르고 요새들을 점령하고 세상의 임금들을 죽였다."(1마카 1,1-2)

여기서 그리스와 페르시아의 패권 다툼에 대해 잠깐 짚어 보고 넘어가자. 예수가 태어나기 300~400년 전, 당시 세계 정세의 흐름을 살펴보는 것도 흥미로울 것이다.

기원전 500년경 근동의 최강자로 군림하기 시작한 페르시아는 세계 통일의 야망을 불태운다. 소아시아 지방(현재의 터키 지역)까지 세력을 확장한 페르시아는 곧바로 그리스 본토 침공을 시도했다.

첫 번째 침공(기원전 492년)에서 별다른 성과를 보지 못한 페르시아는 2년 후 다시 1만 5000여 명의 대군을 동원, 그리스 공략에 나선다. 이때 페르시아는 상륙작전을 선택했다. 상륙 지점이 그 유명한 '마라톤'이다. 페르시아는 이 전투에서 밀티아데스가 지휘하는 아테네군에게 처참한 패배를 당한다.

기록에 의하면 당시 페르시아군 전사자는 6400명에 이르렀으나, 그리스군은 192명에 불과하였다고 한다. 이 마라톤 전투는 전쟁사에서, 전술이 뛰어나면 소수의 병력으로도 승리할 수 있다는 사례를 보여 준 최초의 전투로 평가받고 있다. 당시 승전보를 전하기 위해 한 병사가 마라톤에서 아테네까지 약 40킬로미터를 달린 사실은 유명하다. 오늘날 마라톤 대회도 여기서 유래했다.

페르시아는 마라톤에서의 패배에도 불구하고 그리스 정복을 단념하지 않았다. 그래서 10년 후 다시 그리스를 침공했다. 지난번 마라톤 상륙작전 실패를 경험한 탓인지, 이번에는 육로를 통해 그리스로 진격했다.(잭 스나이더 감독의 영화 '300'이 바로 이 전쟁을 배경으로 하고 있다) 처음은 화려했다. 스파르타군을 무찌르는 등 파죽지세로 그리스 본토의 도시들을 점령했지만, 결국 살라미스 해협에서 아테네군에게 무릎을 꿇는다. 이것이 해군사관생도라면 누구나 알고 있는 유명한 '살라미스 해전'이다. 이후 페르시아는 다시는 그리스를 넘보지 못했다.

전쟁에서 이긴 그리스도 평온하지 못했다. 그리스 전체가 아테네 동맹과 스파르타 동맹으로 갈라지는 내분이 일어난 것이다. 약 30여 년간(기원전 431~404년) 이어진 이 펠로폰네소스 전쟁은 결국 스파르타의 승리로 끝났다.

하지만 전쟁 후 그리스의 모든 도시국가들은 급격한 쇠퇴의 길을 걷게 되었다. 힘 빠진 그리스는 이후 북쪽에서 침공한 마케도니아에 의해 어이없이 무너졌다. 세계 최강 페르시아를 이겼던 그리스가 엉뚱하게도 이름 없는 마케도니아에게 쓰러진 것이다.

그리스 침공이라는 대업을 달성한 마케도니아의 왕이 필리포스 2세며, 그의 아들이 바로 알렉산더 대왕이다.

알렉산더에게 그리스는 좁았다. 알렉산더는 '세계의 왕'을 꿈꿨고, 결국 페르시아의 왕 다리우스 3세와 격돌하게 된다. 이제는 입장이 바뀌었다. 과거에는 페르시아가 그리스를 침공했다면, 이제는 그리스군을 주축으로 한 알렉산더 대왕의 마케도니아군이 페르시아를 침공한 것이다. 승리는 알렉산더에게 돌아갔다. 알렉산더 대왕의 5만 정예 병력이 가나안 땅에 들어오는 입구인 '이수스'에서 페르시아의 왕 다리우스 3세의 15만 대군을 대파한 것이 기원전 333년의 일이다. 철학자 소크라테스(Socrates, BC 469~BC 399)가 죽은 지 66년 후, 아리스토텔레스(Aristoteles, BC 384~BC 322)가 51세 되던 해였다.

이후 가나안 땅과 이집트가 모두 마케도니아의 지배 아래 들어갔으며, 뒤이어 메소포타미아 전역이 알렉산더 대왕의 수중에 떨어졌다. 동쪽으로 패주하던 페르시아의 왕은 알렉산더 군대에 쫓기다 결국 부하들에게 살해당했다. 이로써 페르시아는 멸망했다.

유대인들에게 알렉산더 대왕에 대한 의미는 단순하지 않다. 지금까지 동양과 서양은 따로따로 살았다. 하지만 알렉산더로 인해 이후 동서양은 헬레니즘이라는 새로운 문명의 흐름 속에서 하나로 묶이게 되었다. 만일 알렉산더 대왕이 오래 생존했다면 상황은 좀더 달라질 수 있었다. 하지만 뜻밖에도 323년 6월, 32세의 젊은 나이로 병사한다. 이후 알렉산더가 건설한 왕국은 여러 조각으로 갈라졌다.

유대인들에게는 날벼락이나 다름없었다. 미국의 보호를 받다가 갑자기 중국의 통치권 안으로 흡수되는 충격에 비유할 수 있을 것이다. 그런데 그 중국이 다시 여러 조각으로 갈라졌다. 기원전 300년경 유대인들은 이러한 국제 정세의 혼란 속에서 갈피를 못 잡고 있었다.

술잔이 흔들리면 술잔 안에 들어 있는 술도 함께 흔들리기 마련이다. 흔들리는 술잔이 기원전 300년경 당시의 급박하게 돌아가던 국제 정세라면, 그 안에 들어 있는 술은 유대인 사회였다.

+ 고대 테살로니카 유적.

+ 그리스 아테네 파르테논 신전. 그리스인과 유대인들은 물과 기름이나 다름 없었다. 그리스인과 유대인들은 종교 안에서 융화될 수 있는 가능성이 전혀 없었다. 통치자의 명령에 따르느냐, 죽음을 선택하느냐 라는 두 가지 선택 앞에서 유대인들은 용감히 순교하는 쪽을 택한다.

그리스의 박해

예수 탄생 300여 년 전, 알렉산더 대왕에 의해 유대인들의 주인이 페르시아인에서 그리스인으로 바뀌었다. 그리스 지배 초기에 유대인들이 어떻게 반응했는지 아래에서 정답을 하나만 고르시오.

① 그리스 지배에 적극 협력했다.
② 철저히 반항하며 독립운동을 전개했다.
③ 그리스에 어느 정도 협력하며 공존을 모색했다.
④ 광야로 나가, 철저한 신앙을 고수했다.

정답 : 없음

그리스의 지배에 대한 유대인들의 반응은 그야말로 제각각이었다. 이는 일제의 침략으로 국권을 상실했을 때 한국 사회 지식인들이 보인 반응과도 상응한다.

우선 광야로 나가 종교적 전통을 고수한 부류가 있었다. 이들에게 예루살렘은 더 이상 회복 가능성이 보이지 않는 타락한 도시였다. 이들은 깨끗한 광야로 나가 '나 홀로 깨끗함'을 추구했다. 이들은 하느님의 평화가 이 땅에 도래할 날을 기다리며 철저한 신앙생활을 고수했다.

반면 무력 저항을 꾀하던 이들도 있었다. 이들은 그리스를 무력으로 몰아내고, 신앙을 지켜야 한다는 생각을 가지고 있었다.

이들의 태도를 광신으로 바라보며, 우려하던 유대인들도 있었다. 이들은 그리스 사회에 완전히 적응하려고 노력했다. 그리스 문화를 습득하는 것이야말로 일류 시민이 될 수 있는 기회라고 생각했다. 이들은 출세를 원했고, 이름까지도 그리스식으로 바꾸었다.

이러한 고립주의자와 그리스주의자 사이에 또 다른 큰 규모의 그룹이 있었다. 예레미야, 에제키엘 예언자의 전통을 이어받은 경건한 유대인들이 바로 그들이다. 이들은 대부분 원칙적으로 그리스의 지배에 반대하지 않았다. 그리스가 자신들의 신앙을 방해하지만 않는다면 기꺼이 세금을 낼 용의가 있었다. 이들은 그리스와 유대 사회가 공존할 수 있다고 믿었다.

하지만 이것은 '희망사항'이었다. 그리스인들은 유일신론자가 아니라 다신론자들이었다. 그리스인들에게 있어서 유대인들의 하느님은 제우스, 이집트의 암몬신, 페르시아의 아후라—마즈다 신과 동일시되었다. 심지어 이들은 인간을 신격화하기까지 했다. 알렉산더 대왕의 스승이었던 아리스토텔레스는 이런 말을 했다.

"만약 한 국가 내에서 탁월한 한 개인이 존재하고, 일반 대중이 그 개인에게 필적할 수 없을 경우, 그 탁월한 개인은 인간 가운데 거하는 신으로 받아들여져야 한다."

이쯤 되면 그리스인과 유대인들은 물과 기름이나 다름없었다. 그리스인과 유대인들은 종교 안에서 융화할 수 있는 가능성이 전혀 없었다.

결국 우려하던 일이 현실로 나타났다. 안티오코스 4세라는 왕이 있었다. 알렉산더 대왕이 죽은 뒤, 분열된 제국 중 시리아 지역을 통치하던 왕이었다.

유대인들은 지금도 역사에서 가장 흉악한 지배자를 꼽으라면 이 안티오코스 4세를 꼽는다. 도대체 이 왕은 어떤 일을 저질렀을까.

기원전 167년, 왕이 사고를 쳤다.

임금은 사신들을 보내 예루살렘과 유다의 성읍들에 아래의 내용을 골자로 하는 칙서를 내렸다.(1마카 1,44-50 참조) 어투가 엄중하다.

첫째, 유대인들이 자기 고장의 낯선 관습을 따르게 할 것.
둘째, 성소에서 번제물과 희생 제물과 제주를 바치지 못하게 하고, 안식일과 축제를 더럽힐 것.
셋째, 성소와 성직자들을 모독할 것.
넷째, 이교 제단과 신전과 우상을 만들고, 돼지와 부정한 짐승을 희생 제물로 바칠 것.
다섯째, 그들의 아들들을 할례 받지 못하게 하고, 온갖 부정한 것과 속된 것으로 그들 자신을 혐오스럽게 만들도록 할 것.
여섯째, 그리하여 율법을 잊고 모든 규정을 바꾸게 할 것.
일곱째, 임금의 말대로 하지 않는 자는 사형에 처할 것.

이제 율법서는 발견되는 대로 찢겨 불태워졌다. 계약의 책을 가지고 있다가 들키거나 율법을 따르는 이는 누구든지 왕명에 따라 사형에 처해졌다. 돼지고기를 먹지 않아도, 아기에게 할례를 시켜도, 안식일을 지켜도 사형에 처해졌다. 예루살렘 성전에 제우스 신을 위한 제단이 설치됐으며, 이 제단에는 유대인들이 불경하다고 여기는 돼지고기가 제물로 바쳐졌다.

유대인으로서는 경악할 일이었다. 그동안 그리스 지배에 어느 정도 협력했던 제사장들까지 격분했다. 그러나 유대인들은 조직적으로 저항하는 것 자체가 불가능했다. 그리스 병사들이 안식일을 골라 유대인의 거처를 공격했기 때문이다. 율법에 따라 유대인들은 안식일에 싸움을 할 수 없었다.

이제 유대인들 앞에는 통치자의 명령에 따르느냐, 죽음을 맞이하느냐 하는 두 가지 선택만이 있을 뿐이었다. 이때 유대인들은 용감히 순교하는 쪽을 택했다. 그들은 그렇게 포승줄에 자신을 맡기고 사형장으로 끌려갔다. 하지만 유대인들은 힘으로 누르면 되는 그런 민족이 아니었다. 고개를 숙이지 않았다. 수많은 이들이 피로서 신앙을 증거했다.

그런데 우리는 민족의 고난기에는 반드시 그 민족을 구원할 영웅이 나타난다는 것을 경험을 통해 알고 있다. 유대 민족에게도 예외가 아니었다.
이때 유대 민족이 그토록 기다리던 영웅이 나타난다. 우리는 그 이름을 '마카베오'라고 부른다. 마카베오는 '쇠망치'라는 뜻이다.

+ 그리스 수니온곶의 포세이돈 신전

+ 마카베오는 '쇠망치'라는 뜻이다. 별명만 들어도 유다 마카베오의 외모를 쉽게 상상할 수 있다. 실제로 마카베오는 근육질의 남자였다. 용맹도 남달랐다. 성경도 유다 마카베오에 대해 "먹이를 보고 으르렁거리는 힘센 사자 같았다"(1마카 3, 4)고 기록하고 있다. 그림은 전쟁에서 승리한 마카베오를 묘사한 페트로 파울로 루벤스의 작품.

쇠망치

'나비 효과'(butterfly effect)라는 말이 있다. 브라질에 있는 나비의 작은 날갯짓 하나가 미국 텍사스에 폭풍을 일으킬 수도 있다는 과학 이론이다. 우리는 이러한 현상을 주위에서 쉽게 경험할 수 있다. 오늘날 정보의 흐름이 빨라지면서, 지구촌 한구석의 미세한 변화가 순식간에 전 세계적으로 영향을 미치는 것이 그 예다.

마카베오를 중심으로 하는 유대 민족의 대 그리스 저항도 아주 작은 우발적 사건 하나에서 출발했다. 영웅 마카베오의 등장도 나비 효과의 전형인 셈이다.

상황은 악화되고 있었다. 율법을 지키는 사람은 누구나 사형에 처해졌다. 태어난 아기에게 할례를 베풀 수도 없었다. 하느님을 경배한다는 것은 목숨을 포기하는 것과 마찬가지였다.

당시 '마타티아스'라는 이름의 대사제가 있었다. 그는 신앙을 버릴 수 없었다. 그래서 가족을 이끌고 예루살렘에서 약 30킬로미터 정도 떨어진 시골 마을(모데인)로 이주를 했다. 숨어서라도 신앙을 지켜낼 작정이었다. 그런데 왕의 신하들이 이곳까지 찾아와 신앙을 버릴 것을 강요했다. 쉽게 물러설 마타티아스가 아니었다.

"우리가 율법과 규정을 저버리는 일은 결코 있을 수 없소. 우리는 임금의 말을 따르지도 않고, 우리의 종교에서 오른쪽으로도 왼쪽으로도 벗어나지 않겠소."(1마카 2,21-22)

하지만 당시 유대인 중에서도 배교자들이 많았던 모양이다. 그중 한 명이 마타티아스가 보는 앞에서 직접 다른 신을 모시는 제단에 제물을 바치려 했다.

이 모습을 본 마타티아스는 "열정이 타오르고 심장이 떨리고 의분이 치밀어 올랐다."(1마카 2,24) 그래서 그 자리에서 그 유대인을 죽이고 말았다. 단순한 우발적 살인이었다. 하지만 엎질러진 물이었다.

마타티아스와 그 가족들에게는 선택의 여지가 없었다. 자신들에게 신앙을 버릴 것을 강요하던 왕의 신하들까지 그 자리에서 죽이고 산으로 달아났다.

항쟁의 씨앗이 뿌려졌다. 마타티아스는 이후 게릴라전을 통해 몇 번의 소규모 전투에서 승리를 거두었다. 그러던 마타티아스가 늙어서 죽음을 앞두게 되었다. 그래서 다섯 아들을 모두 불러 유언을 남겼다.

유언을 듣기에 앞서 마타티아스의 다섯 아들에 대해 살펴보자. 이들에 의해 훗날 본격적인 항쟁이 시작되기 때문이다. 맏아들이 요한난, 둘째가 시몬, 셋째가 유다, 넷째가 엘아자르, 막내가 요나탄이다. 이 중 셋째 유다의 별명이 바로 우리가 알고 있는 '마카베오'이다. 마카베오는 '쇠망치'라는 뜻이다.

별명만 들어도 유다 마카베오의 외모를 쉽게 상상할 수 있을 것이다. 실제로 그는 근육질의 남자였다. 둘째 시몬이 학자형이었던 반면, 유다 마카베오는 어릴 때부터 장군감이었다. 용맹도 남달랐다. 성경도 유다 마카베오에 대해 "거인처럼 가슴받이 갑옷을 입고 무기를 허리에 차고 전투할 때마다 칼을 휘두르며 진영을 보호하였다. 그는 사자처럼 활약하였으니 먹이를 보고 으르렁거리는 힘센 사자 같았다"(1마카 3,3-4)라고 기록하고 있다.

마타티아스는 유다 마카베오를 비롯한 다섯 아들을 불러 놓고 유언을 했다.

"얘들아, 용감히 행동하고 율법을 굳게 지켜라. … 이방 민족들과 맞서 싸워라. 너희는 율법을 지키는 이들을 모두 모아 너희 겨레의 원수를 갚아야 한다. 이민족들에게 복수를 하고 율법이 명령하는 것을 잘 지켜라."(1마카 2,64-68)

다섯 형제 중, 특히 셋째인 마카베오가 아버지의 죽음을 바라보면서 어떤 각오를 했을지 쉽게 상상할 수 있다. 이때부터 유다 마카베오를 중심으로 하는 다섯 형제가 본격적으로 항쟁에 뛰어들었다.

마타티아스가 죽었다는 소식은 왕의 귀에도 들어갔다. 왕은 즉시 토벌군을 보냈다. 첫 토벌군의 대장은 아폴로니우스였다. 다섯 형제는 이 군대를 간단히 물리쳤다. 그러자 왕은 이번에는 군사령관 세론을 직접 보냈다. 하지만 이번에도 유다 마카베오의 용맹에 밀려 퇴각했다.

왕은 두 번의 토벌 실패로 마카베오 다섯 형제의 힘이 만만찮다는 것을 알게 되었다. 이들 다섯 형제를 그대로 놔뒀다가는 제국 전체에 위협이 될 수 있다는 생각이 들었다. 또한, 이런 작은 반란군 무리조차 제대로 다스리지 못한다면 왕의 체면이 설 수 없었다. 그래서 다섯 형제를 괴멸시키기 위한 대규모 군대를 편성했다. 예루살렘을 비롯한 가나안 땅 전체가 술렁이기 시작했다.

오늘날도 마찬가지지만, 전쟁의 판도는 상인들의 움직임을 보면 쉽게 예측할 수 있다. 상인들은 늘 이길 가능성이 높은 쪽에 붙는다. 그래야 이득을 볼 수 있기 때문이다. 상인들은 전쟁이 난다는 소문을 듣고 돈(금과 은)과 족쇄를 가지고 진압 정부군 진영으로 몰려갔다. 전쟁이 끝난 후 유대인 포로들을 돈으로 사고, 그들에게 족쇄를 채워 노예로 팔기 위해서였다.

상인들뿐 아니라 당시 대부분의 사람들도 진압군의 승리를 예상했다. 당연했다.

진압군은 보병 5000명에 정예 기병 1000명이었다. 이에 대항하는 마카베오 다섯 형제의 병력은 3000명에 불과했다. 기병도 없었다. 또 진압군은 갑옷 등 무장이 완벽했고, 대부분 전투 경험이 풍부한 용병들이었다. 하지만 마카베오 다섯 형제의 병사들은 전투에 익숙하지 않았을 뿐 아니라, 갑옷과 칼 등 무기조차 제대로 갖추지 못한 상태였다.

결전의 시간이 다가왔다.
두 군대가 격돌한 곳은 예루살렘 서북쪽에 위치한 엠마오 평원이었다.

+ 스페인 코르도바의 유대교 회당

+ 스페인 코르도바 유대교 회당의 하누카 촛대. 마카베오는 예루살렘을 정화하고, 제단을 쌓고 봉헌했다. 또한 제단 위에서 향을 피우고 등잔대의 등에 불을 붙였다. 예루살렘에 빛이 밝혀졌다. 그 빛을 밝히던 촛대가 바로 봉헌을 의미하는 하누카 촛대다.

새로운 왕조의 시작

 군사 전술용어 중에 '강습'(强襲, assault)이라는 말이 있다. 적에게 예고 없이 공격하는 불의의 기습을 일컫는 말이다.
 마카베오군과 엠마오에서 대치한 진압군이 바로 이 강습작전을 사용했다. 부대를 둘로 나눠, 한 부대는 진지를 지키고 다른 한 부대는 야간에 마카베오 진영을 급습하는 작전을 쓴 것이다.
 하지만 실수였다. 절대적으로 우세한 병력(보병 5000명, 기병 1000명)을 보유한 진압군은 병력을 둘로 나눌 필요가 없었다. 정면대결을 펼칠 경우, 병력과 장비 면에서 절대 열세인 마카베오군(보병 3000명)이 밀릴 수밖에 없었다. 마케베오군은 오늘날의 탱크에 해당하는 기병조차 가지지 못했다. 그런데도 진압군은 소규모 정예 부대를 별도로 편성, 강습작전을 폈고, 그 결과는 패배로 이어졌다.

 야간에 마카베오 진영을 급습한 진압군 특공대는 망연자실할 수밖에 없었다. 마카베오 진영이 텅 비어 있었던 것이다. 강습작전을 미리 간파한 마카베오군은 이미 진압군 진영으로 밀고 들어간 상태였다. 마카베오군은 주력 정예 병력이 빠진 진압군을 쉽게 섬멸할 수 있었다. 마카베오군은 여기서 멈추지 않고 다시 창을 진압군 특공대에게로 돌렸다. 이미 승세는 기울어져 있었다.

"사태를 파악한 적들은 몹시 겁을 내었다. 게다가 유다(마카베오)의 군대가 들판에서 싸울 준비를 하고 있는 것을 보고는, 모두 필리스티아인들의 땅(오늘날 팔레스타인 거주 지역)으로 달아났다."(1마카 4,21-22)

기원전 165년의 일이었다.

철저한 패배를 맛본 왕은 그러나 물러서지 않았다. 이듬해 다시 섬멸작전에 나섰다. 이번에는 단단히 마음을 먹고 진압에 나선 듯했다. 정예 보병 6만 명과 기병 5000명을 동원했다. 일 년 전보다 10배가 넘는 병력이었다. 이에 마카베오는 벳추르에서 보병 일 만 명으로 맞섰다. 진압군은 이번에는 정면대결로 나섰다.

하지만 용병 중심으로 편성된 진압군은 목숨을 바칠 각오로 싸우는 유대인들을 당해내지 못했다. 식당 음식 맛의 절반이 주인장의 품성에 달려 있는 것과 마찬가지로, 전투에 있어서 승리 요건의 50퍼센트는 군사들의 사기에 달려 있다. 첫 전투에서 진압군은 5000명이 몰살당했다. 반면 마카베오군은 거의 피해가 없었다. 용병들은 대세가 기울었다고 판단, 앞다퉈 도망치기 시작했다. 마카베오군의 완벽한 승리였다.

"유다(마카베오)의 부대는 사기가 올라, 죽든 살든 용감히 싸울 준비가 된 것을 보고, (적군은) 안티오키아로 퇴각하였다."(1마카 4,35)

더 이상 마카베오를 가로막는 적은 없었다. 그는 여세를 몰아 군사를 이끌고 예루살렘에 당당히 입성한다. 그런데 눈앞에 펼쳐진 예루살렘은 비참한 모습이었다.

"성소는 황폐해졌고 제단은 더럽혀졌으며, 대문들은 타 버렸고 뜰은 숲이나 산처럼 잡초가 우거져 있었다."(1마카 4,38)

마카베오는 사제들을 뽑아 성소를 정화하고, 제단을 새로 쌓고, 성소와 성전 내부를 복구하고, 뜰을 축성하였다. 성전 앞면을 금관과 방패로 장식했으며, 거룩한 기물들을 새로 만들었고, 등잔대와 분향 제단과 상을 성전 안에 들여 놓았다. 또한 제단 위에서 향을 피우고 등잔대의 등에 불을 붙였다. 그리고 제물을 바치고 여드레 동안 제단 봉헌을 경축했다.
유다 마카베오는 이 축제를 지속적으로 지내도록 했다.

"유다와 그의 형제들과 이스라엘 온 회중은 해마다 그때가 돌아오면, 키슬레우 달 스무닷샛 날부터 여드레 동안 제단 봉헌 축일로 기쁘고 즐겁게 지내기로 결정하였다."(1마카 4,59)

"그들은 나뭇잎으로 장식한 지팡이와 아름다운 나뭇가지와 야자나무 가지를 들고서, 당신의 거처를 정화하도록 잘 이끌어 주신 그분께 찬미가를 올렸다. 그리고 나서 온 유다 민족이 해마다 같은 날에 축제를 지내기로 공적인 결의에 따라 정한 법령을 공포하였다."(2마카 10,8)

이 축제는 '봉헌절 축제'라는 이름으로 지금까지도 이어져 내려오고 있는데, 유대인들은 이를 '하누카'라고 부른다. 이스라엘 성지순례를 가면 면세점이나 기념품점에서 흔히 볼 수 있는 이스라엘 고유의 촛대가 바로 '하누카 촛대'이다.

이후 마카베오는 지금까지의 방어전 중심에서 공세로 전환, 점령전에 나선다. 마카베오는 예루살렘 인근 도시들을 공격, 박해받는 유대인들을 구출해냈다. 연전연승이었다.

하지만 그에게도 운명의 시간이 다가왔다. 기원전 161년, 그리스 지배 세력은 다시 보병 2만과 기병 2000을 파병, 마카베오를 압박했다. 이번에는 빠른 강습작전이 통했다. 마카베오의 군대는 각지에 흩어져 있던 상태였다. 진압군은 곧바로 마카베오 진영으로 쳐들어왔다. 마카베오는 3000명의 병사를 이끌고 있었지만 적군의 수가 많은 것을 보고 많은 병사가 탈영, 그의 휘하에는 800명밖에 남지 않았다.

전투가 시작됐다. 적은 기병대를 두 부대로 나눠 오른쪽과 왼쪽에서 협공했다. 마카베오는 오른쪽의 기병을 집중 공격했다. 목숨도 포기하고 달려드는 유대인들에게 기병은 쉽게 무너졌다. 하지만 그것도 잠시… 병력의 절대적 열세는 어쩔 수 없었다. 좌측에 편성됐던 진압군 기병이 뒤에서 공격해왔고, 이어지는 혼전에서 유다 마카베오는 결국 죽음을 맞았다.

"(형제들이) 그의 죽음을 애도하였다. 온 이스라엘도 크게 통곡하고 여러 날을 슬퍼하며 이렇게 말하였다. '이스라엘을 구한 분이, 그 용맹한 분이 어쩌다 쓰러졌는가?'"(1마카 9,19-21)

유다 마카베오가 죽은 지 얼마 지나지 않아 그의 맏형 요하난도 요르단강 동부지역에서 강도들에게 살해되었다.

결국 유다 마카베오의 지휘권은 막내 동생 '요나탄'에게 넘어갔다. 유다 마카베오가 독립을 위한 군사적 발판을 마련했다면, 요나탄은 정치적 독립의 발판을 마련한 인물이었다. 요나탄은 그리스 지배 세력과 평화조약을 맺고, 스파르타를 비롯해 로마와도 친분관계를 쌓는 등 가나안 통치의 기반을 다져나갔다. 하지만 그도 그리스 지배 세력의 간계에 빠져 암살되었고, 지휘권은 마카베오 형제 가문의 유일한 생존자인 둘째 아들 시몬에게 돌아갔다. 유대인들은 이 시몬과 그 후손에 의해 비로소 정치적 독립을 완수하고, 가나안 땅의 주인이 된다.

이렇게 유대인들에 의한 새로운 왕조가 다시 열리게 되는데, '하스모네아 왕조'가 그것이다.

+ 이탈리아 로마의 포로 로마노. 마카베오 가문에 의해 시작된 유대인 독립 왕조는 70년을 넘기지 못하고 기원전 63년 역사 속으로 사라졌다. 이제 로마인들이 유대인들의 새 주인이 됐다.

분열과 혼란, 그리고 로마의 등장

 딱딱한 이야기는 가능한 한 건너뛰고, 중요한 사건 중심으로 재미있게 글을 쓰기 위해 지금까지 노력했지만, 이 부분에서는 달라질 수밖에 없다.
 많은 이들이 예수 탄생 전후의 유대인 역사에 대해 잘 모르고 있기 때문이다. 이는 글에 대한 흥미의 반감을 감수하고서라도, 당시 역사에 대해 자세히 서술하려는 이유다. 생소한 왕들의 이름이 등장하고, 복잡한 역사적 사건이 나열되더라도 인내심을 가지고 찬찬히 글을 따라가다 보면 조금은 넓은 시야를 가질 수 있게 될 것이다.

 마카베오의 형, '시몬'에 의해 유대인들의 새로운 왕조인 하스모네아 왕조가 출범했다. 시작은 화려했다. 시몬의 아들 '요한 히르카노스 1세'(BC 135~BC 104 통치)는 과거 다윗과 솔로몬의 영광을 재현하려 한 야심만만한 왕이었다. 또 자신의 얼굴을 새겨 넣은 주화를 만들었을 정도로 정치적 야망도 컸다. 이 야망은 실현됐다.

 북쪽의 사마리아 땅과 남쪽의 이두메인들의 땅을 정복하여 완전히 굴복시켰으며, 더 나아가 이곳에 살고 있는 이들을 강제로 개종시키기까지 했다. 할례와 제의 참여를 강제한 것이다. 일제가 이른바 한국인의 '황민화'(皇民化)를 위해 창씨개명을 실시한 것과 마찬가지였다.

이러한 정책은 히르카노스 1세를 이은 '유다 아리스토불로스 1세'(BC 104~BC 103 통치), '알렉산드로스 얀네오스'(BC 103~BC 76 통치)에 이르기까지 계속됐다. 결국 얀네오스 시대에 이르러 유대인들은 다윗과 솔로몬 시대에 버금가는 영토를 확보할 수 있었다. 근동에서의 유대인들의 역량은 막강해졌다. 바야흐로 유대인 전성시대가 도래하는 듯했다.

하지만 환희는 오래가지 못했다. 위기는 늘 내부에서부터 싹트는 법이다. 가난할 때는 쌀 한 톨이라도 나눠 먹다가, 부유해지면 밥그릇 싸움을 하는 것이 인간의 속성일까? 내부로부터 서서히 균열이 일어나기 시작했다.

바리사이인들이 보기에 타민족을 유대교로 개종시키는 것은 유대 공동체의 정체성에 혼란을 가져오고, 율법 공동체의 순수성을 해치는 행위였다. 바리사이인들에게 있어서 하스모네아 왕조는 종교 공동체를 위한 왕조가 아니었다. 그들은 하스모네아 왕조를 정치적 욕망을 종교적 명분으로 포장한 채 정복전쟁만을 일삼는 이들이라고 판단했다. 특히 제사장 가문 출신도 아닌, 종교적 뿌리가 없는 왕이 대제사장까지 겸임하는 것도 이들에게는 큰 불만이었다.

불만은 쌓이면 폭발하게 마련이다. 결국 바리사이인들이 반란을 일으켰다. 하지만 중과부적. 얀네오스 왕은 용병을 동원, 무자비하게 이들을 진압했다. 800여 명이 도시 한가운데서 사형에 처해졌고, 왕은 죽어가는 그들 앞에서 부인과 그 자녀들 또한 잔인하게 몰살했다. 왕은 후궁들과 향연을 즐기면서 이 장면을 구경했다고 한다.

유대인들의 마음속에 울분이 쌓이기 시작했다. 이후 계속되는 유대 사회의 분열과 반목, 혼란은 이때부터 예고되었는지도 모른다. 하나둘 쌓이기 시작한 울분은 이후 100여 년 넘게 유대 사회를 혼란 속으로 몰고 가는 씨앗이 되었다.

잔혹한 정치를 하던 왕이 죽고 왕권이 왕비 '살로메 알렉산드라'(BC 76~BC 67 통치)에게 넘어갔다. 왕비는 경건했다. 왕비는 남편의 잘못을 되풀이하지 않았다. 왕비는 율법을 철저히 준수하는 등 자비의 정치를 폈다. 특히 그동안 왕권에 강하게 반발했던 바리사이인들을 중용, 불만을 잠재웠다. 그래서인지 한동안 유대인 사회는 잠잠해졌다. 하지만 문제가 완전히 사라진 것이 아니었다. 문제는 오히려 더 심각해졌다. 이번에는 바리사이인들의 전횡이 문제였다. 이를 놓고 동시대의 한 역사가는 당시 상황을 이렇게 기록했다.

"바리사이인들은 통치자(살로메)가 여자인 점을 노려 온갖 아부를 하며, 마침내 통치 권력 전체를 장악하였다. 결과적으로 그들은 어느 누구라도 권좌에서 축출하거나 복직시킬 수 있었으며, 자신들이 원하는 자를 풀어 주거나 억압할 수 있게 되었다. 이제 통치 권력의 이권은 바리사이인들에게 넘어갔다."(플라비우스 요세푸스「유대전쟁사」)

유대 사회는 내부로부터 곪아 들어갔다. 이 상처는 결국 왕비 살로메가 죽은 이후에 터지기 시작했다.

복잡한 정치권력의 상관관계 속에서 여왕 살로메의 두 아들 히르카노스 2세와 아리스토불로스 2세가 왕위 계승 투쟁을 벌인 것이다. 동생 아리스토불로스 2세 입장에서는 무능력한 맏형 히르카노스 2세가 왕이 되는 것을 인정할 수 없었다. 이에 군대를 모아 형과 대적, 예리코 전투에서 승리해 정권을 장악했다.

하지만 가만히 앉아서 왕위를 물려줄 형이 아니었다. 장남 히르카노스 2세에게는 명분과 정통성이 있었다. 히르카노스 2세는 아라비아 왕국의 수도 페트라로 도주, 그곳에서 보병과 기병 5만 명을 지원받아 동생을 재차 공격했다. 형제간에 물고 물리는 이전투구가 시작된 것이다.

여기서 로마가 등장한다. 왕실의 내분이 로마의 개입을 불러오게 된 것이다.

로마의 명장 폼페이우스는 히르카노스 2세의 요청을 받고 유대 지역으로 진출, 각 지역을 정복하고 아리스토불로스 2세가 지키는 성전을 침범했다. 학살이 자행됐고, 이 과정에서 유대인 1만 2000명이 죽었다. 유대인도 일반인이라면 함부로 들어가지 못하는 거룩한 장소인 '지성소'에 폼페이우스는 군화를 신고 아무렇지도 않은 듯 걸어 들어갔다. 외세(로마)를 끌어들인 장본인, 히르카노스 2세는 소망하던 왕위를 되찾지 못했을 뿐 아니라, 시리아에 부임해 있던 로마 총독의 지휘를 받는 신세가 됐다.

로마에 의해 하스모네아 왕조가 무너졌다. 마카베오 가문에 의해 시작된 유대인 독립 왕조는 이렇게 70년을 넘기지 못하고 역사 속으로 사라졌다.

기원전 63년의 일이다.

+ 로마 콘스탄티누스 개선문.

+ 예루살렘 성벽. 헤로데가 재건한 성전은 솔로몬의 성전을 능가했다. 그 성전의 외곽을 감싸던 서쪽 성벽 일부가 오늘날까지 남아있는데, '통곡의 벽'이 그것이다. 이 벽을 쌓는데 쓰인 돌 중에는 길이가 12미터에 달하는 것도 있는데, 무게가 100톤이 넘는 것도 있다.

대왕 헤로데

헤로데는 폭군?

대답하기 어려운 문제다. 물론 성경을 보면 헤로데는 영아 살해를 명령하는 등 폭군의 전형으로 묘사된다.

"헤로데는 베들레헴과 그 온 일대에 사는 두 살 이하의 사내아이들을 모조리 죽여 버렸다."(마태 2,16)

하지만 대부분의 역사가들은 헤로데를 서술할 때 '대왕'이라는 호칭을 꼭 사용할 정도로 호의적인 시각을 가지고 있다. 그렇다고 해서 헤로데를 위대한 영웅으로만 보는 시각 또한 문제다. 사실 그는 한마디로 규정하기 어려운 인물이다.

영국의 저널리스트 폴 존슨은 「유대인의 역사」에서 헤로데를 이렇게 묘사하고 있다.

"지혜롭고, 넓은 안목을 지닌 정치인으로, 온화하고 적극적이었으며 매우 유능하기까지 했다. 동시에 그는 단순하고 미신적이었으며 기이할 정도로 자신에게 관대했고, 광기의 가장자리를 맴돌거나 때론 그것을 넘어서기도 했다. 그는 사울과 솔로몬을 한데 결합시킨 것 같은 인물이었다."

이제 그가 어떻게 난세를 이겨내고 유대인의 왕이 되었는지, 그 과정을 알아보자.

헤로데의 아버지는 처세에 능한 사람이었다. 유대인이 아님에도 불구하고(이두메아인) 유대 전 지역의 행정장관에 임명됐다는 것 자체가 로마의 신임을 절대적으로 받고 있다는 증거였다.

아버지는 맏아들 파사엘을 예루살렘의 군사령관(총독)에, 둘째 아들 헤로데를 갈릴래아 지역 군사령관으로 임명했다. 형이 수도권을 책임졌다면, 헤로데는 변방을 맡은 것이다. 민심을 다독이는 것을 중시했던 학자형 스타일의 파사엘과 달리 헤로데는 혈기왕성한 남자였다.

헤로데는 갈릴래아 지역 통치자로 발령받자마자 인근 지역 강도들을 섬멸하는 등 뛰어난 군사적 역량을 나타냈다. 당시 국제사회와 백성들이 이 젊은 장수에 대해 호감을 나타내기 시작한 것도 이 즈음이었다.

이 시점에 로마에서 중대한 사건이 일어난다. 절대 권력자 율리우스 카이사르가 암살당한 것이다. 세상이 어수선하면 고만고만한 야망을 불태우는 사람들이 늘어나기 마련이다.

당시 유대 지역 북부에 위치해 있던 파르티아는 이 기회를 이용해 권력의 확대를 꿈꾼다. 그래서 하스모네아 왕조의 안티고누스를 앞세워 예루살렘을 침공했다. 이 과정에서 헤로데의 형 파사엘이 죽고(자살), 헤로데는 방랑자 신세가 된다. 권력 기반을 잃은 것이다. 아버지도 이미 죽고 없었다. 헤로데의 또 다른 형제인 요셉은 마지막 남은 지지자 200여 명과 함께 마사다에서 항전하고 있는 상태였다.

보통 사람 같았으면 여기서 주저앉았을 것이다. 하지만 헤로데는 다시 일어선다. 이집트의 알렉산드리아로 피신한 그는 이곳에서 클레오파트라로부터 극진한 대접을 받는다. 클레오파트라는 이 뛰어난 젊은 장수를 자신의 휘하에 두고 싶어 했다. 그러면서도 헤로데에게 병력을 내주지는 않았다. 속절없이 시간만 흘러갔다.

헤로데는 죽음 앞에서 항전하고 있는 자신의 친족과 지지자들을 버려둘 수 없었다. 그는 클레오파트라의 권고도 뒤로하고, 한겨울에 로마행 배에 올랐다. 로마에 재기를 위한 병력을 요청하기 위해서였다. 어려운 항해였다. 풍랑을 만나 뱃짐의 대부분을 물속으로 던져야 했던 일도 있었다.

우여곡절 끝에 로마에 도착한 헤로데는 나중에 클레오파트라의 연인이 되는 당시의 실세, 안토니우스를 찾아갔다. 그리고 무릎을 꿇고 자신과 가족들이 다시 일어설 수 있도록 도와 달라고 간청했다. 안토니우스는 한눈에 이 젊은 장수에게 반했다. 게다가 로마에 대항하여 봉기를 일으킨 파르티아와 안티고누스를 그대로 두고 볼 수만은 없었다. 그래서 원로원을 설득했고, 결국 헤로데를 유대인의 왕으로 임명했다.

헤로데는 이후 로마의 지원으로 군사들을 모아 갈릴래아 지방을 통과해 예루살렘으로 진군했다. 로마가 그를 유대인의 왕으로 임명했다는 소식이 전해지자, 많은 군소 세력들이 속속 합류했다.

이때 헤로데의 형제인 요셉은 200여 명의 부하들과 함께 마사다 요새에서 안티고누스의 군대에 항거하고 있었다. 헤로데의 최우선 목표는 목숨이 경각에 달린 자신의 혈족과 동지들을 구해내는 일이었다. 이에 안티고누스는 매복작전을 통해 헤로데를 저지하려 했지만, 헤로데의 예봉을 꺾기에는 역부족이었다. 결국 헤로데는 마사다에 있는 친족들을 구출해냈고, 창칼을 적의 심장 예루살렘으로 돌렸다.

이때 헤로데에게는 신의 은총으로 생각할 수밖에 없는 상서로운 일들이 많이 일어났다. 한 번은 그를 지지하기 위해 찾아온 지방 귀족들과 저녁 식사를 마치고 밖으로 나왔을 때였다. 집이 와르르 소리를 내면서 무너졌다. 많은 이들은 이 사건이 헤로데가 전쟁에서 승리할 것이라는 징조로 여겼다.

헤로데에게 하느님의 은총이 함께하는 것으로 여겨졌다. 이는 더 많은 세력들이 헤로데에게 동조하는 계기가 되기도 했다.

우여곡절 끝에 헤로데 군대는 예루살렘 성 밖까지 진격할 수 있었다. 그런데 이때 그는 돌발 행동을 한다. 예루살렘 포위작전을 부하들에게 잠시 맡기고 사마리아로 가서 결혼식을 올린 것이다. 부인은 마리암메였다. 마카베오 가문에 의해 시작된 하스모네아 왕조의 피를 이어받은 여인이었다. 헤로데는 유대인 왕족과의 결혼을 통해 이방인이라는 굴레를 벗어던지려 했고, 그 의도는 성공했다.

헤로데가 다시 예루살렘으로 돌아왔다. 성 함락은 눈앞으로 다가왔다. 헤로데가 중요한 전쟁을 앞두고 태연히 결혼식을 할 수 있었다는 것 자체가 이미 승세가 헤로데 쪽으로 기울었음을 의미했다.

하지만 예루살렘의 안티고누스 군대는 필사적으로 저항했다. 패배는 곧 죽음을 의미했기 때문이다. 그래서 다섯 달 동안이나 포위 공격을 버텨낼 수 있었다.

하지만 그것도 오래가지 않았다. 결국 성 안으로 헤로데의 군대가 물밀듯 들어갔고, 살육이 이어졌다. 헤로데가 어린이와 여성, 노약자들에 대해서는 관대한 처분을 하라고 명령했음에도 불구하고, 군인들은 다섯 달 동안 겪었던 고초를 분풀이라도 하려는 듯 어린아이이든 노인이든 여자든 가리지 않고 살해했다. 안티고누스는 살려 달라고 애걸하다가, 결국 로마의 안토니우스에게 끌려가 도끼로 처형됐다.

기원전 37년의 일이었다.

이제 대왕 헤로데의 시대가 열렸다. 예루살렘 점령을 완수한 헤로데는 여세를 몰아 아라비아 정벌에 나섰다. 이 전쟁에서 그는 처음에는 일진일퇴의 공방전을 벌였지만, 결국 적군 1만 2000여 명을 사살하고, 4000여 명을 사로잡는 대승을 거뒀다.

헤로데의 앞을 가로막을 적은 이제 없었다. 하지만 헤로데에게 하나의 걱정거리가 있었다. 새롭게 로마의 실권자로 떠오른 옥타비아누스(훗날 로마 초대 황제 아우구스투스)의 지지가 필요했다.

헤로데를 지금까지 후원해 준 사람은 안토니우스였다. 안토니우스는 자신을 왕으로 만들어 주었고, 또 병력까지 줬다. 지금의 헤로데가 있을 수 있었던 것은 모두 안토니우스 덕분이었다고 해도 과언이 아니었다. 그런데 그 안토니우스가 악티움 해전에서 옥타비아누스에게 패배한 것이다. 이제 로마의 실권은 옥타비아누스가 쥐고 있었다.

헤로데는 고민했다. 과거의 은인을 계속 모실 것인가, 아니면 실세에 머리를 조아릴 것인가. 헤로데는 후자를 선택했다. 축하 사절을 보낼 수도 있었는데, 직접 로마로 찾아갔다. 그리고 승리자를 찾아가 주인을 바꾸는 발 빠른 모습을 보였다. 왕관도 쓰지 않은 평민의 옷차림이었다.

"저는 구원의 희망으로 폐하께 나왔습니다."

그러자 옥타비아누스가 말했다.

"좋소, 지금보다 더 확고하게 왕위를 보존하시오."

옥타비아누스는 직접 헤로데에게 왕관을 씌워 주었다. 그리고 다마스쿠스 남쪽지역과 요르단강 동편, 갈릴레아 지방 전역을 헤로데의 통치권으로 선언했다. 청년 장수 헤로데는 이제 과거 다윗 왕이 다스리던 지역보다 훨씬 넓은 땅을 소유한 왕이 되었다.

당시 국제 정세가 헤로데에게 유리하게 돌아간 것은 틀림없는 사실이지만, 옥타비아누스가 이처럼 헤로데에 대해 호감을 드러낸 데에는 그의 인간적 매력도 크게 작용했을 것이다.

당시 역사가 요세푸스는 「유대 전쟁사」에서 초창기 헤로데의 면모를 이렇게 기록하고 있다.

"헤로데는 정신과 몸이 조화를 이룬 사람이었다. 그는 말 타는 솜씨가 일품이었고, 뛰어난 사냥 실력을 가졌다. 헤로데는 누구도 맞설 수 없는 전사였다. 그는 전쟁에서 패한 일이 거의 없었다. 있다 하더라도 그것은 자신의 과실이 아니라 부하들 몇몇의 부주의함 때문이었다."

유대인의 왕이 된 헤로데는 칼을 내려놓고 피 묻은 손을 씻었다. 그리고 편안히 옥좌에 앉아 느긋한 마음으로 정책을 구상했다. 그렇게 그가 처음으로 내놓은 정책은 신도시 개발이었다.

헤로데는 판단과 실행의 간극이 짧은 사람이었다. 즉시 대대적인 토목건축 사업을 일으켰다. 사마리아의 한 지역을 길이 4킬로미터에 달하는 성벽으로 둘러싸고 도시(세바스테)를 만들어 6000여 명의 주민들을 이주시켰다. 또 방파제와 접안 시설을 갖춘 대형 항구도시 카이사리아(로마 황제를 의미하는 명칭 '카이사르'에서 빌려온 이름)도 건설했다. 또한 예리코 등 각 도시에 원형경기장, 극장, 시장 등을 건설했다. 심지어는 자신의 통치권 밖에 있는 도시들에도 성벽, 회랑, 신전, 시장, 극장, 수도 시설, 목욕탕 등을 지어 헌정했다. 헤로데는 여기서 멈추지 않았다.

신도시 건설을 일단락한 헤로데는 본격적인 예루살렘 성 및 성전 재건 사업에 나섰다. 그 규모가 실로 놀라웠다. 훗날 헤로데 성으로 이름 붙여지는 예루살렘 성의 대지만 4만 2840평에 달했다. 수백 개의 코린트식 기둥이 세워졌다. 각 기둥은 세 명의 성인 남자가 팔을 잡고 둘러싸야 할 정도로 웅장함을 자랑했다.

성전도 재건됐다. 새로 재건된 성전은 솔로몬의 성전을 능가했다. 기록에 의하면 고대 신전 가운데 가장 거대한 규모였다고 하는데, 심지어 로마 광장의 두 배에 달했다는 연구 결과도 있다.

그 성전의 외곽을 감싸던 서쪽 벽 일부가 오늘날까지 남아 있는데, '통곡의 벽'이 바로 그것이다. 이 벽을 쌓는 데 쓰인 돌 중에는 길이가 12미터에 달하는 것과 무게가 백 톤이 넘는 것도 있었다. 성전 외부와 성문 등은 금과 은으로 장식했다. 당시 기록에 의하면 맑은 날이면 수 킬로미터 밖에서도 그 반짝거림을 볼 수 있었다고 한다. 가까이에서 볼 경우, 빛의 강렬함 때문에 한동안 눈이 멀 정도였다고 하니, 그 화려함이 짐작이 간다. 이 성전을 보기 위해 로마와 아라비아, 시리아 전역에서 사람들이 몰려들었다. 예수도 이 성전을 직접 눈으로 확인했다. 그런데 이 아름다운 성전 앞에서 예수는 눈물을 흘렸다.

"그때가 너에게 닥쳐올 것이다. 그러면 너의 원수들이 네 둘레에 공격 축대를 쌓은 다음, 너를 에워싸고 사방에서 조여들 것이다. 그리하여 너와 네 안에 있는 자녀들을 땅바닥에 내동댕이치고, 네 안에 돌 하나도 다른 돌 위에 남아 있지 않게 만들어 버릴 것이다. 하느님께서 너를 찾아오신 때를 네가 알지 못하였기 때문이다."(루카 19,43-44)

이 예언은 훗날 현실로 나타난다.

어쨌든, 헤로데가 통치하던 마지막 20년 동안 유대인들은 비교적 평화로움을 누릴 수 있었다. 평화는 민주주의를 통해서도 가능하지만, 때로는 절대 권력에 의해서도 성취된다. 역설적으로 유대인들은 절대 권력자 헤로데에 의한 평화를 끝으로 이후에는 거의 평화로운 시기를 맛보지 못한다.

헤로데는 늙으면서 점차 변해 갔다. 주변 사람들을 의심하는 일이 잦았으며, 그 결과 아내와 아들들까지 무참히 살해했다. 특히 말년에는 정치적으로도 폭정을 거듭했다. 성경에 나와 있는 영아 살해 사건은 유명하다. 또 성전을 독수리상으로 장식하는 등 종교적 일탈도 서슴지 않았다. 유대인들이 누구인가. 종교 문제에서만큼은 조금도 양보하지 않는 이들이다.

헤로데가 성전을 장식하기 위해 만든 독수리상을 몇몇 청년들이 훼손하는 사건이 발생했다. 헤로데는 대노했다. 그리고 독수리상을 훼손한 청년들을 모조리 잡아들였고, 산 채로 불태워 죽였다. 헤로데는 이 밖에도 자신에게 조금만 반대를 해도, 즉시 십자가에 못 박았다.

인과응보일 것이다. 말년에 접어들면서 그는 많은 질병을 앓았다. 「유대전쟁사」에는 헤로데가 말년에 앓았던 질병의 증상에 대해 자세히 나와 있다.

"열은 그렇게 심하지 않았으나, 피부 전체에 참을 수 없는 가려움증이 나타났고 내장에 심한 통증이 계속되었으며, 발에는 수종이, 하체에는 염증이 심했다. 심지어는 성기 부분이 종양으로 썩어 벌레가 나오기도 했다. 그는 똑바로 앉아서만 겨우 숨을 쉴 정도였고, 급기야 몸의 모든 부위에서 경련이 일어났다."

기원전 4년 따뜻한 봄날, 헤로데는 질병을 치료하기 위해 찾아간 온천에서 사망했다.

강력한 카리스마로 유대인들을 통치하던 헤로데가 죽었다. 그렇게 헤로데 사망 이후 팔레스타인 지역에서의 안정적 유대인 통치는 막을 내리게 되었다.

강력한 카리스마가 사라지면, 고만고만한 세력들이 일어나 역시 고만고만한 다툼을 벌이기 마련이다. 다툼과 반목, 갈등의 시대가 다가오고 있었다.

그 혼돈의 시대에 한 유대인 아이가 베들레헴에서 태어난다.

+ 헤로데의 영아살해를 묘사한 패널화, 이탈리아 시에나 두오모 미술관.

+ 베들레헴 예수탄생성당의 중앙 제대 옆으로 내려가면 예수 탄생 동굴이 있다. 이곳에 "여기서 예수 그리스도가 동정녀 마리아에게서 태어나셨다"고 새겨져 있다. 사진에 나타난 별 자리가 예수가 태어난 곳이다. 2000여 년전 '큰 별'과 함께 이 땅에 온 인간 예수는 탯줄을 달고 태어나 우리와 함께 숨 쉬고 호흡했으며 말씀과 식사를 함께 나눈, 살아있는 생생한 '실재'다.

유대인 예수

이례적인 천문 현상이었다.

전에 보지 못했던 큰 별이 하늘에 나타났다. 당시 동방의 박사들(성경은 이들이 정확히 몇 명인지에 대해서는 증언하지 않고 있다)이 이 현상에 주목했다. 박사들은 별이 인도하는 길을 따라 여행에 나섰고, 곧 베들레헴에 도착했다.

그곳에서 박사들은 마리아와 함께 있는 아기를 만났다. 그들은 한눈에 이 아기가 훗날 엄청난 재목으로 성장할 것이라는 사실을 알아보았다. 땅에 엎드려 경배한 그들은 보물상자를 열고 아기에게 황금과 유향, 몰약을 예물로 드렸다.(마태 2,1-12 참조) 2000여 년 전 베들레헴의 한 마구간에서 유대인 아기가 태어났다. 부모는 아기의 이름을 '예수'라고 지었다.(마태 1,25 ; 루카 1,31 참조)

최근까지 수많은 이들이 예수가 태어날 때 나타났다는 '큰 별'의 정체를 파악하기 위해 노력했다. 우선 초신성(超新星, supernova)이었을 가능성이 제기되었다. 초신성은 수명이 다해 죽어가는 별이 폭발하면서 엄청난 에너지를 순간적으로 방출하는 것을 말한다. 이때 그 밝기가 평소의 수억 배에 달한다고 한다.

하지만 동방박사들이 본 별이 초신성이었을 가능성은 매우 희박하다. 왜

냐하면 당시 중국과 그리스의 어느 문헌에서도 비슷한 시기에 초신성을 발견했다는 기록이 없기 때문이다.

그래서 17세기 독일의 천문학자 요하네스 케플러(Johannes Kepler, 1571~1630)를 비롯한 많은 과학자들은 동방박사들이 본 별이 "두 행성이 시각적으로 일직선상에 정렬하는 현상이었을 것"이라고 추정했다. 실제로 밤하늘에서 가장 빛나는 목성과 토성이 우리 눈에 일직선으로 놓이면 그 별의 밝기는 평소의 수십 배가 된다.

천체 물리학자들이 계산을 해 본 결과 이런 일이 기원전 4세기에 있었다. 최근에는 1818년에 있었으며, 2065년에 또 있을 예정이라고 한다. 하지만 이러한 현상이 일어난 연도와 관련해 다른 주장을 펴는 학자들도 있다.

천문학자이자 물리학자인 마이클 몰나 박사는 저서「베들레헴의 별: 동방박사의 유산」에서 "동방박사가 본 빛은 목성과 달의 겹침 현상 때문이었다"며, "그 시기는 정확히 기원전 6년 4월 17일"이라고 주장했다.

어쨌든 인간 예수 즉, 유대인 예수가 '큰 별'과 함께 세상에 왔다. '유대인 예수'라고 표현한 이유는 그가 우리와 똑같은 인간의 모습으로 왔다는 것을 드러내기 위해서이다.

유대인 예수는 이렇게 탯줄을 달고 태어나, 우리와 함께 숨 쉬고 호흡했으며, 말했고, 식사를 함께 나눈, 살아 있는 생생한 '실재'(實在, substantia)이다. 여기서 말하는 실재는 '실제로 존재함'이다. 관념론에서 말하는 사물의 본질적 존재로서의 실재가 아니라, 변증법적 유물론에서 말하는 인간의 의식으로부터 독립하여 객관적으로 존재하는 그 실재이다.

그러나 그 역사적·실재적 예수의 삶을 성경이 아닌 역사적 사료를 바탕으로 재구성하는 것은 불가능하다. 역사적 예수의 삶에 대한 기록은 거의 없기 때문이다.

예수의 삶을 가장 잘 드러내고 있는 신약성경은 예수의 선포, 그 자체에 초점이 맞춰져 있다. 그래서 역사적 예수의 삶은 그 출생 연도에서부터 죽음에 이르기까지 상당 부분 베일에 가려져 있다. 역사적 예수의 삶을 연구한 학자들마다 주장이 차이를 보이고 있는 것도 이 때문이다.

우선 출생 연도.

성경에 예수 탄생 연도를 추적할 수 있는 근거가 몇 군데 있다. 세례자 요한은 예수보다 5~6개월 먼저 태어난 동갑내기인데, 「루카 복음서」는 그가 본격적으로 활동을 시작하는 시기에 대해 자세히 적고 있다.

"티베리우스 황제의 치세 제 십오 년, 본시오 빌라도가 유다 총독으로, 헤로데가 갈릴래아의 영주로, 그의 동생 필리포스가 이투래아와 트라코니티스 지방의 영주로, 리사니아스가 아빌레네의 영주로 있을 때, 또 한나스와 카야파가 대사제로 있을 때, 하느님의 말씀이 광야에 있는 즈카르야의 아들 요한에게 내렸다."(루카 3,1-2)

로마 황제 티베리우스의 치세 15년은 기원 후 27년이다. 본시오 빌라도(Pontior Pilatos, ?~?)는 기원후 26~36년 동안 유다와 사마리아의 총독이었고, 헤로데 안티파스는 기원전 4~기원후 39년 동안 갈릴레아와 요르단강 동부지역의 영주를 지냈다. 필리포스는 기원전 4~기원후 34년 동안 갈릴래아 호수 동북쪽 골란고원과 헤르몬산 남쪽 사이에 있는 이투래아와 트라코니티스 지역을 다스렸다. 한나스는 기원후 6~15년 동안 대사제를 지냈고, 한나스의 사위였던 카야파는 18~37년 동안 대사제직을 수행했다.

이를 바탕으로 볼 때 예수의 공생활은 27~32년경으로 추정할 수 있다. 학자들은 이러한 사료들을 바탕으로 현재 예수 탄생 연도를 기원전 7~6년경으로 추정하고 있다.

이러한 예수에 대해 유대교는 「탈무드」「산헤드린」에서 "예수는 마술을 써서 이스라엘을 미혹시켜 배교하게 하였으므로 유월절 전날에 처형되었다"고 기록하고 있다. 이렇게 유대인들은 예수를 신의 아들, 혹은 삼위일체 하느님의 한 지체로 보지 않는다.

예수를 '이샤'라고 부르는 이슬람도 유대교와 마찬가지로 예수를 신의 외아들로 보지 않는다. 그러나 처녀의 몸에서 태어난 것과 기적을 행한 사실은 믿는다. 이슬람 신자들은 예수를 이스라엘 민족을 인도하기 위해 신이 보낸 중요한 예언자들 가운데 한 사람으로 존경한다.

참고로 예수 시대 당시 사람들은 예수를 예수라는 발음으로 부르지 않았다. '예수'는 '여호수아'(야훼께서는 구원이시다)의 단축형 '요-수아'를 그리스어로 옮긴 것이고, '성모 마리아(또는 마리암)'는 '미리암'(뜻은 분명하지 않음)을 그리스식으로 표기한 것이다.

어쨌든, 유대인 예수는 출생 이후 철저한 '유대인'으로 살아간다. 예수는 할례를 받았다.

"여드레째 되는 날은 아기에게 할례를 베푸는 날이었다. 그날이 되자 아기가 잉태되기 전에 천사가 일러 준 대로 그 이름을 예수라고 하였다."(루카 2,21)

이는 "대대로 너희 가운데 모든 남자는 난 지 여드레 만에 할례를 받아야 한다"(창세 17,12)는 계명에 따른 것이다. 이렇게 예수를 비롯해 유다의 모든 남자는 예외 없이 정해진 때에 반드시 할례를 받아야 했다.

예수는 또 예루살렘 성전을 방문했으며, 율법을 해석하고 연구했다. 특히 율법에 대해서는 어린 시절부터 남다른 식견을 가지고 있었던 것으로 보인다.(루카 2,41-52 참조)

하지만 유대인 예수는 당시 유대인이 생각했던 모든 틀을 뛰어넘는다. 유대인이었으면서도 유대인의 사유 범주를 넘어선 것이다. 율법을 아직 완성되지 않은 미완의 것으로 가치 하락시켰고, 거룩한 성전이 무너질 것이라는 등 불경스런 말을 서슴지 않았다. 심지어 자신을 하느님의 아들이라고 했고, 결국 십자가형을 선고 받고 세상을 떠났다.

그러나 예수는 유대인들의 신앙을 단순히 평가절하하지 않았다. 반박하고 비판했다기보다는 넘어섰다는 표현이 옳다. 유대인 예수는 당시까지 이어져 내려오던 유대인의 사유를 넘어선 그 무엇을 제시했다. 넘어선다는 것은 극복하는 것이다. 더 나은 가치로 이겨내는 것이다.

당연히 반발이 따랐다. '극복하지 않아도 된다. 더 나은 가치는 없다'고 생각하는 사람이 있기 때문이었다.

예수는 유대인들의 신앙을 정면으로 공격했다. 유대인들의 입장에서 보면 용납할 수 없는 일이었다. 하느님의 아들이라니…. 경악할 일이었다.

"율법 학자들과 바리사이인들은 독한 앙심을 품고 많은 질문으로 그분을 몰아대기 시작하였다."(루카 11,53)

결국 "율법 학자들과 백성의 지도자들은 예수님을 없앨 방법을 찾았다."(루카 19,47)

여기서 우리는 유대인과 유대인 예수의 대립을 읽을 수 있다. '나의 의견도 옳고, 너의 의견도 옳다'고 말하는 상대주의자들은 '상대주의가 틀렸다'는 말도 인정하고 받아들여야 한다. 그래야 진정한 상대주의가 성립한다.

마찬가지로 '보편타당하다'고 말할 때의 그 '보편'이 진정한 보편이 되기 위해선 특수를 포함해야 한다. 보편은 자신의 가치를 남에게 강요하기보다 특수를 허용할 정도로 폭이 넓을 때 진정한 보편이 된다.

이런 점에서 예수 시대 유대인들의 생각은 보편적이라고 보기 힘들었다. 그들은 예수라는 '특수'를 받아들이지 못했다. 유대교가 전교한다는 말을 지금까지 들어 본 일이 있는가. 유대교는 스스로의 가치를 나서서 보편화시키지 않는다.

반대로 예수는 오히려 유대인들의 신앙을 '보편화시킨 특수'였다. 유대인 예수는 구약의 약속을 넘어서는 보편적인 구원을 말했다. 그 과정에서 예수는 유대인들의 신앙을 정면으로 공격했다.

그는 "지금까지의 율법은 당장 용도 폐기 하라!"고 외쳤다. 특히 율법은 자신에 의해 완성된다(마태 5,17 참조)고 말해 율법학자들의 공분을 샀다. 예수는 가난하고 무지하고 죄를 지었다 해도 하느님과 멀어지지 않는다고 했다. 예수에 의해 구약의 하느님은 끊임없이 은총으로 우리에게 다가오시는 하느님으로 재선포됐다.

예수는 더 나아가 율법에 대한 순종이 아니라 믿음에 의한 구원을 가르쳤다. 예수는 또 자신의 피와 부활로서 이뤄질 새 언약을 예언했다.(마르 14,24-28 참조)

그는 또한 죽음과 심판, 그리고 내세에 대한 명확한 전망을 제시했다. 그는 유대교의 정통성 안에서 유대교를 완성하기 위해 온 것이 아니었다. 새로운 종교가 그에게서 출발하는 것이었다.

물론 유대인 입장에서 볼 때는 답답할 노릇이다. 예수 시대 당시 율법학자라면 이렇게 말했을 것이다.

"율법에 대한 상이한 견해는 충분히 받아들일 수 있습니다. 성전에 대한 비난도 감수할 수 있습니다. 하지만 예수를 따르는 이들이 말하는 '하느님이 인간이 되셨다'는 말은 도저히 받아들일 수 없습니다."

그리스도교와 유대교는 여기서 갈라진다. 예수가 하느님이 아니라면 그리스도교는 아무것도 아닌 것이 되며, 반대로 예수가 하느님이라면 유대교는 붕괴되기 때문이었다. 유대교와 그리스도교는 이 점에서 타협이 불가능했다.

하지만 초창기에는 유대교와 그리스도 신앙을 고백하는 이들 간에 큰 반목이 없었음을 다음 사례에서 알 수 있다.

사도들이 시끄럽게 복음을 외치고 다니자, 유대인들은 즉시 사도들을 체포해 최고의회를 열었다. 사도들을 어떻게 처리할지에 대해 의견이 분분했다. 그때 온 백성에게 존경을 받는 율법교사 가말리엘이 일어섰다. 그는 일단 사도들을 밖으로 나가라고 했다. 그리고 조용히 입을 열었다.

"저 사람들 일에 관여하지 말고 그냥 내버려 두십시오. 저들의 그 계획이나 활동이 사람에게서 나왔으면 없어질 것입니다. 그러나 하느님에게서 나왔으면 여러분이 저들을 없애지 못할 것입니다. 자칫하면 여러분이 하느님을 대적하는 자가 될 수도 있습니다." 그러자 사람들은 사도들을 놓아주었다.(사도 5,34-40 참조)

유대인들은 잠시 저러다 말겠지 하고 생각했다. 예수라는 사람이 한 말이 하느님의 뜻이 아니라면 자연스레 소멸될 것으로 생각했던 것이다.

하지만 상황은 정반대로 전개되기 시작했다. 그리스도교는 소멸되지 않았다. 오히려 예수의 선포와 그의 부활 소식은 순식간에 당시 세계를 휩쓸기 시작했다.

예수는 앞에서도 말했지만, 유대 민족주의자가 아니라 유대 보편주의자였다. 보편은 사람을 매료시키는 힘이 있다. 유대교와 달리 그리스도교는 당시 로마 사회에 급속히 전파되기 시작했다. 이는 여러 사료들을 통해서도 잘 드러난다.

로마제국의 속주였던 비티니아의 총독으로 재직하던 플리니우스가 112년경 로마 황제와 주고받은 편지에서도 당시 교세의 급속한 성장세를 엿볼 수 있다.

편지에서 "그리스도교 신자로 고발당하는 사람이 너무 많다"고 보고한 플리니우스는, 또 "나이나 지위와 성별에 관계없이 앞으로 줄어들기보다 계속 늘어날 추세"라며 "이제는 도시만이 아니라 지방까지도 이 광신에 오염되고 있다"고 적었다.

로마 역사가 타키투스도 110년경에 쓴 연대기에서 "64년 7월 19일 네로 황제가 로마 시내에 화재가 나자 그리스도인들을 방화범으로 지목하고 박해하였다"며 "이 사악한 미신이 계속 번져나가고 있다"고 기록하였다.

과거 아브라함은 하느님의 선택과 약속이 단순히 유대 민족에 한정된 것이 아니라 '보편적'이라는 말씀을 들은 바 있다.

"네가 나에게 순종하였으니, '세상의 모든 민족들'이 너의 후손을 통하여 복을 받을 것이다."(창세 22,17-18)

하느님은 단지 아브라함의 자손들만의 번성을 약속한 것이 아니었다. 이 약속이 가시화되는 그 중심에 유대인 예수가 있다. 구원의 메커니즘은 구약이 아니라 이제 신약(그리스도에 대한 믿음)으로 바뀌었다. 아브라함에게 주어졌던 계약의 약속들은 이제 그의 자손들에게만 주어지는 것이 아니라 모든 그리스도인에게 주어지는 것이다.

"약속은 믿음에 따라 이루어지고 은총으로 주어집니다. 이는 약속이 모든 후손에게, 곧 율법에 따라 사는 이들뿐만 아니라 아브라함이 보여 준 믿음에 따라 사는 이들에게도 보장되게 하려는 것입니다. 아브라함은 우리 모두의 조상입니다."(로마 4,16)

+ 이탈리아 시칠리아 몬레알레 대성당의 '장엄한 예수' 모자이크

+ 예루살렘 주님무덤성당(The Church of the Holy Sepulchre)의 모자이크. '무덤에 묻히시는 예수.' 예수의 성시(聖屍)를 염했던 자리 옆 벽에 장식돼 있다.

The Story of the JEWS
유대인 이야기

제2부 A.D.

+ 그리스 아테네의 에렉테이온(Erechtheion) 신전. 유대인과 그리스인은 당시 팽팽한 긴장관계를 유지하고 있었다. 그리스인들은 철저히 로마에 순명했지만, 유대인은 로마의 관용 아래서 독특한 자신들만의 신앙 체계를 고수하고 있었다.

로마인, 그리스인, 그리고 유대인

편견은 '어설픈 앎'에서 출발한다. 제대로 알지 못하고 조금만 알 때, 그 작은 앎을 감추기 위해 자칫 완고해지기 쉽고, 그 결과 큰 오류에 빠질 수 있다.

예수의 십자가 처형 후, 서기 1세기 로마와 유대인들의 관계에 대해서도 대부분의 사람들이 편견을 가지고 있는 것을 종종 보게 된다.

강력한 힘을 가진 로마가 유대인들을 억압적으로 통치했고, 그래서 나약하고 불쌍한 유대인들이 어쩔 수 없이 로마에 항거했다는 식의 인식이 그것이다. 틀렸다!

로마는 관대한 지배자였다. 가능한 유대인들을 달래서 함께 살려고 했다. 그래서 로마인들은 유대인들이 스스로 주장하는 그들 만의 특수성을 인정하고 수용했다. 사회 불안의 원인이 되지 않는 범위 안에서 완전한 종교의 자유를 허락했다. 유대인들이 유대교를 믿는 데 아무런 문제도 없었다.

또 유대 공동체 안에서 사형 이외의 법 집행을 할 수 있도록 사법적 자치도 허용했다. 또한 다른 민족과 달리 병역을 비롯한 국가의 공역도 면제했다. 게다가 토요일마다 안식일을 지낼 수 있도록 허용했다. 당시 그리스 등 로마의 통치를 받던 다른 민족들은 가질 수 없는 특권이었다. 이것만 봐도 로마가 얼마나 유대 민족을 특별 대우해 주었는지 알 수 있다.

그래서 유대인들도 처음에는 로마와 별 탈 없이 잘 지냈다. 유대인들은 로마를 행복의 제공자, 평화의 주관자로 생각했다.

'유대의 플라톤'이라 불렸던 당시 유대 지식인 필로(Philo of Alexandria, BC 20~AD 50)는 이런 말을 했다.

"모든 땅과 바다는 로마제국의 이름 아래 조화로운 통일체를 이루고 있다. 개인 규모든 제국 규모든 부에서도 권력에서도 번영의 기반에서 무엇 하나 부족한 것이 없다. 모든 것이 이미 존재하기 때문이다. 행복은 문 밖에서 기다리고 있다. 이제 문을 열고 그 행복을 맞아들이기만 하면 된다."

그렇다면 의문이 생긴다. 왜 유대인들은 끈질기게 로마에 저항했을까.

그 원인은 유대인들의 종교에서 찾을 수 있다. 유대인들은 "우리는 특별하다", "우리는 하느님으로부터 선택을 받았다", "다른 민족들은 잡신을 섬기는 미개한 종족들이다"라고 생각하고 있었다.

다신교가 주류를 이뤘던 고대 사회에서, 일신교를 따랐던 유대 민족은 유별났다. 그만큼 독특했다. 그렇다해도 유대인들이 산간벽지에 흩어져 사는 고립된 소수 부족이었다면 별 문제가 안 됐을 것이다. 하지만 유대인들은 인구가 많았고, 특히 금융업이나 상업에 뛰어난 수완을 보였기에 도시에서 살았다. 재물은 도시에 있었기 때문이다. 유대인들은 그렇게 오늘날 중국인들과 마찬가지로 당시 전 세계 주요 도시에 퍼져 있었다. 문제는 이 뛰어난 민족이 다른 민족과 섞이지 않고 자신들만의 종교와 신앙을 고수했다는 점이다. 하지만 로마는 이러한 유대인의 일신교까지 끌어안는 관용을 보였다.

그런데 문제는 엉뚱한 곳에서 터졌다.

유대인들을 불편하게 했던 것은 로마가 아니었다. 그리스인이었다. 유대인과 그리스인은 당시 경제 등 모든 면에서 이해가 대립되었다. 그리스인은 과거 알렉산더 대왕 집권 시절 이후 유대인을 지배했었지만, 이제는 로마의 피지배자라는 동등한 입장에서 불편한 동거를 하는 입장이었다.

사고방식이 전혀 다르면 함께 생활하기가 꺼려지는 법이다. 꺼려하는 마음은 싫어하는 마음으로 발전한다. 그렇게 싫어하는 사람들을 억지로 한군데에 묶어 두면 사고가 터지기 마련이다.

이집트에서 기어코 일이 터졌다. 당시 이집트의 최대 도시 알렉산드리아에는 40만 명의 유대인, 50만 명의 그리스인이 살고 있었다. 인구에서도 경제·정치적 차원에서도 유대인들은 알렉산드리아에서 그리스인들과 팽팽한 긴장 관계를 유지하고 있었다.

유대인과 그리스인, 두 민족은 완전히 달랐다. 그리스인들은 철저히 로마에 순명했지만, 유대인은 로마의 관용 아래서 독특한 자신들만의 신앙체계를 고수하고 있었다.

그러던 어느 날이었다. 스스로를 신이라고 공언한 로마의 칼리굴라(Caligula, 12~41) 황제가 중병에 걸렸다는 소식이 들려왔다. 이에 유대인들은 황제에게 제물까지 바치며 쾌유를 빌었다. 하지만 신의 지위까지는 인정할 수 없었다. 그러나 그리스인들은 달랐다. 황제의 신상을 만들고 그 신상에 절을 하며 병의 완치를 기원했다. 다신교를 믿었던 그리스인들에게 수많은 신 중에서 황제라는 신이 하나 더 늘어나는 것은 문제될 것이 없었다.

그런데 유대인들은 황제의 신상에 절을 하지 않았다. 그리스인 입장에서는 눈엣가시 같은 유대인들을 모함할 좋은 기회였다.

그리스인들은 곧바로 유대인들이 황제를 신으로 인정하지 않고 모독했다고 고발했다. 그리고 칼리굴라 황제를 핑계 삼아 유대인들에 대한 적대감을 폭발시켰다. 항구에 정박해 있는 유대인 소유의 배가 모두 불탔다. 유대인들의 거주지도 파괴됐다. 유대인들은 자신들이 사는 지역을 벗어나면 곧바로 살해됐다. 그리스인들은 유대교 예배당까지 칼리굴라 황제의 상(像)을 가지고 들어가 모독했다.

마찰을 중재해야 할 이집트 장관도 그리스 편을 들고 나섰다. 토요일을 안식일로 인정해 주는 규정을 폐지했고, 유대인 거주지역을 제한했다. 유대인이 운영하는 공장들도 폐쇄되었고, 상업행위도 전면 금지됐다. 36명의 유대인 제사장이 그리스인들 앞에 끌려가 채찍질을 당하는 등 가혹한 박해가 이어졌다.

유대인들은 해결책을 모색해야 했다. 이대로 놔뒀다가는 유대 민족 전체가 어떤 일을 당할지 모르는 상황이었다.

당시 유대인의 지도자 필로를 비롯한 대표단이 칼리굴라 황제를 면담하기 위해 로마로 갔다. 서기 38년 겨울이 시작될 무렵이었다. 보통 겨울에는 항해를 하지 않는다. 이는 당시 유대인들의 상황이 얼마나 긴박했는지를 알 수 있는 대목이다.

우여곡절 끝에 로마에 도착한 유대인 대표단은 황제를 알현할 수 있었다. 대표단은 머리를 조아리며 말했다.

"황제에게 충성하고 로마에 충성할 것을 맹세합니다. 저희 유대인들을 살려 주십시오. 그리스인들이 저희들을 박해합니다."

이에 칼리굴라 황제가 말했다.

"너희 유대인들은 그리스인들이 말하는 것만큼 악질적이지는 않은 것 같다. 하지만 어리석은 민족임은 확실하다. 내가 신이라는 사실을 믿지 않는다니 말이다."

칼리굴라는 괴팍한 황제였다. 하지만 이번에는 통치자로서 넓은 아량을 보여 주겠다고 마음먹는다. 그는 자신을 신으로 인정하지 않는 유대인들이 마땅찮았지만 그들의 신앙은 존중하기로 했다. 그래서 그리스파였던 당시 알렉산드리아 장관을 해임하고 새로운 장관을 임명했다. 새 장관은 친 유대인 성향은 아니었지만 적어도 공평한 사람이었다. 그는 그리스인들이 더 이상 유대인들을 대상으로 횡포를 부리는 것을 금지했다.

한동안 평화가 찾아오는 듯했다. 하지만 이번에는 로마 황제도 도저히 참을 수 없는 일이 발생한다.

장소는 알렉산드리아였다.

그리스 아테네의 제우스 신전

+ 콜로세움. 유대인 반란을 잠재운 베스파시아누스가 서기 72년 착공했고, 예루살렘성을 함락시킨 그의 아들 티투스 황제가 81년 완공했다. 직경의 긴 쪽은 188m, 짧은 쪽은 156m로 둘레는 527m의 타원형이고, 외벽 높이는 4층 48m에 이른다. 로마인은 당초에는 반유대적인 감정이 없었다. 그런데 기원후 60년경에 이르면 이러한 생각에도 변화가 감지된다. 유대인에 대한 반감이 서서히 로마 제국 전체로 확산되기 시작했다.

감도는 전운(戰雲)

로마의 칼리굴라 황제가 한 전쟁에서 승리했다. 로마제국 내의 모든 백성들이 기뻐하며 축제를 벌였다. 이집트의 최대도시 알렉산드리아도 예외가 아니었다. 연일 축제가 열렸다.

여기에서 사고가 터졌다. 그리스인들은 황제를 위한 제단을 세우고 제물을 바치려 했다.

그런데 유대인들이 이에 반발했다. 제단은 유일신 하느님만을 위한 것이어야 했다. 황제를 위해 제단을 세우고 제물을 바치는 것은 하느님을 모독하는 것이었다. 유대인들은 몰려가서 황제를 위한 제단을 망치로 부숴 버렸다. "뭐야? 유대인들이 나를 위한 제단을 부쉈다고? 이 나쁜 놈들…."

소식을 들은 로마 황제는 격분했다. 일반적으로 분노는 정상적인 판단을 흐리게 하는 경향이 있다. 황제는 이번 기회에 유대인들에게 본때를 보여 주겠다고 마음을 먹었다.

그런데 그 처방이 극약이었다. 불똥도 엉뚱한 예루살렘으로 튀었다. 제우스 신상을 만들어 예루살렘 신전 안에 세우라고 명령한 것이다. 처녀가 능욕당하는 것 이상으로 큰 수치스러움을 안겨 주겠다는 의도였다.

물론 유대인으로서는 받아들일 수 없는 일이었다. 유대인들은 유대 총독

관저로 몰려가 신을 모독하지 말아 달라며 강력히 항의했다. 자칫하면 유대민족의 총궐기로 이어질 수 있는 중대한 사안이었다.

　유대 총독은 안절부절못했다. 황제의 명령을 시행할 수도, 시행하지 않을 수도 없는 상황이었다. 결국 유대 총독이 선택한 것은 '시간 벌기'였다. 가능한 시간을 끌면서 상황을 주시할 계획이었다. 그래서 부하들에게 '제우스 신상을 만들긴 만들되, 가능한 천천히 만들라'고 지시했다.

　세상에는 권력자 옆에 붙어서 아첨하는 무리가 어디든 있기 마련이다. 유대 총독의 이러한 '시간 벌기' 작전이 한 신하에 의해 황제의 귀에 들어간다. 칼리굴라 황제는 또다시 격분했다.

　즉시 유대 총독에게 자결을 지시하는 명령서를 보냈다. 황제의 명령을 제대로 시행하지 않은 죄목이었다. 하지만 유대 총독은 하늘의 도움으로 화를 면했다. 명령서가 유대 총독에게 도착하기 전 칼리굴라 황제가 근위대의 한 병사에게 암살당한 것이다.

　로마 황제와 유대인들의 전면 대결은 이로써 흐지부지되었다. 하지만 불씨가 완전히 꺼진 것은 아니었다.

　칼리굴라에 이어 황제에 등극한 클라우디우스는 일단 유대인들에 대해 관대한 정책을 폈다. 그러나 이 시기를 즈음해 유대인에 대한 반감이 서서히 로마제국 전체로 확산되기 시작했다.

　로마인은 당초 반 유대적인 감정이 없었다. 그런데 기원후 60년경에 이르러 이러한 생각에 변화가 감지 된다.

당시 로마인 역사가 타키투스(Publius Cornelius Tacitus, 55?~117?)는 유대인들의 독특함, 다른 민족과 융화하지 못하는 특성에 대해 비판했다. 일단 싫어하는 감정이 생기면 싫어하는 이가 행하는 모든 것이 혐오스럽게 보이기 마련이다. 그가 역사서에 남긴 기록을 보면 유대인들에 대한 당시 로마 지식인들의 인식의 단면을 엿볼 수 있다.

"할례는 유대인과 타민족을 구별하기 위한 의식이고, 일신교는 다른 신들에 대한 경멸감에서 생겨난 신앙이며, 병역이나 공역을 거부하는 것은 제국에 대한 애국심이 없다는 것을 드러내는 것이고, 인구를 늘리는 데 열심인 것은 타민족을 앞지르기 위한 생각에서 나왔고, 인간의 형상을 본뜬 신상을 우상숭배라고 부르며 거부하는 것은 인간에 대한 경멸이고, 춤을 추지 않고 운동 경기도 없는 유대교의 종교의식은 음울해서 일생을 절망하게 한다. 타 종교를 믿는 이들과 결혼을 금지하는 것도 유대인의 폐쇄성을 드러낸다."

그는 또 이런 말도 했다.
"유대인들이 우리에게 어려운 존재인 까닭은, 제국의 다른 주민과 유대인은 다르다는 그들의 집요한 주장 때문이다."

로마가 생각하는 자유와 유대인들의 자유는 달랐다. 로마인에게 있어서 자유는 평화와 법에 의해 보장된 질서 속에서 각자가 스스로 할 수 있는 일을 하는 것을 의미했지만, 유대인들에게 있어서 자유는 하느님에 의한 정치를 할 수 있는 자유를 의미했다.

유대인들은 유대인들대로 서서히 불만이 쌓여 갔다. 특히 펠릭스, 페스투스, 알비누스, 플로루스로 이어지는 역대 유대 총독들의 악정은 유대인들의 감정을 폭발시켰다.

이들 네 사람이 유대 총독을 지낸 것은 서기 52년부터 66년까지 14년 동안이다. 특히 알비누스 총독은 저지르지 않은 악행을 찾기 힘들 정도로 엄청난 폭군이었다. 이 총독은 백성의 재산을 빼앗았으며, 무거운 세금으로 백성을 괴롭혔다. 뇌물을 받고 범죄자들을 풀어 주었고, 의사표현의 자유를 없앴다.

그나마 알비누스의 악행은 나은 편이었다. 그의 악행은 비밀리에 이뤄졌지만 후임 총독 플로루스는 공개적이었다. 군사를 동원, 대낮에 유대인 도시들을 약탈했으며 수많은 백성을 살해했다. 이에 유대인들은 로마에 탄원하고 이웃한 시리아 총독에게도 몰려가 고발했지만 사정은 나아지지 않았다.

실상 유대 총독은 자신의 폭정을 견디지 못한 유대인들이 반란을 일으키길 원하고 있었다. 말하자면 반란을 유도한 것이다. 그래야 로마 상부로부터 자신의 실정에 대한 질책을 덮을 수 있다고 생각했다. 폭정의 강도는 갈수록 심해졌다. 지도자가 작정하고 반란을 유도하는데, 견딜 수 있는 백성은 없다.

로마에 대항하는 세력들이 하나둘 생겨나기 시작했다. 예루살렘에서는 '시카리파'(Siccari)라는 자객들이 등장했다. 시카리파는 이들이 암살을 위해 몸에 지니고 다닌 짧고 구부러진 사냥용 칼의 이름 '시카'에서 유래했다.

이들은 곳곳에서 친 로마적인 사람들에게 테러를 가했으며, 그 효과를 극대화하기 위해 대낮에도 살인을 자행했다. 이들에 의해 대제사장이었던 요나단이 살해됐으며, 이로 인해 유대 사회는 불신이 팽배해졌다.

또한 곳곳에서 거짓 예언자가 등장할 정도로 사회는 흉흉했다. 이집트 출신의 한 거짓 예언자는 예루살렘으로 쳐들어가서 로마 주둔군을 습격하고 자신이 주권자가 될 것이라고 외쳤다. 바오로 사도도 한때 이 집단의 두목으로 오해를 받은 일이 있다.(사도 21,38 참조) 이러한 혼란은 유대 전 지역에서 동시다발적으로 일어났다. 카이사리아에서는 유대인과 그리스인들의 대규모 충돌이 일어나기도 했다.

예루살렘을 비롯한 팔레스타인 지역은 예나 지금이나 화약고이다. 평화의 땅에 서서히 전쟁의 그림자가 드리우고 있었다.

100만여 명의 유대인이 몰살당하는 처참한 전쟁이 이제 곧 시작된다.

+ 로마 티투스 개선문 부조. 예루살렘을 함락시킨 티투스 장군이 예루살렘 성전의 보물을 로마로 옮기는 모습이 새겨져 있다.

로마! 움직이다

시오노 나나미는 「로마인 이야기」에서 시위 진압작전을 지휘하는 부대장에게 가장 필요한 능력에 대해 언급한 바 있다. 그는 진압작전 지휘 부대장에게 필요한 것은 시위대를 순식간에 해산시키는 능력이 아니라고 말한다.

그에 의하면 그보다 더 어려운 것, 더 필요한 것은 부하 대원들을 제대로 통제하는 것이다. 부대원 통제 능력이 부족하면, 부대원들은 시위대의 도발로 생긴 증오감 때문에 야수로 변한다. 이렇게 되면 상황은 더욱 악화된다. 따라서 시위 진압 부대장은 고삐 다루는 솜씨가 빼어나야 한다.

로마에 의해 파견된 유대 지역 통치자들은 이러한 능력이 부족했다. 시위대와 부하 대원들의 감정을 동시에 폭발시킨 것이다. 그 결과 유대인 100만여 명이 사망하는 참극이 발생한다.

발단은 이랬다. 유대 총독(플로루스)은 유대인들이 세금을 체납하자, 대신 예루살렘 성전에 있던 보물창고에서 17탈렌트의 금화를 몰수해 버렸다.

2000년 전 탈렌트 통화 가치에 대해선 학자들마다 조금씩 견해가 달라 어느 주장을 따라야 할지 난감하다.

우선 성경을 살펴보면, 1탈렌트는 노예 90명을 살 수 있는 값이었다.(2마카 8,11 참조) 또 신약의 「요한묵시록」은 "하늘에서는 무게가 1탈렌트나 되는 엄청난 우박들이 사람들에게 떨어졌다"고 기록하고 있다.(16,21 참조) 1탈렌트의 무게가 '엄청난'이라는 표현으로 묘사되고 있음을 알 수 있다.

  구체적으로는 1탈렌트가 서민 600명의 일 년 수입을 합친 것이라는 연구도 있고, 육체노동자의 15년치 임금보다 많은 돈이었다는 기록도 있다. 어쨌든, 17탈렌트는 어마어마한 액수였다.

  유대인들은 분노했다. 물론 돈의 액수도 많지만 그보다 더 큰 충격은 성전의 거룩한 보물을 로마가 강탈했다는 사실이었다. 사람은 일반적으로 금전적 손해 혹은 손실은 상황에 따라 어느 정도 감수할 수 있지만, 자존심의 강탈은 절대로 용납하지 못하는 법이다.

  유대인들은 시위대를 조직해 강력히 항의했다. 상황이 이 정도로 확대되면, 지도자는 냉철함을 유지하면서 상황을 정확히 판단해야 한다. 그런데 유대 총독은 최악의 선택을 했다. 유대인들의 항의에 강경진압으로 맞선 것이다.

  그러나 유대인들의 분노는 쉽게 사그라지지 않았다. 단순한 시위가 폭동으로, 폭동은 다시 조직적인 항거로 이어졌다. 문제가 심각해지자, 당시 갈릴래아 지역을 담당하던 유대인 분봉왕 아그리파 2세가 중재에 나섰다.

  "너희가 전쟁을 시작하면 적들은(로마인들은) 모든 유대인들을 학살할 것이다. 소수의 무책임한 행동 때문에 많은 유대인들이 피를 흘리게 된다. 스스로를 위해 성전을 보존하라. 로마인들이 관용을 베풀 것이라는 기대는 하지 마라. 로마는 강대국이다. 너희가 올바른 결정을 내린다면 너희는 평화롭게 살아갈 수 있을 것이다. 하지만 너희가 분노의 감정에 휩싸여 버린다면 너희 모두는 심각한 위험에 빠질 것이다. 진심으로 충고한다. 흥분하지 마라."

하지만 극도로 흥분한 유대인들은 마치 멈추지 않는 폭주기관차처럼 질주를 계속했다. 이 기회에 아예 로마로부터 독립을 해야 한다는 목소리가 생겨나기 시작한 것이다.

로마인 입장에서는 폭도였고, 유대인 입장에서는 민중 궐기였다. 유대인들은 마사다 요새로 쳐들어가서 그곳을 지키고 있던 로마 경비병들을 죽였다. 당시 대제사장 다음 서열이었던 성전 수비대장도 로마와 황제를 위한 제사를 거부하는 등 조직적으로 저항했다.

당황한 것은 유대인 지배계층과 상인 등 기득권층이었다. 그들은 '이대로의 평화'를 원했다. 로마의 지배 하에서 기득권층은 편안한 생활을 향유하고 있었다. 상황이 걷잡을 수 없는 사태로 치닫자 당시 대제사장과 권력자들은 흥분한 급진파를 설득하기 위해 나섰다. 하지만 급진파들은 충고를 무시했다. 결국 유대인은 정치적 입장 차 때문에 둘로 갈라지고 말았다.

상황은 점점 이상하게 꼬여 갔다. 당초 '로마에 대한 유대인들의 항거' 구도가, 이제는 로마를 사이에 두고 유대인들이 둘로 갈라져 싸우는 미묘한 상황으로 발전한 것이다. 기득권층인 대제사장파와 급진파 사이에 돌과 창이 날아다녔고, 심지어 대낮에 길거리에서 육박전이 벌어지기도 했다.

아직까지는 대제사장파와 급진파, 모두 소수였다. 문제 해결의 열쇠는 다수의 부동층이 쥐고 있었다. 대제사장파와 급진파 세력 다툼의 관건은 다수의 부동층을 누가 끌어들이느냐에 달려 있었다.

이런 상황에서는 급진파가 유리하다. 보수적인 사람들은 소란을 원하지 않는다. 하지만 일반적으로 소수 급진파는 다수의 부동층을 끌어들이기 위해 과격한 행동을 한다. 자신들의 생각이 옳다는 것을 강하게 보여 줄 필요가 있기 때문이다. 이 경우 온건파 부동층은 어쩔 수 없이 급진파의 주장에 휩쓸려 끌려가는 경향이 있다.

다수 부동층은 결국 급진파의 손을 들어 주었다. 공문서 보관소를 비롯한 대부분의 관공서들이 불태워졌다. 궁전도 불탔다. 유대인 지도자들과 대제사장들, 부유한 상인계층은 몸을 피해야만 했다.

이때 예루살렘에 주둔하고 있던 로마군은 무엇을 하고 있었을까.

당시 로마군 주력 부대는 카이사리아에 있었다. 유대인들을 자극하지 않기 위해, 예루살렘에는 의장대 수준의 소수 경비 병력만 주둔하고 있었다. 이들 경비 병력은 유대인들이 공격해 오자 왕궁으로 후퇴했지만, 모두 체포돼 살해됐다. 로마군 수비대가 주둔하던 마사다 요새도 급진파 수중에 떨어졌다.

그런데 여기서 의문이 생긴다. 아무리 적은 수였다고 해도 정규 훈련을 받은 로마 군인들이 훈련 받지 않은 유대인 시위대에 의해 그렇게 쉽게 무너졌다는 것이 말이 되지 않는다.

요세푸스(Flavius Josephus, 37~100)의 「유대 전쟁사」를 보면 그 이유를 알 수 있다.

실상은 이랬다. 유대인들은 예루살렘 경비를 책임지고 있던 로마 경비대장에게 "항복하면 살려 주겠다"는 제안을 했다. 로마인에게 있어서 항복은 치욕스러운 일이었다. 하지만 경비대장은 부하들을 살리고 싶었다. 물론 전투를 할 경우 공방전이 될 수도 있었겠지만, 부하들의 안위는 보장할 수 없었다. 유대인들은 유대인대로 시가전이 벌어질 경우 자신들의 피해를 저울질했다. 그래서 항복 권유에 나선 것이다.

이에 로마군 경비대장은 고민 끝에 항복을 했다. 부하들을 위해서였다. 그런데 정작 유대인들은 약속을 지키지 않았다. 로마 군인들이 무장을 해제하자마자 달려들어 모두 그 자리에서 살해했다.

이제 치안 공백 상태가 됐다. 시위대는 유대인 대제사장 아나니아도 붙잡아 처형했다. 이 밖에 다수의 유대인 지도자들이 죽었다. 그동안 로마에 협조적이었다는 이유였다. 기세가 오른 급진파 시위대 및 반란군의 환호성이 예루살렘 성 안에 가득했다.

하지만 이 같은 유대인들의 시위는 타 지역에서 공분을 일으켰다. 예루살렘 이외의 지역에서 유대인들에 대한 보복 학살이 자행됐다. 당시 카이사리아 그리스계 주민들은 유대인들이 예루살렘에서 로마에 항거하는 폭동을 일으켰다는 소식을 듣자마자, 그 증오를 카이사리아 유대인들에게 폭발시켰다.

카이사리아에서 살고 있던 유대인 2만 명이 학살됐으며, 이집트의 알렉산드리아에서는 5만 명의 유대인이 죽었다. 다마스쿠스 시민들도 유대인 1만 5000여 명을 공공경기장에 몰아넣은 후 단 한 시간 만에 몰살해 버렸다. 이 같은 상황은 시리아에서도 마찬가지였다. 당시의 참혹함을 요세푸스는 「유대 전쟁사」에서 이렇게 적고 있다.

"시체들이 매장되지도 않은 채 도시마다 넘쳐났다. 노인들과 아이들의 시체가 뒤엉켜 있었고 여자들의 시체는 벌거벗겨진 채로 나뒹굴었다. 이 땅 전체가 끔찍한 참상으로 가득 차 있었다."

상황이 악화일로로 치닫고 있었다. 드디어 로마군이 움직였다. 문제 해결을 위해 유대 지역을 관할하는 시리아 총독이 직접 나섰다.

예루살렘 경비대가 당한 모욕을 씻겠다는 결의로 가득 찬 로마군이 예루살렘을 향해 천천히 남하하기 시작했다.

당시 로마의 황제는 네로(Nero, 37~68)였다.

+ 로마 티투스 개선문. 로마의 티투스 장군이 예수살렘 성을 함락시킨 것을 기념하기 위해 만들었다.

+ 예루살렘 통곡의 벽. 이 벽의 유래는 헤로데 대왕 시절로 올라간다. 유대인들은 안식일마다 이곳에 와서 기도를 바치며 예루살렘 함락 등 지난 아픈 역사를 기억한다.

예루살렘아, 예루살렘아 …

서기 66년, 로마군은 기세등등하게 예루살렘으로 진군했다.

하지만 첫 단추가 잘못 채워졌다. 1개 레지오(legio, 군단) 병력이면 쉽게 진압될 것이라고 판단한 것이다.

1개 레지오의 병력 수는 전투 상황과 시대에 따라 달라서 일반화하기에 어려움이 있지만, 일반적으로 기병대를 포함해 약 5000~6000명(보조병력 제외)으로 보면 된다. 하지만 유대인 저항군 수는 적어도 3~5만 명이었을 것으로 추정된다. 게다가 유대인들의 저항은 격렬했다.

결국 로마는 첫 전투에서 패해 후퇴하게 된다. 후퇴는 진격보다 어려운 법이다. 유대인들은 후퇴하는 로마군을 또다시 습격해 보병 5300명과 기병 480기를 몰살했다. 1개 레지오 전체를 괴멸시킨 것이다. 유대인들의 기세가 올랐다. 이 기회에 로마의 지배에서 벗어나 독립하자는 목소리가 커지기 시작했다.

하지만 로마는 이빨 빠진 호랑이가 아니었다.

당시 네로 황제는 자신이 직접 만든 노래를 공연하기 위해 그리스에 머물고 있었다. 팔레스타인과 그리스는 뱃길로 지척에 위치해 있다. 그만큼 로마군의 패전 소식도 빨리 전해졌다. 황제는 로마군의 참패 소식에 대노했다.

가까이 있다 보니 대응도 빨랐다. 당대의 명장 베스파시아누스를 총사령관으로, 그의 아들 티투스를 부장으로 임명해 반란군을 진압토록 했다. 이번에는 3개 레지오가 차출됐다. 로마가 맘먹고 편성한 대군이었다. 병력도 정예 중의 정예였다.

유대인들도 이에 맞서서 요세푸스를 지휘관으로 하는 대규모 병력을 갈릴리 북부지역에 집결시켰다. 유대 지휘관 요세푸스는 훗날 로마에 투항, 로마에 가서 귀족의 대우를 받으며 편안한 생활을 보내게 된다. 그는 또 유명한「유대 전쟁사」등을 남기기도 했다.

하지만 당시로서는 로마와 전선을 마주한 유대군의 지휘관이었다. 요세푸스는 유대 저항군을 이끌고 분전했다. 하지만 정예 로마군을 당해낼 수 없었다. 저항군은 일곱 달을 버티다 결국 패배했다. 이때 유대군 사망자가 4만 명, 포로가 1200명이었다.

유대 민족의 역량을 총 집결한 주력군이 무너졌다. 이제 예루살렘 함락은 시간문제였다. 로마군 총사령관 베스파시아누스는 포로로 잡은 요세푸스를 앞세우고 가나안 땅 전역을 차근차근 점령했고, 결국 예루살렘을 포위하기에 이르렀다. 예루살렘은 이제 바람 앞의 등불 신세였다.

그런데 이 시점(서기 68년)에서 전쟁이 중단된다. 네로 황제가 죽었다는 소식이 들려온 것이다. 사령관 베스파시아누스는 다음 황제의 명령을 기다려야 했다. 그래서 자신의 아들이자 부장인 티투스를 새 황제 갈바에게 보냈다. 티투스가 들고 가는 서한 중에는 "예루살렘을 어떻게 할까요?"라는 사령관의 질의서가 들어 있었다.

그런데 상황이 고약해진다. 로마로 향하던 티투스는 도중에 갈바 황제가 죽고 황제가 오토로 바뀌었다는 사실을 들었다. 그런데 이 오토 황제도 불과 석 달 후 사망한다.

로마가 이렇게 혼란에 빠진 틈을 타서 유대인들은 예루살렘 방어전을 위한 시간을 벌 수 있었다. 성벽을 견고히 하고 식량을 비축했다. 하지만 그 평화도 잠시뿐이었다.

시간이 흐르면서 로마도 안정을 찾게 되었다. 우여곡절을 거쳐, 유대 전쟁을 지휘하던 사령관 베스파시아누스가 69년 7월 로마의 새 황제로 추대된 것이다. 새 황제는 자신의 권력 안정을 위해서라도 유대인들의 반란을 확실히 진압할 필요가 있었다.

그래서 예루살렘 점령을 위해 새롭게 4개 레지오를 편성했다. 그리고 자신은 황제 등극을 위해 로마로 향하고(정확하게는 이집트의 알렉산드리아에 머물렀다) 지금까지 자신과 전쟁터에서 고락을 함께했던 사랑하는 아들 티투스를 새로 편성한 군대의 총사령관에 임명했다.

서기 70년 봄, 티투스가 지휘하는 로마 4개 레지오가 예루살렘 성벽 앞에 진을 쳤다. 그리고 작전 구상에 나섰다. 두 가지 방법이 있었다. 전면전을 벌여 단숨에 성을 함락시키느냐, 아니면 장기전을 채택하느냐 하는 것이었다. 그런데 티투스는 부하들을 사랑했다. 단 한 명이라도 죽게 할 수 없었다. 무리하게 공격을 감행할 경우, 예루살렘을 함락할 수는 있겠지만 많은 부하들이 희생될 수 있었다.

그래서 선택한 것이 봉쇄작전이었다. 성을 완전히 포위해 물과 식량이 떨어질 때를 기다린 것이다. 하지만 이는 예루살렘 성 안에 있던 무수한 민간인들의 피해로 이어졌다. 사실 오늘날에도 전쟁이 일어나면 가장 큰 피해를 입는 것은 군인들이 아니다. 어떤 면에선 군인들이 가장 안전할지도 모른다. 가장 큰 고초를 겪는 것은 민간인 여성과 어린이, 노인 등 힘없는 이들이다. 서기 70년 로마와 유대인들의 예루살렘 공성전도 같은 양상으로 전개됐다.

고립된 예루살렘은 시간이 흐르면서 지옥으로 변해 갔다. 유대 저항군들은 식량을 확보하기 위해 성 안에 있던 귀족과 부자 등 민간인들의 재산을 빼앗았다. 이에 저항하면 가차 없이 처형했다. 결국 성 안에서 살아가던 민간인들은 '식량 제로'라는 처참한 상황에 직면하게 되었다. 성 안에는 유대 저항군을 위한 군량미를 제외하곤 거의 먹을 것이 없었다. 물도 서서히 바닥을 드러냈다. 이런 상황에서도 저항군들은 민간인들과 식량을 나누지 않았다. 민간인들이 살 수 있는 방법은 오직 하나, 성을 탈출하는 것이었다. 로마군은 이미 성 주위를 돌며 성을 탈출하는 자에게는 먹을 것을 주겠다며 심리전을 펴고 있었다.

결국 굶주림을 견디지 못한 수많은 유대인이 성을 탈출하기 시작했다. 그러자 저항군들은 성 밖에서 진을 치고 있는 로마군뿐 아니라, 성을 탈출하는 백성들에게도 창을 겨눴다. 그렇게 성을 탈출하다가 수많은 유대인이 죽임을 당했다.

그나마 도망칠 힘이 없었던 여성과 어린아이들은 성 안에서 주린 배를 안고 그렇게 쓰러져 죽어 갔다. 요세푸스가 「유대 전쟁사」에 남긴 당시 기록에 그 참혹함이 잘 나타나 있다.

"여인들은 남편에게서, 자녀들은 부모에게서, 어미들은 자식의 입에서 먹을 것을 빼앗았다. 저항군들도 먹을 것이 필요했다. 그들은 사람들의 입안에 있는 것조차 꺼내게 했다. 아이들이 음식을 물고 놓지 않아 끌려오면, 흔들어서 바닥에 떨어뜨렸다. 허리띠, 장화, 방패에 달린 가죽마저도 떼어 내 씹어댔다. 어린이와 젊은이들은 흉하게 튀어나온 얼굴로 유령처럼 거리를 배회하다가 고통 속에서 탈진하여 여기저기에 쓰러져 죽었다. 죽어가는 이들은 사투 속에서 메마른 눈으로 이를 악문 채 이미 죽은 자들을 응시했다."

그 내용이 워낙 참혹해 여기에 자세히 옮기기 힘들지만, 어머니가 갓 태어난 아기를 살해해 먹는 일까지 벌어졌다.

"온순하고 고상한 여자, … 제 두 다리 사이에서 나온 어린 것들에게도 그렇게 하며, 잡아먹으려 할 것이다"(신명 28,56-57)라는 예언이 사실로 드러난 것이다.

여인은 자신이 먹은 후 남은 일부분을 사람들에게 던지며 이렇게 말했다고 한다.

"내가 이렇게 된 것은 모두 너희들 때문이야!"

어머니가 자식을 살해해 먹은 이 끔찍한 이야기는 성을 포위하고 있던 티투스 장군에게도 전해졌다. 로마 군인들은 이런 극한 상황에서도 투항할 기미를 보이지 않는 저항군들의 잔혹성에 치를 떨었다고 전해진다.

결국 기다리다 못한 로마군이 먼저 작전에 돌입했다. 일부에서는 로마 총사령관 티투스 장군이 예루살렘 성 안에서 참혹한 생활을 하는 민간인을 구하기 위해 작전을 서둘러 전개했다는 연구도 있지만, 이는 다분히 로마 편향적인 시각이다. 하염없는 포위작전으로 로마군도 지칠 대로 지쳐 있었다. 로마군은 일제히 일어나 예루살렘 성으로 진격했다.

하지만 성 공략은 생각보다 쉽지 않았다. 예루살렘 성은 사방을 둘러싼 벼랑 위에 있는 천연 요새였다. 성벽도 견고했다. 그것도 한 겹이 아니라 이중 삼중이었고, 곳곳에 망대와 육중한 벽돌로 지어진 성채가 있었다.

격전이 될 수밖에 없었다. 그 격전의 모습은 요세푸스의 「유대 전쟁사」에 자세히 나와 있는데, 얼마나 상세히 묘사 했는지 그것만으로도 책 한 권을 넉넉히 넘길 정도이다.

마침내 로마군의 끈질긴 공격에 성벽 한 귀퉁이가 무너졌다. 성난 군인들이 성 안으로 몰려들었다. 시가전이 벌어졌다. 그들은 유대인들을 눈에 보이는 대로 살해했다. 마치 그동안 포위공격으로 인한 고초를 분풀이하려는 듯했다. 헤로데가 만들었던 그 화려한 성전이 불타올랐다. 성 안은 지옥으로 변했다. 찬란한 문화를 자랑했던 예루살렘은 이제 유령의 도시로 변했.

당시 로마인 역사가 타키투스는 이 예루살렘 성 전쟁 하나로 인한 사망자와 포로가 모두 6만 명이라고 기록했다. 또 다른 증언인 요세푸스의 기록에 따르면 사망자가 11만 명, 포로가 9만 7000명에 이른다.

특히 전쟁이 일어나기도 전에 예루살렘 성 안에서 굶주림과 처형으로 죽은 사람만 60만 명에 달한다는 기록도 있다. 희생자 대부분은 유월절에 예루살렘 성지를 찾았다가 전란에 휩쓸린 사람들이었다.

비극은 계속되었다. 예루살렘이 함락된 뒤에도 세 군데 요새가 아직 유대인 수중에 있었다. 예루살렘에서 서남쪽으로 30킬로미터 거리에 있는 헤로디온과 사해 동쪽에 있는 마카이로스, 그리고 서해 서쪽에 있는 마사다가 그것이었다.

로마는 서두르지 않았다. 예루살렘 함락에 공을 세운 4개 레지오 중 3개 레지오는 원래 주둔지로 돌려보내고, 나머지 1개 레지오만으로 이들 요새들을 공략했다. 그만큼 로마는 이제 자신만만했다. 그런데 헤로디온과 마카이로스는 이내 무너졌지만 마사다는 3년 넘게 항전했다. 마사다가 이처럼 오래 버틸 수 있었던 것은 물론 저항군의 기세가 높았던 것도 있지만, 로마가 빨리 전쟁을 마무리할 의지가 없었기 때문이라는 것이 더 정확하다. 게다가 마사다는 공략하기 어려운 천연의 요새였다.

로마는 천천히 마사다를 옥죄어 갔다. 결국 마사다의 저항도 960여 명의 남녀와 어린아이들이 굴욕적인 포로 생활을 피해 집단 자살함으로써 막을 내렸다.

한국의 젊은이들은 입대 후 신병 선서를 군 훈련소에서 하지만, 유대 젊은이들은 마사다에 가서 신병 선서를 한다. 그만큼 마사다 요새는 이스라엘에 있어서 저항과 자유의 상징이다.

마사다를 끝으로 모든 유대인들이 로마에 무릎을 꿇었다.

이젠 하느님을 모실 성전도 없었다. 예루살렘에선 더 이상 유대인들의 찬송 소리가 울리지 않았다. 제물 봉헌도, 제의도 없어졌다.

유대교는 이렇게 막을 내리는 것일까.

하느님이 결국 유대인들을 버리신 것일까.

예루살렘 성이 무너지기 얼마 전, 바리사이파 한 사람이 관 속에 몸을 숨겨 몰래 성을 빠져나왔다.

+ 로마의 모든 신들을 모셨던 판테온. 다신교가 주류를 이뤘던 고대 사회에서, 일신교를 따랐던 유대 민족은 유별났다. 이들은 다른 민족과 섞이지 않고 자신들만의 종교와 신앙을 고수했다. 하지만 로마는 이러한 유대인의 일신교까지 끌어안는 관용을 보였다. 로마인들은 유대인들이 주장하는 그들만의 특수성을 인정하고 수용했다. 사회 불안의 원인이 되지 않는 범위 안에서 완전한 종교의 자유를 허락했다. 하지만 유대인들은 끝까지 로마와 융합되지 않았고, 그들에게 저항했다.

+ 예루살렘 함락 이후, 유대 사회에서는 새로운 차원의 메시아 운동이 일어난다. 유대인들은 시몬 바르 코크바 혹은 코시바로 불리던 남자를 메시아로 믿었고, 이 사람을 중심으로 다시 한번 대 로마 저항 운동을 일으켰다. 하지만 유대인들은 또다시 로마에 의해 좌절을 맛보아야 했다. 그들이 믿었던 메시아는 메시아가 아니었다.

메시아?

예루살렘 성에 고립된 유대 저항군은 로마군의 공격뿐 아니라 성 안에 있던 유대인들의 집단 탈출을 막기 위해서도 안간힘을 썼다. 굶주림의 고통과 죽음의 공포에 사로잡힌 수많은 이들이 필사적으로 성을 탈출하려 했다. 이 과정에서 수많은 유대인이 등 뒤에서 던진 동족의 창과 화살에 목숨을 잃었다.

하지만 그 철통같은 감시망을 뚫고 기적적으로 탈출한 한 명의 바리사이파 사람이 있었다. '벤 자카이'였다. 전승에 따르면 벤 자카이는 죽은 사람의 관 속에 몸을 숨겨 성을 빠져나왔다고 한다.

성을 빠져나온 그는 바로 로마군 진영으로 달려가 티투스 장군과 담판을 지었다. 티투스 장군은 이 유대인 지식인을 정중하게 대했다. 벤 자카이는 로마 장군의 학식과 인품에 반했다. 그래서 편안하게 자신의 요구를 말했다. 그는 야브네(오늘날 텔아비브 남쪽)에 율법학교를 열 수 있게 해 달라고 부탁했다.

"예루살렘 성은 이제 곧 무너질 것입니다. 일부 사람들의 잘못된 행동으로 인해 유대인들은 이제 몰살될 처지입니다. 유대인을 불쌍히 여기소서. 이제 저희들은 로마에 순종할 것을 맹세합니다. 저희들이 바라는 것은 오직 하나뿐입니다. 그저 율법을 공부하고 실천할 수 있도록 해 주십시오. 장소는 야브네가 좋겠습니다. 그곳이라면 이곳 예루살렘에서도 멀리 떨어진 곳입니다."

현명한 선택이었다.
벤 자카이는 예루살렘 성이 무너져도 율법과 율법을 가르칠 학교만 있다면 유대 민족을 보호할 수 있다고 믿었고, 그것은 사실로 드러났다. 예루살렘 함락 이후 자칫 유대 민족의 명맥은 꺼질 수도 있었지만, 한 바리사이파 학자의 용감한 행동으로 율법은 보호될 수 있었고, 그 율법을 통해 유대 민족의 명맥도 이어질 수 있었다.

여담이지만, 유대인들의 머리가 똑똑한 이유는 이 율법 학습에 기인하지 않나 생각된다. 모든 공부의 시작은 '암기'에 있다. 영어도, 수학도, 국어도 본질적으로 암기로부터 출발한다. 암기를 통해 많은 재료들이 머리에 쌓여야 거칠지 않게 창의력과 응용력을 발휘하는 것이 비로소 가능해진다.

유대인들은 암기의 천재다. 유대인들은 3세가 되면 히브리어를 배운다. 율법을 암기하고 배우기 위해서다. 특히 13세 때 성인식을 치르기 위해선 모세오경(창세기, 탈출기, 레위기, 민수기, 신명기) 중 반드시 한 편을 완벽히 암기해야 한다. 한국에서 13살 아이에게 「창세기」나 「탈출기」를 완벽하게 암기하라고 하면 아마 불가능할 것이다. 그러나 모든 유대인 청소년들은 이 불가능할 것 같은 일을 해낸다. 이 전통은 지금까지 이어지고 있다. 당연히 어릴 때부터 두뇌가 발달하지 않을 수 없다.

어쨌든, 예루살렘이 파괴된 후 더 이상 속죄의 제사를 드릴 수 없게 된 유대인들은 율법에만 파묻혀 살았다. 로마도 한동안 그런 유대인들에게 다시 관대한 통치로 대했다.

그렇게 평화롭게 62년이 흘렀다. 그런데 이 시점에서 유대인들의 몸이 또다시 근질거리기 시작했다.

유대인은 60여 년 전의 치욕을 잊지 않고 있었다. 물론 '할례 금지' 등 로마 황제가 유대인들을 자극한 면도 없지 않다. 로마인에 대해 복수의 기회를 엿보던 유대인들이 또다시 봉기했다.

그런데 이번 봉기는 이전의 봉기와는 성격이 전혀 달랐다. 결론부터 말하자면 이번에는 '메시아에 의한 봉기'였다.

지도자는 시몬 바르 코크바 혹은 코시바로 불리던 남자였다. 예수는 자신이 하느님의 아들이자 메시아라고 주장했다가 유대인들에게 살해당한 바 있다. 그런데 바르 코크바는 당시 최고의 유대인 학자였던 아키바 벤 요셉(50?~135?)에 의해 메시아로 인정받는다. 그는 유대 사회로부터 인정받은 '공식 메시아'인 셈이다.

이에 다른 많은 바리사이파들도 바르 코크바(별의 아들)라는 이름이 「민수기」 24장 17절에 나오는 메시아 예언을 지칭한다고 해석했다.

당시 유대인들은 기다리던 메시아가 이 땅에 왔다고 믿었다. 그리고 메시아가 왔으니, 당연히 하느님의 왕국이 실현될 것이라고 믿었다. 유대인들은 메시아 코크바를 중심으로 일치했다. 수많은 이가 하느님 왕국을 위해선 목숨까지도 내놓을 수 있다는 순교자적 열정을 드러냈다.

메시아가 함께하시는 데 무엇이 두려운가. 이러한 광적인 열광은 한때 예루살렘 점령이라는 성과로 이어지기도 했다. 그렇게 유대인들은 다시 4년 동안 로마에 대항했다.

로마 입장에서는 용납할 수 없는 일이었다. 오늘날의 영국과 다뉴브강에 주둔하고 있던 레지오를 제외한 12개 레지오 전체가 반란 진압에 동원됐다. 결과는 뻔했다. 봉기를 이끌었던 코크바는 전사했으며, 당시 지식인을 비롯한 추종자들은 모두 처형됐다.

135년에 막을 내린 이번 봉기의 결과는 유대인과 로마의 첫 번째 전쟁보다 더 참혹했다. 삶의 터전이 송두리째 뽑혔다. 로마는 반란군들이 저항의 근거지로 삼았던 50개의 요새를 철저히 파괴했다. 당시 기록에 따르면 985개의 마을과 촌락 그리고 정착지들이 파괴되었으며, 58만 명의 유대인들이 굶주림과 방화, 칼에 쓰러졌다.

문제는 이뿐만이 아니었다. 로마는 더 이상 유대인들에게 관대하지 않았다.

"유대인들에게 더 이상의 자비는 없다. 용서했다가는 언제 또다시 저항할지 모른다."

로마는 아예 유대인 말살정책을 펼쳤다. 예루살렘을 로마의 도시인 '엘리아 카파톨리아'라는 이름으로 재건했다. 유대인들은 더 이상 예루살렘에 사는 것이 허용되지 않았다. 황제는 '유대'라는 민족의 이름도 '시리아-팔레스타인'으로 바꾸었다.

수많은 유대인 전쟁포로가 로마제국의 노예시장으로 쏟아져 나왔다. 4세기 말의 성 예로니모가 베들레헴에서 남긴 기록에 따르면 바르 코크바 봉기 이후 유대인 노예들이 급증해 유대인 노예 한 명의 값이 말 한 마리보다 낮았다고 한다.

"너희 뒤에 일어날 다음 세대의 자손들과 먼 땅에서 올 외국인이, 이 땅의 재난과 주님께서 이 땅을 병들게 하신 질병들을 보고서 이렇게 말할 것이다. 온 땅이 유황과 소금으로 불타 버려 씨를 뿌리지도 못하고 뿌린 씨가 나오지도 못하는구나. 이곳은 어떤 풀도 돋아나지 않아, 마치 주님께서 당신의 분노와 진노로 멸망시키신 소돔과 고모라와 아드마와 츠보임의 처지와 같구나"(신명 29,21-22)라는 예언이 현실로 나타났다.

국가가 성립하기 위한 3대 기본 요소는 영토, 국민, 주권이다. 우선 영토가 없으면 국가가 아니다. 주권을 가진 국민이 있다고 해도 공중부양한 상태로 살아갈 수는 없는 일 아닌가. 마찬가지로 동일성을 지닌 국민이 한 영토에 살고 있어도 주권이 없다면 국가가 아니다. 손발이 묶인 상태에서 국가를 논할 수는 없다. 또한 주권을 행사할 국민 없이 땅만 덩그러니 있어도 그것은 국가라 할 수 없다.

70년 예루살렘 함락 이후에도 유대인들에게는 그나마 영토가 있었다. 그러나 서기 135년 바르 코크바에 의한 봉기가 실패로 끝나면서 유대인들은 주권과 영토, 국민 모두를 잃게 된다. 국가를 구성하는 세 가지 요소가 하나도 남지 않았다. 유대인들의 나라는 이제 역사의 무대에서 사라졌다.

이 정도 상황이면 그 어떤 민족도 버텨내기 힘들다. 세계사를 뒤적이다 보면 그렇게 사라져 간 민족이 하나둘이 아니다. 그러나 유대인들은 이런 극한 상황에서도 살아남았고, 지금까지 자신들만의 문화를 지켜오고 있다. 무엇이 이것을 가능하게 했을까.

이유가 있다. 그것은 유대인들이 '정신'을 지켜냈기 때문이다.

어떻게?

여기서 우리는 미쉬나와 탈무드를 살펴볼 필요가 있다.

+ 유대인들은 더 이상 로마에 대항하는 전사가 아니었다. 토라와 탈무드를 읽으며 삶의 완성을 추구하는 학자로 변신했다. 그런데 세상은 조용히 살고 싶은 유대인들을 조용히 놔두지 않는다. 사진은 모든 율법서의 근간이 되는 모세오경의 주인공 모세를 주보로 모신 이탈리아 베네치아 성 모세 성당.

탈무드

"탈무드가 유명하다고 들었습니다. 탈무드를 빌려 주실 수 없나요? 읽고 돌려드리겠습니다."

만약 유대인이 이 말을 듣는다면 웃을지도 모른다. 무식하다는 소리를 들을 수도 있다. 탈무드는 책가방에 쏙 넣을 수 있는 그런 작은 포켓용 책이 아니다. 탈무드를 빌리려면 경운기가 필요하다. 1만 2000여 쪽에 이르는 방대한 분량이다. 사용된 단어만 250만 개 이상이다. 책을 모두 모으면 그 무게가 75킬로그램을 넘는다. 따라서 우리가 서점에서 쉽게 구입할 수 있는 탈무드는 정품 탈무드가 아니다. 생활에 필요한 지혜만 모은 요약본이다. 이번 기회에 진품 탈무드의 정체에 대해 확실히 알고 넘어가자.

유대인들의 종묘사직(宗廟社稷)이 무너졌다. 바빌로니아 유배와 로마와의 전쟁을 거치면서 유대인들은 하느님께 제사를 바칠 제단도, 그 제단을 감싸는 성전도 잃었다. 예루살렘 성은 폐허가 됐다.
하지만 유대인들은 또 하나의 성전을 가지고 있었다. 바로 '마음의 성전', 즉 율법이 그것이다. 예루살렘 성전은 무너졌지만, 이 마음의 성전은 지금까지도 난공불락(難攻不落)이다.

영국의 경제학자 아놀드 토인비(Arnold Toynbee, 1852~1883)는 이렇게 말했다.

"지구상에 발생한 문명 28개 가운데, 많은 문명이 사라졌고, 또 지금도 사라지고 있지만 단 하나 유대 문명만큼은 지금도 활발히 살아있다."

그 끈질긴 생명력의 바탕에 바로 '마음의 성전'이 있다. 유대교 전통에 의하면 이 마음의 성전, 즉 율법은 두 가지로 나뉜다.

성문 율법(토라)

토라는 십계명을 중심으로 하는 모세오경(창세기, 탈출기, 레위기, 민수기, 신명기)이다. 넓게는 구약성경 전체를 의미하기도 한다.

토라에 대한 유대인들의 신앙은 놀라울 정도다. 그리스도교 신앙인들이 가지고 있는 성경에 대한 경외심을 훨씬 뛰어넘는다.

실제로 유대인들이 가지고 있는 토라는 대부분 필사 토라다. 최근에는 간편한 형식으로 인쇄된 토라가 나오기도 하지만, 직접 손으로 옮겨 쓴 것을 선호한다. 특히 회당에서 읽히는 토라는 반드시 손으로 쓴 것이어야 한다. 그런데 이 토라를 옮겨 쓰는 과정이 매우 복잡하다.

토라의 내용 중에 '하느님'이라는 단어가 나오면 반드시 쓰기를 멈추고 목욕을 한다. 몸과 마음이 깨끗하지 않은 상태에서 '하느님'이라는 단어를 쓸 수 없다고 생각하기 때문이다. 실수로 글자가 틀렸을 경우 덧대어 쓸 수 있는데, '하느님'이라는 단어가 틀렸을 때는 처음부터 다시 써야 한다.

또 특이한 사항은 혼자서 토라를 옮겨 쓰지 않는다는 점이다. 반드시 두 명 이상이 옆에서 지켜보고 있어야 한다. 옮겨 쓰는 과정에서 자신도 모르게 발생할 수 있는 실수와 오류를 막기 위한 것이다. 이렇게 토라 전체를 옮겨 쓰는데 걸리는 시간은 대략 3~5년이 걸린다고 한다. 대단한 정성이 아닐 수 없다. 이렇게 마음과 정성을 듬뿍 담은 토라를 유대인들은 안식일마다 회당에 들고 가 읽고 묵상한다. 왜 이렇게 정성을 들일까.

"나의 종 모세가 너에게 명령한 모든 율법을 명심하여 실천하고, 오른쪽으로도 왼쪽으로도 벗어나서는 안 된다. … 이 율법서의 말씀이 네 입에서 떠나지 않도록 그것을 밤낮으로 되뇌어, 거기에 쓰인 것을 모두 명심하여 실천해야 한다"(여호 1,7-8)는 말씀 때문이다.

■ 구전 율법의 집대성, 미쉬나와 탈무드

유대인들은 모세가 말로 전한 가르침을 수천 년 동안 입에서 입으로 전하며 보존했다. 이 구전 율법이 서기 200년경 위대한 랍비 '유다 하 나지'에 의해 결집되는데, 그것이 바로 '미쉬나'(유대교 최초의 성문법)이다.

보통 사람들은 탈무드만 알고 미쉬나에 대해선 잘 모른다. 하지만 미쉬나는 오늘날 이스라엘 국법의 뿌리일 정도로 유대인들에게는 큰 의미를 지니고 있다. 미쉬나는 6부(농업, 축제, 결혼, 민법과 형법, 제물, 제식) 63편 520장으로 이뤄져 있다. 그런데 원론적 내용만 담고 있어, 일상생활에 그대로 적용하는 데 많은 어려움이 있었다. 그래서 랍비들은 미쉬나를 바탕으로 오랜 기간 토론하고 해석하는 작업을 하게 된다. 이 해석들을 모은 것이 '게마라'이다.

이 게마라와 미쉬나를 한데 모은 것이 바로 탈무드다. 쉽게 말해서(지극히 단순화시키자면) 탈무드는 법령집 미쉬나에 대한 해설 모음집으로 이해하면 된다. 물론 미쉬나를 해설한 게마라를 결집하다 보니 탈무드에는 구약성경에 대한 주석과 함께, 윤리적 교훈, 속담, 격언, 기도문, 비유, 예화, 관습, 전통, 민속, 역사적 사건에 대한 내용 등이 망라되어 있다.

그런데 이 탈무드는 당초 두 가지 판본이 있었다. 서기 425년경 편찬된 예루살렘 탈무드와 6세기경에 완성된 바빌로니아 탈무드가 그것이다. 문체와 형식, 내용에 있어서 서로 많은 차이를 보이고 있는데, 오늘날 우리가 탈무드로 부르는 것은 바빌로니아 탈무드다. 500년경에는 두 탈무드가 각각의 지역에서 독자적 권위를 누렸지만, 훗날 이슬람교의 성장으로 바빌로니아가 중동의 중심지로 부각되면서 바빌로니아 탈무드가 더 권위 있는 것으로 유럽 지역에 알려졌다. 이 바빌로니아 탈무드는 1520년부터 1523년까지 처음으로 베네치아에서 인쇄됐는데, 이때의 판형이 지금까지 변하지 않고 이어져 내려오고 있다.

이제 유대인들은 마음의 성전을 완성했다. 토라와 탈무드 안에서 그들만의 이상향을 추구하고 살았다. 유대인들은 더 이상 로마에 대항하는 전사가 아니었다. 토라와 탈무드를 읽으며 삶의 완성을 추구하는 학자로 변신했다.

그런데 세상은 조용히 살고 싶은 유대인들을 가만히 놔두지 않았다.

유대인들은 세상이 잘 안 돌아갈 때 제일 먼저 그것을 느끼고, 세상이 잘 돌아갈 때에는 맨 마지막으로 그것을 느낀다는 말이 있다. 유대인들은 공기가 심상치 않다는 것을 가장 먼저 감지했다.

+ 이탈리아 베네치아 성 모세 성당 파사드

+ 로마 가톨릭교회의 심장인 성 베드로 대성당

반목과 갈등

이스라엘 초등학생들은 수학에서 더하기 계산을 할 때, 세계 공통으로 사용하는 플러스 기호(+)를 쓰지 않는다고 한다. 조금 생소하게 보일 수 있겠지만, '⊥' 기호를 사용한다. '1+1=2'라고 쓰지 않고 '1⊥1=2'라고 쓴다.

유대인들은 이처럼 그리스도교를 상징하는 십자 문양에 대해 강한 거부감을 가지고 있다. 이스라엘 어디를 돌아다녀도 십자 문양을 볼 수 없다. 또 성탄절에 크리스마스 트리를 찾아 볼 수 없는 곳이 이스라엘이다. 크리스마스 시즌에 이스라엘을 방문한 사람이라면 크리스마스 캐럴을 듣겠다는 생각은 아예 접어야 한다.

특히 커다란 십자 문양이 그려진 가방을 메고 이스라엘을 순례한다면(특히 예루살렘 통곡의 벽을 방문한다면) 유대인들의 따가운 눈총을 받을 각오, 단단히 해야 한다.

왜 그럴까.

그리스도교로부터 받은 상처 때문이다.

사실 기원후 유대인의 역사는, 그리스도교 유럽 사회 그리고 이슬람 사회의 박해의 역사라고 해도 과언이 아니다. 유대인들은 그렇게 쏟은 과거의 눈물을 아직도 잊지 않고 있다. 물론 많은 유대인들이 그리스도교인들과 친하게 지내고 있지만 마음 깊숙한 곳의 앙금은 절대로 버리지 않는다. 마치

많은 한국인들이 일본이라는 나라에 대해 불편한 감정을 갖는 것과 비슷한 것이다.

하지만 유대인들이 잊고 있는 것이 있다. 사람들은 보통 자신의 상처만 생각하는 경향이 있다. 자신이 남에게 준 상처는 쉽게 잊어버린다. 마찬가지다. 처음에는 유대인들이 그리스도인들을 박해했다. 스테파노의 순교(사도 7,54-60)가 대표적 사례다. 예수를 십자가에 못 박은 유대인들은 그리스도교 신자들을 회당에서 내쫓고 박해했다. 바오로 사도도 하늘의 빛을 받기 전에는 한때 그리스도교 신자들을 체포하러 다니던 골수 유대교 신봉자였다. 실제로 바오로는 스테파노를 죽이는 일에 찬성했고,(사도 8,1 참조) 스테파노가 돌에 맞아 죽을 때도 그 현장에 있었다.(사도 7,58 참조)

유대인 노인들은 그리스도교의 확산을 우려하고 걱정했으며, 젊은 유대인들은 폭력으로 박해했다. 이러한 유대인의 그리스도교 박해는 가나안 땅 안에서 뿐만 아니라, 로마제국 전역에서 동시 다발적으로 이뤄졌다. 바오로 사도가 안티오키아에서 선교활동을 하고 있을 때, 유대인들은 유대교에 호의적인 지역 유지들을 선동, 그리스도교인들을 박해하고 추방했다.(사도 13,50 참조)

또 당시 유대인들이 정기적으로 바치던 기도문에는 "진노를 일으키시고 분노를 쏟아 부으시어 적을 쳐부수시고 원수를 없애소서"(집회 36,8-9)라는 부분이 있었다. 이 기도는 당초 사두가이파를 향한 것이었지만, 서기 90년경에 이르면 그리스도인들을 지칭하는 것으로 개작된다. 유대인들은 심지어 대 로마 독립전쟁에 소극적이었다는 이유로 일부 지역 그리스도인들을 집단 학살하기도 했다. 유대인들은 또한 유대교에 호의적이었던 네로 황제의 아내 뽑뻬아(Poppea) 등과 가깝게 지내며 그리스도교인 박해를 교사, 선동하는 데 일정한 역할을 하기도 했다.

이러한 당시 상황은, 마이클 앱티드(Michael David Apted)가 연출한 영국 BBC와 미국 HBO의 합작 드라마 '롬'(Rome, 2006~2007)에서도 잘 나타난다.

그런데 이런 힘의 우위가 313년 콘스탄티누스 대제의 밀라노 칙령 이후, 그리스도교가 점차 로마 국교로 자리 잡으면서 뒤집어지게 된다. 가톨릭교회, 그리스도교의 힘이 유대교보다 우위에 서게 된 것이다. 유대교는 유대인들의 종교였지만, 그리스도교는 당시 세계의 종교였다.

문제는 여기서부터 발생한다. 그동안 받았던 박해 때문에 앙금이 쌓였던 것일까. 초기 교회 신앙인들은 유대인들에 대한 반감이 강했다. 예수 그리스도가 일부 유대인 지도층을 '악마의 자녀'(요한 8,44)라고 지칭한 것을 두고, 당시 신앙인들은 그것을 보편적 의미로 받아들였다. 그리스도교 신앙인들은 또 유대인들이 "그 사람의 피에 대한 책임은 우리와 우리 자손들이 질 것이오"(마태 27,25)라고 말한 책임도 져야 한다고 믿었다. 하지만 예수 그리스도가 유대인을 악마의 자녀라고 비난한 것은 유대인 자체의 문제 때문이 아니었다. 이들이 처음부터 악마의 사주로 살인을 계획했기 때문이다.(요한 8,37 참조)

어쨌든, 유대인들은 점차 고립되기 시작했다. 이러한 변화에 유대인들은 위축됐으며, 강한 불안감을 느끼기 시작했다. 박해하는 입장에서 하루아침에 박해받는 위치가 된 것이다.

물론 가톨릭교회가 처음부터 유대교에 대한 탄압을 조직적으로 전개한 것은 아니었다. 사실 교회는 "유대인들이 예수를 죽인 민족이기에 벌을 받아야 한다"는 주장을 하지 않았다. 그저 "유대인들이 예수의 기적과 삶을 직접 체험했으면서도 그 의미를 깨닫지 못했다"는 차원의 인식이 대부분이었다. 성 아우구스티노(Aurelius Augustinus, 354~430)는 "유대인들의 존재 자체는 하느님 계획의 일부"라고 까지 말했다.

하지만 4세기 초부터 로마제국 전 지역에서 유대인들에 대한 이유 없는 반감이 생겨났다. 많은 그리스도교 설교자가 유대인들은 박해를 받아 마땅하다고 말했고, 민중은 거기에 동조했다.

까다로운 율법에 대한 맹목적 준수와 할례, 생소한 음식 조리법 등은 유대인들을 '독특하고 유별난 민족'으로 보게 했다. 유대인들 몸에는 꼬리가 있다든가, 독특한 냄새가 난다거나, 여자들은 늘 하혈로 고통받는다는 등 헛소문도 유럽 전역으로 퍼졌다. 심지어 유대인들이 악마와 소통한다는 소문도 있었다. 문제는 많은 신앙인이 이를 사실로 믿었다는 점이다. 유대인들은 멸시를 받았으며, 공직에도 나가지 못했다. 유대인 마을은 공공연히 습격과 방화의 대상이 됐다.

로마 황제들도 유대인 박해에 앞장섰다. 7세기에 "로마는 할례를 받은 이들에 의해 파멸될 것"이라는 소문이 퍼지자, 로마 황제는 유대인들에게 강제적으로 세례를 주었으며, 이를 어길 경우 사형에 처했다.

이렇게 유대인들은 혹사당했고, 박해를 받았으며 재산이 몰수되거나 턱없이 많은 세금을 내야 했다. 심지어는 무역에 종사하는 것조차 금지 당했다.

유대인들은 이제 그리스도교라는 이름만 들어도 치를 떨게 되었다. 그리스도를 제일 먼저 접했던 그 유대인들이 그리스도교 신앙인들의 가장 적대적인 대상이 된 것이다.

그런데 이 시점에 유대인들에게 새로운 희망이 싹튼다. 바로 이슬람 세력의 성장이다. 유대인들에게 있어서 아랍인들은 구세주나 다름없었다. 그래서 유대인들은 아랍인들의 유럽 침공에 적극 협력한다.

실제로 711년 아랍인들이 스페인을 침공, 점령하는 데 유대인들의 협력은 결정적이었다. 이러한 공로로 유대인들은 이슬람 제국에서 번영을 누릴 수 있었다. 「유대인의 역사」를 쓴 폴 존슨에 따르면 서기 900년경 이슬람 국가가 된 스페인에는 44개 이상의 도시에 부유하고도 안정적인 유대인 공동체가 있었다.

7~8세기에 걸쳐 순식간에 서양세계의 절반을 정복한 이슬람 전사들은 안정적 자금원인 유대인들이 없어지는 것을 원치 않았다. 게다가 유대인들은 모하메드를 십자가에 매달지 않았다. 유대교는 또 그리스도교처럼 공격적인 교리를 가지고 있지도 않았다. 그리스도교는 아랍인들에게 복음을 전

하려 했지만, 유대인들은 전교에 전혀 관심이 없었다. 식사와 정결에 대한 규정들도 유대교와 이슬람교가 비슷했다. 이슬람교와 유대교는 이질적인 종교가 아니었다. 그래서 한동안 유대인들은 이슬람 궁전에서 의사와 관료로 일하는 등 우호적 관계를 맺을 수 있었다.

하지만 시간이 흐르면서 유대인들을 바라보는 아랍인들의 눈빛이 변하기 시작했다.
아랍인들은 그리스도교 로마제국에 향했던 칼을 이제는 유대인들을 향해 휘두르기 시작했다.
유대인과 아랍인들의 악연은 어쩌면 이때부터 시작됐는지도 모른다.

+ 로마 성 베드로 대성당 큐폴라에서 바라본 베드로 광장

+ 이슬람의 박해를 피해 유대인들은 그리스도교 국가로 피신해야만 했다. 하지만 유대인들을 반겨주는 곳은 없었다. 사진은 니카브(niqab)를 착용한 18세 이슬람 소녀의 모습. 이슬람 여성들의 복장에는 목은 가리지만 얼굴은 가리지 않는 헤자브(hijab), 얼굴과 몸 전체를 가리는 부르카(burqa), 주로 이란 여성들이 입는 검은색 외투 차도르(chador), 얼굴을 가리되 눈은 보이도록 하는 니카브 등이 있다.

이슬람제국 안에서의 유대인들

인류의 영적, 정신적, 문화적 진화 시계는 500년 단위로 작동하는 것일까. '새 계약'(예레 31,31-34)을 선포한 위대한 예언자 예레미야가 활동한 시기는 기원전 500년경이다. 유대교의 기원이 엿보이는 것도 이 시점이다. 그런데 이 시기, 인류는 엄청난 영적·정신적 진보를 전 세계 각지에서 동시에 이뤄낸다.

비슷한 시기에 인도에서는 석가모니가, 중국에서는 공자와 맹자가, 유럽의 그리스에서는 철학의 아버지 탈레스가 활동했다. 우연이라고 보기에는 놀라울 정도로 시기가 일치한다.

그런데 500년 후, 당시 문명 지도로는 세계의 중심에 해당하는 예루살렘에서 진리가 선포된다. 예수 그리스도의 부활을 믿고 따르며, 하느님 나라를 소망하는 신앙이 불꽃처럼 일어났다.

그런데 또 500년 후, 이슬람교가 생겨난다. 마호멧 또는 마호메트, 모하메드 등으로 불리는 무함마드(Muhammad, 570~632)가 제창한 이슬람교를 믿는 무슬림들은 순식간에 유럽과 북아프리카를 공포에 몰아넣었다. 에스파냐(스페인)를 비롯해 그리스도교의 텃밭이었던 이집트와 북아프리카 전역이 무슬림 수중에 떨어졌다.

이 과정에서 많은 유대인이 무슬림의 정복전쟁과 무슬림 사회의 선진화에 협력했다. 그 대가로 유대인들은 자비로운 무슬림 지도자들의 환심을 얻어낼 수 있었다. 실제로 십자군에 의해 유대인들이 고통받던 그 시기, 이슬람의 중심도시 바그다드에선 4만여 명의 유대인들이 28개의 회당과 10개의 랍비 학교를 세웠을 만큼 번영을 누렸다. 북아프리카의 튀니지에선 유대인 대학이 설립됐으며, 그 결과 수많은 학자가 배출됐다.

하지만 이슬람교에는 지하드(성전, 聖戰)라는 개념이 있다. 지하드는 이슬람교를 전파하기 위해 이슬람교도에게 부과된 종교적 의무를 말한다.

많은 이들이 지하드라고 하면 정복전쟁 등 폭력에 의한 지하드로 알고 있다. 하지만 지하드에는 원래 칼에 의한 지하드 외에도 마음과 펜, 지배에 의한 총 네 가지가 있다. 마음의 성전, 펜의 성전, 통치의 성전도 모두 지하드에 포함된다. 하지만 일반적으로는 칼에 의한 지하드가 많이 알려져 있다. 역사를 볼 때 무슬림들이 주로 칼에 의한 지하드를 통해 교세를 확장시켰기 때문이다. 마음과, 펜, 지배에 의한 지하드는 칼에 의한 지하드 다음에 전개되는 것이 일반적이다.

이슬람법에는 성년이 된 모든 남자 이슬람교도는 이 지하드에 참가할 의무가 있다고 규정하고 있다. 지하드 참가자에게는 전리품의 분배가, 지하드로 인한 순교자에게는 천국의 행복이 약속된다.

문제는 지하드가 종식되는 시점이 모든 세상이 이슬람교에 복종할 때라는 점이다. 따라서 이슬람에 복종하지 않는 세력이나 민족, 국가가 단 하나만 있더라도 계속되는 것이 지하드다. 이 점에서 이슬람교는 애초에 포용적인 종교가 아니다. 이러한 비포용이 이제 유대교인들에게 적용되기 시작한다.

근본주의 무슬림들은 유대인들이 무함마드를 진정한 예언자로 인정하지 않는다는 사실을 새삼 기억해낸다. 그들은 다혈질이었고, 과격했다. 그들은 이슬람교를 믿지 않는다는 이유 하나만으로도 유대인들이 박해받을 이유가 충분하다고 생각했다.

결정적 위기는 1013년에 찾아온다. 그동안 유대인들은 스페인에서 평화를 만끽하고 있었다. 하지만 베르베르 무슬림(무어인)들이 스페인 지역 이슬람제국의 주도권을 쥐면서 유대인들은 바람 앞 등불 처지가 된다. 스페인 남부 코르도바에서 수많은 유대인 학자가 형장의 이슬로 사라졌다. 또 다른 스페인 남부 도시 그라나다에서도 유대인 학살이 자행됐다.

무슬림들은 또 유대인들을 구분하기 위해 몸에 노란색 표시를 하도록 했다. 유대인들은 터번을 두를 때 흰색 혹은 검정색이 아닌 노란색을 사용해야 했다. 터번을 두르지 않을 때는 노란색 허리띠를 반드시 매야 했다. 유대인들은 또 회당을 만들 수 없었고, 돈이 많아도 무슬림 노예를 부릴 수 없었다. 심지어 말을 타고 다닐 수도 없었다. 종교생활을 드러내 놓고 한다는 것은 자살 행위였다.

1146년에 오면 상황은 더 심각해진다. 북아프리카 아틀라스의 산악지대에서 발원한 이슬람 근본주의는 알모히드 왕조를 탄생시켰는데, 이 왕조가 유대인에 대한 광적인 탄압에 나선다. 유대인은 개종과 죽음 가운데 하나를 받아들여야 했다. 유대인들은 이제 아주 제한된 경우를 제외하고는(술탄의 지원을 받는 경우를 제외하고는) 무역 활동도 금지 당했다. 1198년 예멘에서는 유대인들이 통치자의 알현 장소에 강제 소집돼 일괄 개종을 강요당했고, 개종하지 않은 이들은 모두 참수됐다.

1121년 무슬림 제국의 수도, 바그다드의 공문서 기록이다.

"유대인 여인들은 작은 종을 옷이나 신발에 착용해야 했다. 잔인한 무슬림 남자들과 여자들이 온갖 저주와 모욕을 퍼부으며 유대인 남자들과 여자들을 각각 다스렸다. … 바그다드의 거리에서 군중들과 젊은이들에게 구타 당하는 유대인들의 모습을 어렵지 않게 발견할 수 있었다."

유대인들은 더 이상 견딜 수 없었다. 그래서 많은 이들이 그리스도교 국가로 이주하기 시작했다. 무슬림 전사들의 정복전쟁을 돕던 그들이 이제 다시 그리스도교 국가들에 구원의 손길을 요청한 것이다.

당대의 연대기 저자이자 랍비인 '아브라함 이븐 다우드'는 당시 상황에 대해 이렇게 기록하고 있다.

"유대인들은 다시 그리스도교도에게 스스로를 의탁했다. 그러자 그리스도교도들은 유대인들이 (무슬림으로부터) 도망칠 수 있도록 도와주었다."

이후 유대인들은 그리스도교 사회에 선진 아랍문명을 전하는 등 긍정적 역할을 했다. 사실 후진성을 면치 못하던 유럽 사회가 선진 아랍문명을 통해 그나마 교양을 갖추게 된 것은 이슬람문명을 전해 준 유대인들의 영향이 컸다. 하지만 그리스도교인과 유대인들의 친밀한 관계는 예외적이고 일시적인 것이었다.

그리스도교 사회 안에서 유대인들의 가장 큰 첫 통곡은 십자군전쟁으로 거슬러 올라간다.

때는 1095년 겨울이었다.

+ '인간은 생각하는 갈대'라는 말로 유명한 파스칼이 태어난 그 고향에서 교황은 십자군 원정의 깃발을 들었다. 예루살렘 성지탈환을 위한 이 전쟁으로 수많은 유대인이 목숨을 잃어야 했다. 사진은 스위스 몽트뢰 시옹성에 전시된 중세 기사의 갑옷.

십자군

1095년 11월 27일, 파스칼(Blaise Pascal, 1623~1662)의 고향인 프랑스 남부 산악지대에 위치한 도시, 클레르몽.

「팡세」에서 인간을 '갈대'에 비유한 파스칼의 고향답게 세상이 온통 갈색이다. 어지럽게 흔들리는 수많은 갈색의 군상들이 평상시와 달리 유난히 음산해 보였다. 갈대들이 바람에 휘둘리고 있었다. 나약하기 그지없는 그 갈대들이 휘둘리고 있었다. 그 혼란스러운 갈색들이 군중들의 눈동자 속으로 뛰어들고 있었다.

교황 우르바노 2세(Urbanus II, 재위 1088~1099)가 도심 외곽 언덕 꼭대기에 마련된 연단에 올랐다. 교황의 등 뒤로는, 파스칼이 말한 그 갈대들이 군상을 이루고 있었다. 교황 앞에는 주교들과 귀족, 시민들이 모여 하명을 기다리고 있었다. 잠시 갈대들의 춤을 응시하던 교황이 이윽고 입을 열었다.

"지금 성지 예루살렘에선 우리 그리스도교인들이 이슬람교도들에게 학대를 당하고 있습니다. 예수 그리스도께서 태어나시고 자라시고 돌아가시고 부활하시고 승천하신 그 땅을 되찾아야 합니다. 이슬람교도와 싸워 우리들의 성지(예루살렘)를 되찾읍시다. 이는 모든 신앙인들의 사명입니다. 주님이 원하십니다!(Deus Vult)"

그리고 교황은 약속했다.

"이번 성전에 많은 젊은이가 참전하길 바랍니다. 대사를 받고 전사할 경우 순교자의 칭호를 받을 것입니다. 이번 전쟁을 하다가 전사하면 천국에 바로 갈 수 있습니다."

군중은 열광했다. 그리고 칼을 들었다. 사회적·종교적 배경은 어찌되었건, 대부분의 귀족 청년은 하느님 땅을 되찾겠다는 순수한 종교적 열정을 가지고 전쟁터로 나갔다. 농민 등 하층민도 천국의 약속을 믿고 전쟁에 참여했다.

예루살렘 성지순례와 천국에 대한 열정에 사로잡힌 그들은 가슴과 어깨에 십자가 표시를 했다. 그래서 세상은 훗날 그들을 '십자군'(十字軍, crusades)이라 불렀다. 제1차 세계대전이 일어났을 때, 미국 청년들이 국가에 대한 열정에 사로잡혀 앞다퉈 군대에 입대했듯이, 당시 젊은 혈기를 가진 유럽 청년이라면 누구나 십자군 원정에 참여했다. 유럽 전체가 성전의 열기로 달아오르고 있었다.

그러나 십자군 안에는 다른 의도를 가진 이들도 많았다. 어떤 귀족은 새로운 영토 지배의 야망에서, 어떤 상인은 경제적 이익에 대한 욕망에서, 어떤 농민은 신분 상승에 대한 희망을 꿈꿨다. 이들의 마음속에는 이 밖에도 모험심, 약탈 욕구 등이 혼재해 있었다.

유대인들은 이때 '설마' 하는 생각을 가지고 있었다. 십자군의 목적지는 예루살렘이었고, 자신들과는 무관한 일이라고 여겼다. 하지만 현실은 달랐다.

십자군은 흥분해 있었다. 특히 북유럽에서 유입된 이들은 난폭하고 거칠었다. 이들은 십자군이라는 대의명분 뒤에 숨어, 약탈과 살인을 서슴지 않았다. 당시 유대인들이 현금을 많이 보유한 것도 그들의 피해를 키운 원인이었다.

일반 군중도 유대인 마을을 습격해 제 몫을 챙겼다. 이들은 죄의식을 전혀 느끼지 않았다. 유대인은 예수를 죽인 민족이었다. 게다가 그들은 그리스도교 국가를 대상으로 하는 정복전쟁에 나선 무슬림 전사들에게 협력한 전력도 있었다.

당시 상황은 12세기 유대인 역사 편집자였던 랍비 '솔로몬 벤 삼손'의 대학살 기록에 잘 나타나 있다.

기록에 따르면, 1095년에서 1096년을 넘어가던 시기, 파리 북서쪽 123킬로미터 지점에 위치한 루앙(이곳은 훗날 잔다르크가 처형된 도시이기도 하다)에서 대규모 유대인 학살이 일어났다. 십자군은 이어 프랑스를 벗어나 독일 지역으로 접어들었는데, 이곳의 유대인들도 예외가 아니었다.

1096년 봄과 여름에는 보름스, 슈파이어, 마인츠, 트리어, 쾰른, 크산텐 등의 유대인 집단 거주지가 파괴됐다. 프라하의 유대인들도 똑같은 피해를 입었다. 이러한 약탈과 살해, 방화에는 공통점이 있었다. 십자군뿐 아니라 일반 시민들도 동참하는 폭동 형식으로 전개됐다는 점이다.

이대로 놔둘 순 없었다.

교회가 즉각 유대인 보호에 나섰다. 해당 지역을 다스리던 황제와 주교들은 십자군의 광기와 통제 불능 상태를 제어하기 위해 노력했다. 가톨릭교회는 무질서를 방관만 할 수 없었다. 쾰른 등 각 지역의 주교들은 신속하게 병력을 투입, 약탈 행위를 금지시켰다. 유대인을 살해하고 재산을 뺏은 주모자를 체포, 교수형에 처하기도 했다.

이러한 가톨릭교회의 적극적 노력은 일정 부분 효과를 보기도 했다. 하지만 대부분 지역에서는 광신적 군중들의 기세에 밀려 제대로 효과를 보지 못했다. 심지어 독일 마인츠의 대주교는 폭동이 걷잡을 수 없이 커지자 동료 사제들과 함께 산으로 피신해야만 했다.

이제 유대인을 보호해 줄 공권력은 없었다. 유대인들은 어쩔 수 없이 마을 단위로 자체 무장을 하고 대항에 나섰다. 하지만 십자군과 군중의 기세를 당해낼 수 없었다. 수많은 유대인 청년이 목숨을 잃었다. 목숨을 건지기 위해선 그리스도교로 강제 개종해야 했다.

전쟁과 폭동, 무질서의 가장 큰 피해자는 여성과 힘없는 어린아이들이다. 전쟁이 일어나면 가장 안전한 사람은 군인일지도 모른다. 비무장한 여성과 어린아이들은 스스로를 지킬 힘이 없다. 혼란기에는 이런 사람들이 가장 먼저, 그리고 가장 심각한 피해를 입는다.

십자군에 의한 피해도 일차적으로 여성과 어린아이들에서 가장 심각하게 나타났다. 당시 독일 지방 쾰른의 대주교는 한 유대인 마을이 습격당하고 있다는 보고를 받았다. 대주교는 호위 부대에게 "여성들만이라도 구해, 우리 성으로 피신시켜라"고 명령을 내렸다. 하지만 대주교의 명령을 받고 마을을 찾아간 병사들은 망연자실할 수밖에 없었다. 남편과 아이들을 잃은 여성들은 이미 집단 자살을 선택한 뒤였다.

그렇게 유대인들의 피를 뒤로하고 진군한 십자군은 출정 4년만에 예루살렘 탈환에 성공했다. 그리스도교 표현으로는 '야만인 이교도들의 말발굽 아래 신음하던 그리스도의 땅을 수복'한 일대 사건이었다. 십자군 병사들은 감격했다.

베들레헴의 예수 탄생지를 찾아가 경배하였으며, 예수가 십자가를 메고 걸었던 그 길을 걸었고, 예수가 잠시 묻혔던 무덤 앞에서 눈물을 떨어뜨리며 기도했다. 예루살렘에 오는 동안 겪었던 수많은 고초들이 한꺼번에 씻어지는 듯했다.

그랬던 그 십자군이 유대인들을 대상으로 만행을 저질렀다. 그들은 이슬람교도뿐 아니라, 예수를 십자가에 못 박은 유대인들도 용납하지 않았다. 십자군은 예루살렘의 유대인들을 회당으로 몰아넣은 후, 불을 질렀다. 무슬림을 따라 피난가지 못한 수많은 유대인이 그렇게 학살됐다.

유대인들의 피해는 여기서 그치지 않았다. 이후에도 십자군 원정은 1400년대 중반까지 8차에 걸쳐 이뤄지는데, 그때마다 유대인들은 큰 피해를 입어야 했다.

차츰 가톨릭교회 내부에서도 이를 개탄하는 목소리가 커지기 시작했다. 베르나르도(Bernardus, 1090~1153) 성인이 "누구든지 히브리인들을 죽이기 위해 손을 댄 사람은 예수님 자신에게 폭행을 가하는 것과 똑같은 중죄를 범하는 것"이라고 호소할 정도였다.

예루살렘 성지 탈환을 호소한 교황 우르바노 2세는 십자군이 예루살렘을 탈환하기 2주 전인 1099년 7월 29일 선종했다.

900년 후(2000년 3월), 교황 요한 바오로 2세는 십자군 원정 등 유대인들에 대한 교회의 잘못에 대해 참회하고 용서를 구했다. 그리고 이렇게 기도했다.

"하느님께서는 아브라함과 그 후손을 선택하시어, 주님의 이름을 만방에 알리게 하셨나이다. 역사를 통하여 주님의 자녀들에게 고통을 안겨 준 사람들의 행위를 깊이 통탄하며 주님의 용서를 청하오니, 저희가 계약의 백성과 함께 참된 형제애의 길로 매진할 수 있게 하여 주소서."('이스라엘 민족에게 지은 죄에 대한 고백' 중에서)

기도는 계속 이어진다.

"아버지께서는 아드님을 통하여 저희에게 원수를 사랑하고 저희를 미워하는 사람들에게 선을 행하며, 저희를 박해하는 사람들을 위하여 기도하라고 말씀하셨나이다. 그러나 그리스도인들은 종종 복음을 부인하고 힘의 논리를 앞세워 이방인과 이민족의 권리를 침해하며, 그들의 문화와 종교, 전통을 멸시해왔나이다. 저희에게 인내와 자비를 베푸시고, 용서하여 주소서!"('사랑, 평화, 인권, 종교와 문화에 대한 존중에 반하여 저지른 죄에 대한 고백' 중에서)

제2부 A.D.

+ 1348년부터 1350년까지 페스트가 유럽을 휩쓸자 유대인들이 우물에 독을 넣어 전염병을 유발시킨다는 소문이 퍼졌다. 실제로 몇몇 유대인이 우물에 독을 넣었다고 자백했지만 이는 고문에 의한 허위자백이었다. 이후 유대인에 대한 대량 학살이 일어난다. 상황이 심각해지자 교황 클레멘스 6세(Clemens Ⅵ, 재위 1342~1352)는 "유대인들도 우리들과 함께 페스트의 고통을 받고 있습니다. 이 고난의 책임은 악마입니다"라는 내용을 담은 교서를 발표했다. 하지만 이성을 잃은 사람들의 귀에는 교황의 말은 들리지 않았다.
사진은 클레멘스 6세 교황이 황제, 추기경 등 사람들의 중앙에 서 있는 모습. 피렌체 산타 마리아 노벨라 성당의 14세기 프레스코화 「성 토마스의 승리」 부분.

저희들은 어디로 가야합니까

1144년 영국의 한 작은 마을에서, 요즘 공포영화에서나 볼 수 있을 법한 소름 돋는 일이 발생했다.

한 농부의 아들인 소년 윌리엄이 실종됐다가 이틀 후 시체로 발견됐다. 시신은 처참했다. 머리카락이 모두 잘린 상태였으며, 피범벅이 된 몸에는 수많은 자상이 발견됐다.

곧 범인을 잡기 위한 수사가 착수됐다. 소년을 마지막으로 본 목격자가 나타났다. 목격자는 윌리엄이 한 유대인의 집에 들어가는 것을 보았다고 증언했다. 또 다른 목격자도 나타났다. 윌리엄이 들어갔다는 그 유대인 집의 하녀였다.

"유대인은 윌리엄을 결박하고, 입에 재갈을 물렸습니다. 머리에는 가시관을 씌웠고, 손과 발에 못을 박았습니다."

목격자의 증언이 조작되었을 가능성을 배제할 수 없었다. 하지만 마을 주민들은 하녀의 말을 믿었고, 곧 흥분했다. 주민들은 당시 떠도는 소문을 떠올렸다. 그 이야기는 이렇다.

유대인들은 만성적인 치질을 비롯해 다양한 질병을 앓았는데, 이를 치료하기 위해 매년 한 명의 그리스도인을 죽여 그 피를 상처 부위에 바른다는 것이다. 이 이야기는 당시 전 유럽에 퍼져 있었다.

흥분한 마을 주민들이 그 유대인을 잡아 당장 죽이려 했다. 하지만 당시 지방관의 제지로 그 유대인은 일단 무사할 수 있었다.

비슷한 일이 1171년 프랑스와 1235년 독일에서도 발생했다.

독일 한 마을 방앗간 주인의 집이 화재로 전소되는 사건이 발생했다. 이 불로 주인의 다섯 아들이 모두 목숨을 잃었다.

사람들은 감당할 수 없는 고통을 겪으면 희생양을 찾기 마련이다. 그래야 스트레스를 줄일 수 있기 때문이다.

평범한 방앗간 주인집 화재의 책임이 엉뚱하게도 한 유대인에게 돌아갔다. 얼마 지나지 않아 유대인들이 그리스도교인의 피가 필요해 방앗간 주인집 아이들을 방화로 죽였다는 소문이 퍼졌다. 32명의 유대인이 모두 체포됐고, 재판도 없이 즉시 살해됐다. 뒤에 황제가 이 사건을 조사했는데, 결과는 무죄였다.

또한 당시 유럽에는 유대인들이 성체를 의도적으로 모욕한다는 소문도 광범위하게 퍼져 있었다. 그리스도의 몸에 다시 고통을 주기 위해 성체를 훔쳐내 뾰족한 못이나 칼로 찌른다는 것이었다.

모함 때문인지, 혹은 사실에 입각한 재판이었는지 확인할 수 없지만, 1209년 파리에선 성체를 모욕했다고 고발당한 유대인이 사형에 처해졌다. 1243년에는 독일 베를린 인근에서도 성체를 훔쳐 이를 악한 목적으로 사용했다는 혐의로 한 유대인이 고발됐고, 역시 사형에 처해졌다. 공교롭게도 사형당한 유대인들은 모두 고리대금업에 종사했다. 많은 사람이 해당 유대인에게 빚을 지고 있었다.

이러한 사태에 이르게 된 것은 그리스도교를 자극하려는 일부 극소수 유대인들의 행동 탓도 있었다. 제4차 라테란공의회(1215년)는 유대인들이 그리스도인들과 구별되는 옷을 입도록 하고, 특히 성주간에는 외출을 못하도록 했는데, 이는 일부 유대인들이 성주간에 의도적으로 화려한 옷을 입고 거리로 나와 그리스도의 수난을 비웃으려고 했기 때문이었다.

어쨌든 유대인들은 지금까지의 피해는 견딜 수 있었다. 하지만 이제 유럽 전역의 유대 민족이 피눈물을 흘리는 사건이 발생한다.

1348년부터 1350년까지 페스트가 유럽을 휩쓸었다. 대참사였다. 기록에 따라 차이를 보이곤 있지만, 당시 전체 유럽 인구의 4분의 1 혹은 5분의 1이 사망했다고 알려지고 있다.

페스트균은 숙주 동물인 쥐에 기생하는 벼룩에 의해 사람에게 전파된다. 그런데 당시 사람들은 전염병의 이름은 물론이고 그 원인조차 몰랐다. 그래서 책임을 엉뚱하게도 유대인들에게 전가시킨다. 유대인들이 우물에 독을 넣어 전염병을 유발시켰다는 것이다. 실제로 몇몇 유대인이 우물에 독을 넣었다고 자백했다. 하지만 이는 고문에 의한 허위 자백이었다.

사람을 죽일 수 있는 모든 방법이 동원됐다. 프랑스와 스위스, 오스트리아, 스페인, 독일 등 전 유럽에서 유대인 학살이 자행됐다. 페스트 피해를 입지 않은 지역에서도 마찬가지였다.

상황이 심각해지자, 교회가 이를 막기 위해 나섰다. 교황 클레멘스 6세(Clemens Ⅵ, 재위 1342~1352)는 "유대인들도 우리들과 함께 페스트의 고통을 받고 있습니다. 이 고난의 책임은 악마입니다"라는 내용의 교서를 발표했다.

하지만 분노한 민중의 귀에는 교황의 말도 들리지 않았다. 300개 이상의 유대인 거주지가 철저히 파괴됐다. 기록에 따르면 독일 마인츠에서 6000명, 프랑스의 스트라스부르크에서 2000명이 희생됐다.

유대인들은 살기 위해 어쩔 수 없이 개종을 해야만 했다. 하지만 당시 유럽인들은 그리스도교로 개종한 유대인들조차도 박해했다. 위장 개종이 간혹 섞여 있었던 것이 문제였다. 이 같은 상황은 스페인에서 더욱 심각했다. 개종했다고 하더라도 최소 일 년 동안 노란색 십자가 모양이 있는 삼베옷을 입어야 했다. 또 개종하지 않는 유대인을 밀고해야 했다. 또한 이들은 직업도 가질 수 없었고, 수염을 기를 수도, 말이나 마차를 탈 수도 없었다. 당연히 감옥에는 유대인들로 넘쳐났다. 수만 명이 가택 연금 상태에서 아사했다는 기록도 있다.

스페인은 유대인 처리에 대해 심각하게 고민했다. 그리고 결정을 내렸다. 추방(1492년 완결)이었다. 이어 유럽 각국에서 유대인 추방 도미노 현상이 일어났다. 이탈리아, 포르투갈, 독일도 유대인 추방에 나섰다. 특히 독일에서의 처지가 고약했다. 독일인들은 유대인들을 '유덴자우'(Judensau)라고 불렀다. 이 말은 '암돼지 유대인'이라는 경멸적인 뜻을 담고 있다. 지금도 독일의 쾰른 대성당에 가면 합창단석 측면에 유대인 두 사람이 죽은 돼지와 함께 있는 그림을 발견할 수 있다.

  인간은 싫어하는 사람과는 한 울타리에서 살고 싶어 하지 않는 법이다. 1500년대 많은 유럽인들은 유대인들이 더럽고, 불결해서 함께 상종해선 안 될 사람이라고 생각했다. 그래서 집단 거주지역을 만들어 그곳에 유대인들을 가두었다. 이것을 우리는 게토(Ghetto)라고 부른다.

  최초의 게토는 1516년 이탈리아 베네치아에서 생겨났다.

+ 최초의 게토는 1516년 이탈리아 베네치아에서 생겨났다. 사진은 베네치아 게토로 들어가는 입구의 다리.

게토(Ghetto)

2002년 한일 월드컵 16강전에서 대한민국이 이탈리아를 연장 접전 끝에 기적적으로 이긴 그날(6월 18일)이었다. 한국인들에게는 축제였던 그날, 유대인들의 나라 이스라엘에서는 비극적인 일이 일어났다.

출근 시간, 예루살렘 시가지 도로는 차로 가득했다. 학생 등 출근하는 시민을 가득 태운 버스 한 대가 횡단보도에서 신호를 기다리며 서 있었다. 그 순간이었다.

"쾅!"

버스는 큰 폭발음과 함께 산산조각났다. 버스 지붕이 떨어져 나갔다. 차체도 형체를 알아볼 수 없을 만큼 부서졌다. 타고 있던 유대인들은 대부분 사망했다. 시신을 수습하기조차 힘들 정도였다.

이틀 전(6월 16일) 이스라엘이 요르단강 서안지역과 가자지구, 동예루살렘 등 팔레스타인 영토와의 경계선에 8미터 높이의 장벽을 쌓는다고 선언한 데 따른 팔레스타인 무장단체의 항의 테러였다.

하지만 유대인들이 어떤 민족인가. 협박이나 테러에 순순히 머리를 숙일 사람들이 아니다. 유대인들은 '벽 쌓기'를 계속 밀어붙였다.

국제사법재판소는 2004년 이 장벽이 국제법을 위반한 것이라고 판결했지만, 이스라엘은 자국민을 보호하기 위해선 어쩔 수 없는 선택이라며 공사를 강행하고 있다. 이로 인해 팔레스타인 지역은 현재 거대한 감옥으로 변해가고 있다.

그런데 아이러니하게도 이러한 유대인들의 '담 쌓기'는 유대인 스스로도 500여 년 전에 직접 당했던 일이다. 자신들이 당했던 일을 팔레스타인 사람들에게 되갚음하고 있는 셈이다. 500년 전 유럽 사회는 유대인들을 격리시키고 담을 쌓았다.
게토(Ghetto)가 그것이다.

게토라는 말의 어원에 대해선 아직도 불분명하다. 사실 유대인 격리는 이미 오래전부터 시행되고 있었다. 1280년 모로코에선 이슬람교도들이 유대인을 격리지역으로 강제 이주시킨 바 있다. 1300년대 중반 페스트가 유럽을 휩쓸자 그리스도교인들은 별도의 지역을 정하고, 유대인들을 그곳에서만 거주토록 했다. 유대인들의 공격으로부터 스스로를 보호한다는 명목이었다. 특히 당시 이탈리아에선 유대인 거주지역을 담장으로 둘러싸 다른 지역과 분리시켰다. 독일의 프랑크푸르트, 체코의 프라하 등지에서도 유대인 격리지역이 생겨났다.
그러나 게토라는 말이 직접 사용된 것은 1516년 이탈리아의 베네치아에서였다. 베네치아의 귀족 '돌핀'에 의해 제안된 게토는 곧 대다수 시민의 호응을 얻었고, 일사천리로 진행됐다. 그해 3월 29일 반포된 베네치아 시의회의 포고령을 보자.

"유대인은 모두 게토에 있는 집단 거주지에서 공동으로 살아야 한다. 문은 아침에 열리며 자정에 보초병이 닫아야 한다. 자정 이후에 유대인은 밖을 다닐 수 없다. 보초병에 대한 급료는 유대인들이 지불해야 한다."

유대인들이 격리된 곳은 한때 주물공장이 있던 곳으로, 섬이었다. 그래서 학자들은 게토라는 말이 주물을 뜻하는 라틴어 게타레(Gettare)의 베네치아 말 '기센', '기세라이'에서 유래한 것으로 추정하고 있다.

게토에 장벽이 세워졌다. 밖으로 연결된 두 개의 통로에는 각각 두 명씩, 모두 네 명의 보초가 배치됐다. 섬 주위에는 여섯 명이 감시용 선박을 타고 수시로 순찰했다. 이들 열 명의 급료는 모두 유대인들이 지불해야 했다. 게토에 수용된 인원은 2412명이었다. 100년 후에는 게토 공간을 넓혀 총 5000여 명의 유대인들을 수용했다.

유대인들은 이를 받아들였다. 저항하지 않았다. 자신들에게 좋은 점도 있었기 때문이다. 게토에 머무르는 동안은 타민족의 폭력으로부터 안전했다. 율법 준수 및 회당에서의 모임도 보장받을 수 있었다. 유대인들로부터 그리스도교인들을 보호하기 위한 취지에서 만들어진 게토는, 동시에 그리스도교인들로부터 유대인들을 보호하는 기능을 했다. 게토는 또 이슬람교도들의 인신매매에서도 안전할 수 있었다. 당시 이슬람교도들은 유대인 납치에 적극 나섰는데, 이는 납치당한 사람을 구하기 위해 유대인 사회가 많은 돈을 지불했기 때문이다.

게토의 효용성(?)이 베네치아에서 증명되자, 유럽 각국은 게토 설치에 적극적으로 나섰다. 이후 18세기에 들어서면서 유럽 각지에 있던 게토는 유대인들에 대한 차별 철폐와 더불어 하나둘 사라졌다. 하지만 러시아와 폴란드, 체코 등지에서는 20세기까지 그 명맥을 유지했다.

그중 가장 유명한 것이 나치 독일이 폴란드 바르샤바에 설치한 게토이다. 높이 3미터, 길이 18킬로미터의 담장으로 둘러싸인 3399평방미터의 게토 안에는 50만 명의 유대인들이 수용됐다.

이때 유대인 젊은이들은 '유대인 투쟁조직'(Jewish Fighting Organization)을 결성, 1943년 게토 안에서 50여 명의 독일군을 사살하고 강제 수용소로 이송될 예정이었던 수많은 유대인들을 구출했다. 하지만 기쁨은 잠시 뿐이었다. 보복에 나선 독일군은 그해 파스카 축일에 게토에 진입, 5만 6000여 명의 유대인을 체포하고 7000여 명을 처형했다. 당시 친위대장 슈트롭은 상부에 이렇게 보고했다.

"이제 예전의 바르샤바 게토는 없습니다."

당시 바르샤바 게토의 처참함을 배경으로 하는 영화가 2002년 로만 폴란스키 감독의 '피아니스트'(The Pianist)이다.

이와 관련, 가톨릭교회는 유대인들이 받았던 박해에 대해 다음과 같이 통탄했다.

"누구를 박해하든지 간에 박해라면 무엇이나 다 교회가 배격한다. 교회는 유대인들과의 공동유산을 상기하며, … 유대인들에 대한 온갖 미움과 박해와 데모 같은 것을 언제 누가 감행하였든지 간에 차별없이 통탄하는 바이

다."(제2차 바티칸공의회 '비그리스도교에 관한 선언' 4항)

오늘날 유대인을 대상으로 하는 게토는 모두 사라졌다. 하지만 게토는 또 다른 모습으로 아직도 이어지고 있다.

유대인들은 지금 팔레스타인 지역을 게토화하는 작업에 진력하고 있다.

+ 폴란드 아우슈비츠 수용소.

+ 루터의 친필문서. 독일 비텐베르크 루터박물관.

희망의 불씨, 그러나 …

"너희 유대인들…."

루터(Martin Luther, 1483~1546)는 두 손으로 머리를 감싸 쥐었다. 유대인들을 용서할 수 없었다.

가톨릭교회에 쇄신을 요청(1517년)한 직후, 그는 유대인들에게 손을 내밀었다. 하지만 호의는 보기 좋게 거절당했다. 유대인들은 루터의 구약성경 이해 수준이 자신들이 가지고 있는 탈무드에 한참 미치지 못한다고 생각했다.

애초에 루터는 가톨릭교회에 쇄신을 요청했을 뿐, 반목할 생각은 없었다. 로마 교황청의 부조리에 대해, 할 말을 했을 뿐이다. 그런데 교회의 반응은 의외로 강경했다. 이에 그는 가톨릭교회 안에서 쇄신하는 방법 대신, 교회와 등을 돌리는 선택을 한다.

그리고 유대인들에게 접근했다. 수 세기 동안 가톨릭 신앙인들로부터 박해를 받은 유대인들이라면 가톨릭교회와 싸우고 있는 자신의 편에 서 줄 것이라고 믿었기 때문이다. 1523년에 소책자 「유대인으로 태어나신 예수」를 집필한 것도 그래서였다. 하지만 돌아온 것은 시큰둥한 반응이었다.

"유대인들…."

루터는 책상 앞으로 의자를 바짝 당겨 앉았다. 그리고 글을 써 내려 갔다. 이렇게 해서 「유대인들과 그 거짓들에 대해」(1543)가 탄생한다. 루터는 이 책에서 유대인의 회당을 불태우고, 재산을 압류하라고 했다. "피에 굶주린 개들"이라는 원색적 표현도 서슴지 않았다.

"유대인은 이 세상에서 그 유래를 찾아보기 힘들 정도로 온갖 타락과 악의에 찌들어 있다. 우물에 독약을 풀고, 아이들을 납치하고…. 한마디로 나쁜 짓만 골라서 하는 그런 부류들이다."
"유대인에 대한 신의 분노는 참으로 크다. 그래서 안일한 자비는 그들을 더욱 간악하게 만들고, 매질을 가해도 조금만 나아질 뿐이다. 그러므로 모두 쫓아내야 한다."

베를린의 유대인 회당이 약탈당했으며, 결국 1572년에는 모든 유대인이 독일에서 추방됐다. 이 같은 유대인 박해는 유럽의 모든 지역에서 광범위하게 이뤄졌다. 가톨릭 신앙인들이 유대인들을 게토에 가두고 행동을 제약했다면, 개신교 신앙인들은 유대인들을 빈털터리로 내쫓았다.

유대인들은 짐 싸는 데 익숙한 유랑민족이다. 그들은 박해를 피해 또다시 짐을 싸서 떠돌았다. 다행히 폴란드와 리투아니아, 우크라이나 등지에서 잠시 동안이나마 숨을 돌릴 수 있었다. 이곳 왕조들이 유대인들에게 우호적이었기 때문이다. 물론 유대인들이 차츰 부를 축적하고 지배계층으로 자리 잡자 농민 봉기가 일어나는 등 파란이 있긴 했지만 대체로 동유럽에서의 유대인 지위는 안정적이었다.

그리고 시간이 흐를수록 유대인 박해를 야만적으로 보는 풍조가 확산되기 시작했다. 이러한 경향은 꿈의 땅, 미국에서 두드러졌다.

1665년 네덜란드령이었던 뉴암스테르담을 네 척의 함대로 빼앗은 후, 뉴욕이라고 이름 고친 리처드 니콜스(Richard Nicolls, 1624~1672)는 뉴욕 초대 총독이 된 후 이렇게 선언했다.

"그 누구도 그리스도교 신자가 아니라는 이유로 괴롭힘을 당하거나 피해를 당할 수는 없다. 법적으로 이들의 지위는 보장되어야 한다."

훗날 미국 독립선언서를 기초한 미국 3대 대통령 토머스 제퍼슨(Thomas Jefferson, 1743~1826)도 「버지니아에 고함」(1782)에서 "종교의 다양성이 물질적이고 정신적인 진보와 자유를 가져다 준다"고 선언했다.

미국은 유대인들에게 있어서 희망의 땅이었다. 노력만 하면 얼마든지 성공할 수 있었다. 독일에서 미국으로 이주한 유대인, 레비 슈트라우스(Levi Strauss, '레비'는 '레위 사람'이라는 뜻이다)가 샌프란시스코에서 텐트용 천과 마차 덮개를 이용해 자신의 이름을 딴 최초의 청바지 '리바이스'를 개발(1853)한 사례는 유명하다. 유대인 레비 슈트라우스는 그렇게 갑부가 됐다.

유럽에서도 의미있는 변화가 일어났다. 17세기에서 20세기 초반까지 유럽 동북부와 중부에는 프로이센(프러시아라고도 불린다)이라는 나라가 있었다. 이 나라의 관리였던 빌헬름 폰 돔(Wilhelm von Dohm, 1751~1820)은 '유대인을 시민으로 올리는 것에 대하여'(1781)라는 글에서 "유대인은 모든 인간들과 똑같이 시민사회의 유용한 구성원이 될 수 있다"며 "주거권의 제한, 직업 금지, 과중한 특별세 등 악법들을 폐지하고 유대인의 시민권을 보장해야 한다"고 주장했다.

모제스 멘델스존(Moses Mendelssohn, 1729~1786, 작곡가 멘델스존의 할아버지)도 '예루살렘과 유대교에 관해'(1783)라는 글에서 "사회 질서를 무너뜨리고 법률을 고의적으로 어기지 않는다면, 누구나 고유한 방식으로 하느님께 기도할 수 있게 해야 한다"고 항변했다.

인식의 전환은 행동으로 나타나기 마련이다.

신성로마제국 황제 요제프 2세(Joseph II, 1741~1790)는 '관용 칙령'(1781)을 통해 유대인을 대상으로 하는 모든 제약들을 폐지했다. 또 1812년 프로이센에서도 소위 '해방 칙령'이 반포됐다. 이로써 프로이센의 유대인들은 시민권을 가진 어엿한 시민이 됐으며, 거주 이전의 자유도 얻었다. 군복무도 가능해졌다.

미국의 링컨 대통령이 남북전쟁에 필요한 군사력을 확보하고, 남부군 후방의 흑인 노동력을 무력화하기 위해 노예해방을 선언했던 것처럼, 프로이센의 유대인 해방령도 대 프랑스 전쟁에 유대인을 동원하기 위한 측면이 없지 않았다. 하지만 미국에서 흑인들이 그랬듯이, 프로이센의 유대인들도 자발적으로 입대했다. 유대인들은 이제 이방인이 아니었다. 동거동락을 함께 하는 이웃이었다.

새롭게 패권국으로 부상한 영국도 유대인들에게 호의적이었다. 영국 외교부가 스위스와 발칸반도 지역에 거주하던 유대인들을 위해 1854년과 1856년에 각각 해당 지역 공사에게 내린 지시는 다음과 같다.
"유대인들은 그들이 처한 독특한 상황에서 벗어나 문명세계의 보호를 받아야 한다. 이들을 보호하는 데 노력하라."
바야흐로 유대인 전성시대가 오는 듯했다. 유대인들 스스로도 일반 사회에 편입될 수 있다는 희망에 부풀었다. 이제는 똑같은 대접을 받으며 사람답게 살 수 있다는 희망의 불씨가 지펴지는 듯했다.

하지만 이러한 생각은 환상임이 곧 드러난다. 숟가락을 들려는데 밥상이 치워진다. 그 대표적 사건이 1894년 프랑스에서 터진다. 많은 프랑스 사람들이 한 유대인을 향해 손가락질하며 말했다.

"너희 유대인들…."

+ 프랑스에서 일어난 드레퓌스 대위 사건은 유대인에 대한 유럽사회의 인식을 단적으로 드러내는 것이었다. 사진은 프랑스 파리 에펠탑.

드레퓌스 대위

　작가 박경리(데레사, 1926~2008)의 대하소설 「토지」가 이야기를 시작하는 연도는 1897년이다. 「토지」의 1부, 1권, 제1편은 이렇게 시작한다.

　"1897년 한가위. 까치들이 울타리 안 감나무에 와서 아침 인사를 하기도 전에, 무색옷에 댕기꼬리를 늘인 아이들은 송편을 입에 물고 마을길을 쏘다니며 기뻐서 날뛴다."

　비슷한 시기, 그러니까 경남 하동 평사리의 대지주 최 참판 댁에 괴나리봇짐을 든 남루한 차림의 젊은 사내(구천, 서희의 삼촌)가 신분을 속이고 찾아온 1894년, 프랑스에서는 유대인들이 경악할 사건이 터진다.
　1894년 12월, 프랑스 파리의 군사관학교 군사법정. 초췌한 모습의 유대인 드레퓌스가 선고를 기다리고 있었다. 재판장이 판결문을 읽어 내려갔다.

　이　　름 : 알프레드 드레퓌스(Alfred Dreyfus)
　직　　책 : 프랑스 포병 대위
　근무처 : 군 최고 사령부 참모본부
　나　　이 : 35세(1859년 10월 9일생)
　죄　　목 : 국가 기밀 유출을 통한 스파이 행위

잠시 동안 침묵이 흘렀다. 이윽고 재판장의 차가운 선고가 드레퓌스의 머리 가운데를 가로지르며 떨어졌다.

"유죄!"

종신형이었다. 계급장과 제복의 단추가 떨어져 나갔다. 차고 있던 칼도 그 자리에서 회수됐다. 드레퓌스는 곧 법정 밖으로 끌려 나왔다. 재판 결과를 지켜보기 위해 몰려든 군중이 외쳤다.

"드레퓌스에게 죽음을! 유대인에게 죽음을!"

동료 군인들에 의해 끌려 나가던 드레퓌스 대위가 외쳤다.

"전 죄가 없습니다. 결백합니다. 프랑스 만세! 프랑스군 만세!"

그러자 군중은 오히려 드레퓌스를 향해 야유를 퍼부었다. 이 재판 모습은 당시 110만부 발행 부수를 자랑하던 '르 쁘띠 쥬르날'지 등 각 언론 매체에 생생히 보도됐다. 프랑스 국민은 분노했다.

하지만 유대인들은 동족인 드레퓌스의 결백을 믿었다. 그의 전력 때문이다. 실제로 유대인 드레퓌스는 한 번도 자신이 프랑스인임을 의심하지 않았다. 조상 대대로 프랑스에서 살아온 탓도 있었지만, 그는 국가에 대한 충성심으로 가득 찬 인물이었다.

11살 때 비스마르크의 독일(프로이센)과 나폴레옹 3세의 프랑스가 벌인 전쟁을 지켜보면서 애국심을 불태운 그는 자진해서 프랑스군에 입대해 사관학교를 졸업하고, 20세에 유대인 최초로 소위에 임관했다. 이후 10년 만에 참모본부 대위로 진급할 정도로 모든 열정을 바쳐 군복무에 임했다.

그러던 그가 독일에 기밀 정보를 넘겼다는 혐의로 체포되어, 종신형을 선고받고, 악명 높은 '악마섬'으로 유배된 것이다. 독일대사관에서 발견된 서류의 필적이 드레퓌스 대위의 필적과 비슷하다는 것 이외에는 별다른 증거가 없었다. 하지만 사람들은 그가 유대인이라는 이유 하나만으로 혐의를 거두려 하지 않았다.

드레퓌스는 이중적인 이방인이었다.

그는 프랑스의 알자스 지방에서 태어났다. 알퐁스 도데(Alphonse Daudet, 1840~1897)의 「마지막 수업」으로 잘 알려진 프랑스 알자스 지방은 프랑스와 독일 국경에 위치한 탓에 국적이 불분명한 곳이다. 일례로 아프리카의 성자 슈바이처 박사는 알자스 태생이지만 지금도 독일인으로 분류된다. 슈바이처 박사가 태어날 당시는 알자스가 독일 영토였기 때문이다. 물론 드레퓌스는 당시 프랑스가 이 지역을 점령한 탓에 프랑스 국적을 가지고 있었다.

그래서 이곳 사람들은 지금도 "나는 프랑스인도, 독일인도 아니다. 나는 알자스인일 뿐이다"라고 말한다. 언어도 프랑스어를 쓰지 않고, 그들만의 언어를 사용한다.

여담이지만 이 알자스의 중심지인 스트라스부르에는 현재 유럽 통합의 상징인 유럽의회장이 자리 잡고 있다. 탁구공 넘어가듯 이 나라 저 나라에 휘둘리던 알자스 지방이 통합 유럽의 행정수도가 된 것이다.

어쨌든 알자스 출신의 드레퓌스는 프랑스인에게 있어서 이방인으로 비춰졌다. 게다가 그는 유대인이었다. 프랑스는 드레퓌스라는 힘없는 한 유대인 이방인을 제물로 삼아, 종신형이라는 굴레를 씌웠다.

그런데 문제가 생겼다. 프랑스 재판부는 난감한 상황에 처했다. 4년 뒤, 진범이 나타난 것이다. 드레퓌스의 가족과 관계자들이 진범을 고발하고, 재판이 다시 열리도록 했다. 드레퓌스가 진범이 아니라는 수많은 증거도 첨부됐다. 하지만 군 당국은 진범을 의도적으로 무죄 석방했다. 게다가 드레퓌스가 억울하다고 주장하며, 물증까지 내놓았던 선량한 동료 중령까지 투옥시켰다. '유대인인데 뭐 어때'였다.

대중도 드레퓌스의 무죄 판결을 받아들일 수 없었다. '이 기회에 유대인들에게 본때를 보여 주자'가 대세였다.

당대의 최고 인기 작가 에밀 졸라(Emile Edouard Charles Antoine Zola, 1840~1902)가 이에 격분한다. 유명한 '나는 고발한다'(J'Accuse, 1898)에서 그는 이렇게 말했다.

"제 의무는 말을 하는 겁니다. 저는 역사의 공범자가 되고 싶지 않습니다."

그런데 에밀 졸라의 글은 오히려 반유대주의의 불씨를 지피는 역할을 했다. 낭트와 낭시, 보르도 등 프랑스 전역에서 유대인들을 대상으로 하는 폭동이 일어났다. 그럼에도 당국은 주모자들 중 그 어느 누구도 체포하지 않았다. 이런 대중 심리를 반영한 듯 프랑스 의회는 서둘러 졸라를 기소했고,

그해 7월 베르사유 중죄재판소는 졸라에게 군법회의의 명예를 실추시켰다는 이유로 징역 1년에 벌금 3000 프랑을 선고했다. 결국, 졸라는 영국으로 망명해야만 했다.

하지만 불씨는 꺼지지 않았다. 드레퓌스를 지지하느냐, 그렇지 않느냐에 따라 프랑스 지도층이 양분됐다. 사회당과 급진당 등 드레퓌스 지지파(결백을 믿는 부류)는 인권동맹을 결성했고, 국수주의자, 군부, 민족주의자 등 반(反) 드레퓌스파(유죄를 지속시키려는 부류)는 프랑스 조국동맹을 조직해 응수했다. 가톨릭교회도 반 드레퓌스파 편에 섰다.

하지만 늘 그런 것은 아니지만, 일반적으로 진실은 승리하는 법이다. 팽팽하던 저울추가 드레퓌스파 쪽으로 기울었고, 드레퓌스는 1906년 최고재판소로부터 무죄 판결을 받고 복권됐다. 드레퓌스파의 승리였다. 드레퓌스가 감옥에 갇힌 지 12년만의 일이었다.

모든 갈등은 씻어지는 듯했다. 그런데 분위기가 이상하게 흘러갔다. 드레퓌스의 무죄 판결이 엉뚱하게도 반 유대주의의 확산으로 이어진 것이다. 당시 상당수 프랑스인들은 드레퓌스가 진범이었다면, 그나마 유대인에 대한 동정심을 가질 수 있었을 것이다.
하지만 12년에 걸친 논쟁 끝에 드레퓌스가 승리하자 대다수 프랑스 사람은 오히려 유대인들을 더 밉상으로 보기 시작했다. 이처럼 유대인을 불편하게 생각하는 사회 분위기는 당시 최고의 지성인이었던 「좁은문」의 작가 앙

드레 지드(Andre Paul Guillaume Gide, 1869~1951)의 일기에서도 잘 나타난다.

"오늘날 프랑스에는 프랑스 문학이라 할 수 없는, 유대인 문학만이 존재하고 있다."

어쨌든, 이 드레퓌스 대위 사건을 바라보는 유대인들의 충격은 엄청난 것이었다. 드레퓌스가 유죄냐 무죄냐가 문제가 아니었다. 이 사건 이후 그들은 국가에 등을 돌린다.

"우리 유대인들은 프랑스와 독일 등, 각자 살고 있는 곳에서 수백 년에 걸쳐 충성을 바쳤지만 결국 돌아온 것은 아무것도 없다. 아무리 국가에 충성해도 국가는 우리를 간첩이라고 말한다."

유대인들 내부에서부터 새로운 목소리가 나오기 시작했다. 그리고 하느님의 약속을 새삼 기억해낸다. '약속의 땅' 가나안에 유대인들만의 나라를 건설하자는 시오니즘 운동이 그것이다.

시온은 「요한 묵시록」에서 "내가 또 보니 어린양이 시온산 위에 서 계셨습니다"(묵시 14,1)라고 말한 그 시온이다. 예루살렘에 있었던 혹은 예루살렘 인근에 있었던 한 언덕을 지칭한 것인데, 정확한 위치는 분명하지 않다.

다윗이 계약의 궤를 옮겨 정치적·종교적인 중심지로 삼았던 시온은 훗날 솔로몬이 성전과 궁전을 건설한 후, 유대 민족의 생활과 신앙의 중심지로서 번영했다. 그 후 시온은 예루살렘뿐만 아니라, 전 이스라엘을 상징하는 곳이 됐다. '시온의 딸'이란 말은 예루살렘 시민, 혹은 유일신 신앙의 자녀를 가리킨다. 신약성경에선 시온을 하느님 도성의 상징적인 용어로 사용했다.

드레퓌스 대위 사건을 비롯한 일련의 박해를 통해 이제 유대인들은 자신들만의 나라를 시온에 건설하자는 원의를 일으키기 시작했다.

이미 하느님께서 약속하신 땅이다. 유대인들의 눈이 팔레스타인 지역을 향하기 시작했다.

+ 프랑스 파리 생트 샤펠성당(Sainte Chapelle) 스테인드글라스

+ 스웨덴 스톡홀름 루터교 대성당의 하누카 촛대.

동상이몽(同床異夢)

여기서 잠깐, 1800년대 후반에서부터 1900년도 초반까지 당시 유럽에 거주하고 있던 유대인들이 처한 상황에 대해 짚고 넘어가자. 프랑스에선 드레퓌스 대위 사건을 통해 유대인들의 불편한 입지가 확인됐다.

그렇다면 다른 유럽 사회의 유대인들은 어떤 처지에 처해 있었을까.

1881년, 러시아의 황제가 죽었다. 유대인들이 황제 살해에 관여했다는 소문이 퍼졌다. 지금의 우크라이나 지역에서 100여 개가 넘는 유대인 정착지가 폐허가 됐다. 실정에 대한 백성들의 분노를 유대인들에게 돌리는 데 성공한 러시아 제정은 이후 유대인 학대에 대한 법적 근거를 착착 마련하기 시작했다. 유대인의 직업과 거주 이전의 자유가 제한됐다.

유대인들은 견딜 수 없었다. 1881년부터 거의 매년 5만여 명이 러시아를 탈출했다. 1891년에는 11만 명, 1892년에는 13만 명이 러시아를 떠났다. 1905년과 1906년 대학살 기간에는 무려 20만 명의 유대인들이 러시아를 탈출했다. 복수심에 불탄 청년 유대인들은 제정 러시아 붕괴를 위한 사회주의 혁명에 뛰어들었다.

유대인에 대한 박해는 러시아뿐이 아니었다.

1881~1994년에 총 80~100만 명의 유대인들이 오스트리아와 루마니아를 떠났다. 유대인들에게 호의적이었던 영국도 유대인 범죄가 증가하자 수많은 유대인 죄수를 호주로 강제 이주시켰다. 찰스 디킨스(Charles John Huffam Dickens, 1812~1870)의 장편소설「올리버 트위스트」(Oliver Twist)가 유대인들을 악인으로 묘사하는 듯한 이미지를 보이는 것도 당시 시대 상황을 반영한 것이다.

러시아 등지에서 탈출한 유대인들이 선택한 새로운 땅은 독일 등 동유럽과 미국 그리고 팔레스타인이었다. 특히 프랑스에는 12만 명의 유대인들이 몰려들었다. 유대인들은 프랑스가 자신들을 받아 줄 거라고 믿었다. 프랑스는 혁명(1789)을 통해 '자유, 평등, 박애'를 부르짖던 나라였기 때문이다.

하지만 프랑스도 냉랭했다. 드레퓌스 대위 사건이 단적인 증거였다. 당시 프랑스에선 유대인을 비판한「프랑스 유대인」(에두아르 드뤼몽, 1886)이라는 책이 불티나게 팔려 나가고 있었다. 유대인들은 엄청난 충격을 받았다. 그리고 절망했다.

프랑스에서 마저 거부당한 유대인들은 새로운 생각을 하게 됐다. 오랫동안 분열되어 있었던 이탈리아도 1861년에 민족적 동질성을 회복, 통일국가를 세웠다. 유대인들은 "우리도 한번?"이라고 생각하기 시작했다.

이때 '약속의 땅' 팔레스타인으로 돌아가자는 시오니즘 운동이 일어난다. 테오도르 헤르츨(Theodor Herzl, 1860~1904)은 "반 유대주의는 사라지지 않을 것이며, 유대 민족이 다른 민족과 함께 어울려 살아가려는 노력은 결국 실패로 끝날 수밖에 없는 착오"라고 생각했다. 그는 「유대인 국가」(Der Judenstaat, 1896)라는 책에서 이렇게 말했다.

"우리는 유럽 사회와 통합하기 위해 노력해 왔다. 우리가 지키고 싶었던 것은 오직 하나, 신앙이었다. 하지만 우리는 여전히 이방인 취급을 받고 있다."

헤르츨의 주장은 열광을 불러일으켰다. 박경리의 대하소설 「토지」가 이야기를 시작하는 1897년 8월 29일, 스위스의 바젤에서 1차 시오니즘 대회가 열렸고, 수많은 이들이 주목했다. 가난하고 소외된 유대인들이 시오니즘에 동조하기 시작했다. 헤르츨 주위에 젊고 다혈질적인 이들이 모이기 시작했다. 이 같은 움직임에는 반 유대주의자들도 찬성했다. 자신들의 나라에서 유대인들을 쫓아내고 싶었기 때문이다. 유대인 학살을 주도한 러시아 내무장관 벤젤 폰 플레베(Wenzel von Plehve)는 "우리는 700만 명의 유대인들을 흡수할 수 있는 독립된 유대인 국가가 탄생하기를 매우 고대하고 있다"라고 말했다.

하지만 이러한 시오니즘은 곧 난관에 부딪혔다. 우선 시오니즘에 찬성하는 유대인 내부에서부터 의견이 엇갈렸다. 시오니스트 중에는 사회주의자, 자본주의자, 종교적 성향이 강한 자, 민족주의자 등이 혼재했다. 신념이 다르면 함께 할 수 없는 법이다.

게다가 시오니즘 자체를 반대하는 목소리도 만만치 않았다. 우선 유럽 각 국의 부유한 유대인들이 이에 반대했다. 랍비 등 종교 지도자들도 시오니즘 은 일고의 가치도 없다고 주장했다. 왜냐하면 시오니즘은 기득권층이 받아 들이기에는 너무 많은 희생을 요구했기 때문이다. 또한 시오니스트 중 상당 수가 사회주의자 등 무신론자였던 점도 걸림돌이었다. 이미 성공한 유대인 들은 작은 불편을 감수하더라도 지금 살고 있는 곳에서 사는 편이 더 낫다 고 생각했다.

특히 독일 유대인들은 독일을 벗어나려고 하지 않았다. 그들은 독일에서 태어나고 독일에서 자란 사람들이었다. 독일에서 성공한 유대인들에게 있 어서 시오니즘은 해결책이 아니라 비겁하게 도망치는 것이었다. 독일 민족 과 유대 민족의 통합은 가능하다는 취지에서 '유대계 독일 중앙협회'(CV)가 1893년 베를린에서 창립됐다. 이들은 독일 유대인의 충성심은 독일을 향해 야 한다고 강조했다.

사실 당시 독일은 유럽, 아니 전 세계에서 가장 높은 수준의 교양을 자랑 하던 국가 중 하나였다.

단연 돋보였다. 범죄율이 유럽의 국가 중 가장 낮았다. 국민 대부분이 글 을 읽고 쓸 줄 아는 나라는 당시로선 독일밖에 없었다. 그리고 당시 세계 최 고의 대학은 모두 독일에 있었다. 유능한 유대인들이 독일로 몰려들었다. 독일이 학문 연구를 위한 최적의 환경을 제공해 주었기 때문이다. 그 결과 1933년까지 독일은 전체 노벨상 수상자의 30퍼센트를 배출했다. 그 수상자의 30퍼센트가 독일계 유대인이었다. 특히 의학 분야 노벨상 수상자 중 유대인은 독일 전체 노벨상 수상자의 50퍼센트에 달했다. 스포츠와 관련해서도 독일 유대인들은 제1차 세계대전이 일어나기 전 20년 동안의 올림픽에서 13개의 금메달과 3개의 은메달을 고국에 안겨 주었다.

1914년 제1차 세계대전이 일어나자, 독일 유대인들은 대부분 독일을 지지한다는 탄원서에 서명했다. 그들은 자신들을 박해했던 러시아를 조국(독일)이 단단히 혼내 줄 것이라고 믿었다. 실제로 유대인들은 1914년 탄넨베르크에서 러시아군을 격파한 독일군이 러시아 지배하에 있었던 폴란드에 왔을 때, 그들을 해방군으로 환영했다.
   독일 병사들은 환영하기 위해 몰려드는 유대인 아이들에게 사탕과 과자를 나눠주었다.

   그랬던 독일이…, 돌변한다.

+ 독일 베를린의 브란덴부르크 문(Brandenburger Tor). 결코 일어나지 말았어야 할 일이 일어났다. 1933년 1월 30일, 어머니를 땅에 묻은 이후 단 한 번도 운적이 없다는 아돌프 히틀러(Adolf Hitler, 1889~1945)가 독일 제국의 총리로 임명됐다.

목 놓아 쏟는 통곡의 전주곡

사람들은 흔히 '홀로코스트'(Holocaust)라고 알고 있다. 제2차 세계대전 중 나치 독일이 자행한 유대인 대학살을 일컫는 말이다. 하지만 이는 그리스도교 유럽 사회가 선택한 표현이다.

유대인들은 홀로코스트라는 말을 쓰지 않는다. 히브리어인 '쇼아'(ha-Shoah, האושה)라는 말을 쓴다. 홀로코스트는 '신에게 바쳐진 제물', '불에 타 버린 번제물'이라는 어원에서 나왔고, 쇼아는 '대재앙'을 의미한다.

1933년부터 1945년 1월 27일 폴란드 아우슈비츠 유대인 포로수용소가 해방될 때까지 600만 명에 이르는 유대인이 학살되었는데, 이는 인간의 폭력과 광기가 어디까지 갈 수 있는지를 극단적으로 보여 준 20세기 인류 최대의 참혹한 사건으로 꼽힌다.

유럽 사회는 이러한 치욕을 그대로 드러내는 '쇼아'라는 말보다는 '번제물'이라는 고상한 의미를 지닌 '홀로코스트'라는 표현을 사용하고 싶었을 것이다. 하지만 피해 당사자인 유대인의 입장에서 볼 때는 '쇼아'라는 말이 더 적절하다. 그것은 말 그대로 대재앙이었다.

그 뿌리는 제1차 세계대전 직후로 거슬러 올라간다.

패전국 독일은 1919년 6월 28일 파리 베르사유 궁전에서 연합국과 조약을 맺는다. '베르사유 조약'(Treaty of Versailles)이 바로 그것이다. 이 조약으로 인해 독일이 입은 피해는 막대했다. 일본이 훗날 전후 보상 과정에서 입었던 미미한 피해와는 대조적이다.

독일은 식민지를 잃었고, 알자스 로렌을 프랑스에 반환하였으며, 자국 영토도 잃었다. 국토 면적은 13퍼센트, 인구는 10퍼센트가 줄었다. 반면 일본은 패전 후 자국 영토도, 국민도 잃지 않았다.

독일은 또 전쟁 도발의 책임으로 연합국에 막대한 배상을 해야 했고, 이로써 경제가 급속히 악화됐다. 게다가 1929년 미국발 경제 공황은 독일 경제를 더 이상 회복 불가능한 절망의 나락으로 내몰았다.

독일인들은 패닉 상태에 빠졌다. 쥐도 구석에 몰리면 무는 법이다. 연합국은 독일의 마지막 숨통은 조이지 말았어야 했다. 궁지에 몰린 독일 국민들은 이제 '될 대로 되라'는 식의 사고방식을 가지게 되었다. 극단적 이데올로기에 관심을 가지기 시작한 것이다. 그리고 자신들의 응어리진 마음을 확 풀어 줄 정치를 요구했다.

전쟁 이전만 해도 독일은 유럽에서 가장 법이 잘 지켜지던 국가였다. 하지만 전쟁은 모든 것을 바꾸어 버렸다. 독일은 폭력이 만연한 국가가 되고 말았다.

이런 와중에 결코 일어나지 말았어야 할 일이 일어났다.

미국에서 루스벨트(Franklin Delano Roosevelt, 1882~1945)가 32대 대통령으로 취임하고, 세계 최초로 아이스크림콘이 발명되고, 일본의 125대 아키히토 천황이 태어나던 그해였다.

1933년 1월 30일, "어머니를 땅에 묻은 이후 단 한 번도 운 적이 없다"고 스스로 말한 그 히틀러(Adolf Hitler, 1889~1945)가 독일제국의 수상으로 임명된다. 유대인에 대해 개인적 반감을 가지고 있었던 히틀러는 국민들의 울분을 해소할 대상으로 유대인을 이용했다. 유대인을 제거해야 한다는 연설은 전후 비참한 독일의 속죄양을 찾고 있던 국민의 마음을 움직였다.

하지만 유대인들은 순진했다. 쾰른에서 상점을 운영하고 있었던 한 유대인 상인은 날로 악화되고 있는 정황 속에서도 태평스럽게 이런 말을 했다.

"제1차 세계대전 당시 유대인들은 독일을 위해 피를 흘렸습니다. 우리도 독일인입니다. 우리는 우리에 대한 독일의 신의를 믿습니다. 우리는 두렵지 않습니다."

하지만 히틀러의 생각은 달랐다.

그는 일부 유대인들의 매춘사업과 당시로선 치료제가 개발되지 않았던 매독(syphilis)을 연결시켜 유대인들이 게르만 민족의 혈통을 타락시키고 있다고 주장했다. 히틀러는 유대인들이 성적 접촉을 통해 독일 민족을 위협하고 있다고 생각했다. 이런 어처구니없는 선동이 독일 국민들에게 통했다는 사실이 아직도 믿어지지 않는다.

이런 가운데 1935년에 그 유명한 '뉘른베르크 법'이 제정됐다. 유대인 학살의 최초 법적 근거가 된 이 법은 독일인과 유대인을 철저히 분리시켜 놓았다. 이 법의 전문은 독일 혈통의 순수성을 독일 민족이 존재하기 위한 전제 조건으로 규정하고 있다.

법 내용을 보면 기가 막힌다.

1조 1항에서는 독일인과 유대인의 결혼을 금지하고 있다. 자국에서 뿐만 아니라 외국에서의 결혼도 무효화했다. 독일인과 성관계를 가진 유대인은 강제 수용소로 보내졌다. 성관계를 맺은 독일인도 석달 동안 정신교육을 받아야 했다.

4조 1항은 점입가경이다. 이 조항은 유대인이 독일 국기를 게양하는 것을 금지했다. 법을 어긴 자는 강제 노동형에 처해졌다. 유대인은 더 이상 독일 국민이 아니었다.

상황은 점점 악화되어 갔다. 1938년 독일과 오스트리아의 합병으로 오스트리아 유대인들도 독일법의 적용을 받게 됐다. 모든 유대인 남자는 공식 문서에 이름과 성 사이에 '이스라엘'을, 여자는 '사라'를 써넣어야 했다. 유대인이라는 것을 표시하기 위해서였다. 10월에는 모든 독일 유대인의 신분증이 회수됐다.

그제야 상황을 파악한 수많은 유대인들이 독일과 인접한 폴란드로 피신했다. 하지만 폴란드는 국경을 열어 주지 않았다. 1만 5000여 명의 유대인이 국경에서 노숙을 하며 추위와 굶주림에 시달려야 했다.

이때 엄청난 사고가 터진다. 17세의 한 청년 유대인이 파리 주재 독일 대사관의 참사관을 살해한 것이다. 독일의 유대인 학대에 대한 한 젊은 유대인 청년의 항거였다. 하지만 이 사건은 독일에게 유대인 학살을 정당화할 핑계거리로 작용했다. 1938년 11월 9일과 10일 이틀 사이에 독일과 오스트리아에 있었던 수백여 곳의 회당이 불에 타고, 8000여 곳의 유대인 상점이 약탈당했으며, 2만 5000여 명의 유대인이 강제 수용소로 끌려갔다.

수많은 유대인들이 눈물을 흘렸다. 하지만 앞으로 닥칠 고난에 비하면 지금까지의 고통은 아무것도 아니었다.

이제 유럽 전체가 전쟁의 소용돌이에 휩싸이게 된다. 1939년 9월, 독일의 폴란드 공격으로 제2차 세계대전이 시작됐다. 포성이 폴란드를 뒤흔들었다.

그 포성은 '목 놓아 쏟는 통곡'(cry unrestrainedly)의 전주곡이었다.

+ 독일 베를린 홀로코스트 추모공원(Holocaust Memorial to the Murdered Jews of Europe). 유럽에서 직접 혹은 간접적으로 나치의 통제 아래 있었던 유대인은 약 900만 명이었다. 나치는 이들 가운데 600만여 명을 학살했다.

학살

1941년 7월 말, 아우슈비츠 수용소에서 한 수감자가 탈출했다. 수용소에 비상이 걸렸다. 수감자들도 공포에 떨었다. 수용소 규칙에 따르면 한 사람이 탈출하면 다른 죄수 열 명이 끔찍한 지하 감방에서 굶어 죽어야 했다. 아사 형벌이다.

수용소장은 모든 죄수들을 불러 세워 놓고 아사 감방으로 갈 희생자 열 명을 무작위로 골라냈다. 수용소장이 가리킨 손가락 끝은 바로 죽음을 의미했다. 죽음을 선고받은 사람들은 다리에 힘이 풀려 바닥에 그대로 주저앉았다. 그들은 울면서 동료들과 마지막 작별을 나눴다. 그런데 그 열 명 안에 '프란치스코 가조브니체크'라는 사람이 있었다. 그가 갑자기 울부짖으며 말했다. 그는 죽음을 받아들이지 못했다.

"저에게는 아내와 자식들이 있습니다. 죽기 싫어요!"

독일 병사가 절규하는 그를 억지로 끌고 가려던 순간이었다. 한 사람이 앞으로 나섰다.

수인번호 16670, 막시밀리아노 마리아 콜베 신부(St. Massimiliano Maria Kolbe, 1894~1941)였다.

"제가 대신 죽겠습니다."

콜베 신부와 다른 9명이 아사 감옥에 갇혔다. 사람들이 굶주림 속에서 하나둘 죽어 갔다. 하지만 콜베 신부는 2주 이상 물과 음식 없이 생존했다. 그러자 기다림에 지친 독일군은 콜베 신부를 포함한 나머지 생존자 4명에게 독약을 주사했다.

콜베신부는 잠시 몸을 부르르 떨더니 이내 움직이지 않았다. 1941년 8월 14일, 당시 그의 나이 47세 였다. 콜베 신부의 시신은 이튿날인 8월 15일, 수용소 내 한 화장터에서 소각됐다. 평생 동안 깊은 성모 신심 안에서 머물렀던 콜베 신부의 몸은 그렇게 성모승천대축일에 한 줌의 재가 됐다.

안네 프랑크(Annelies Marie Frank, 1929~1945)는 1942년 6월 12일, 자신의 13살 생일날부터 일기를 쓰기 시작했다. 안네는 그 일기장에 이렇게 적고 있다.

"자전거를 타고, 춤을 추고, 휘파람을 불고, 세상을 보고, 청춘을 맛보고, 자유를 만끽하고 싶어요."

비슷한 또래의 아이들이 할 수 있었던 것을 소녀는 하지 못했다. 꿈 많은 소녀 안네는 언제 끌려갈지 모르는 공포 속에서 그렇게 2년을 숨어서 지냈다. 살기 위해서였다.

1929년 독일 프랑크푸르트에서 은행가인 아버지 오토 프랑크과 어머니 메디트 사이에 태어난 안네는 독일에서 유대인 학살이 만연하자 가족들과 함께 네덜란드 암스테르담으로 피신했다. 안네는 아버지가 마련한 네덜란드의 프린센흐라흐트 263번지 건물 창고에서 언니와 어머니를 비롯해 모두

8명과 함께 숨죽이며 살았다. 하지만 1944년 8월 4일 결국 나치 비밀경찰에 의해 은신처가 발각되었다. 안네는 함께 붙잡힌 사람들과 함께 아우슈비츠로 끌려갔다. 하나둘 가스실에서 죽어갔다.

안네의 언니를 욕보이려던 독일 경비병에게 대들던 어머니도 사라졌다. 1945년 3월경, 아우슈비츠에서 베르겐벨젠 수용소로 이송된 안네와 그의 언니는 열악한 수용소 환경을 견디지 못하고 장티푸스로 쓰러졌다. 한두 달만 버텼으면 해방을 맞을 수 있었지만, 소녀의 가녀린 몸은 너무 지쳐 있었다. 안네가 살아 있다면 지금 92세 노인이 됐을 것이다.
꽃잎이 피기도 전에 졌다.

전사자 2500만여 명, 민간인 희생자 4000만여 명. 인류 역사상 가장 많은 인명 피해와 재산 피해를 남긴 그 참혹했던 전쟁이 성모 신심 충만했던 한 사제를 죽음으로 내몰았다. 그리고 한 소녀의 꿈도 앗아갔다.
첫 방아쇠는 독일이 당겼다. 1939년 9월 1일 새벽 4시 40분이었다. 독일이 폴란드를 침공했다. 1300만 명의 독일군이 2400여 대의 전차로 구성된 6개 기갑사단, 1180대의 전투기, 600여 대의 폭격기의 지원을 받으며 폴란드 국경으로 밀려들었다.

폴란드는 이에 50만 명의 병력으로 맞섰다. 중과부적(衆寡不敵)이었다. 게다가 적은 수의 병력을 전술적·효과적으로 이용하기 위해선, 주요 요충지를 집중 방어했어야 했는데, 넓은 국경선에 퍼져 분산 방어하는 전략적 실수를 저질렀다. 폴란드는 또 독일 전차에 기병여단으로 대응했다. 기병여단이 몇몇 전투에서 일정 부분 전과를 올리기도 했지만, 건초에 의지하는 말(馬)은 기름으로 움직이는 전차에 장기전에서 밀릴 수밖에 없었다.

결국 전쟁 개시 이후, 독일은 한 달도 채 안 돼 폴란드 전역을 점령했다. 이후 폴란드는 제2차 세계대전 기간 동안 인구의 20퍼센트가 살해당하는 참극을 맞게 된다.

문제는 당시 폴란드에 살고 있던 300만여 명의 유대인들이었다. 독일과 독일이 점령한 지역의 유대인들의 삶은 비참했다. 저녁 8시 이후 외출이 금지됐다. 대중교통도 이용할 수 없었다. 걸어 다녀야 했다. 모든 가정집의 전화기가 압수됐으며, 공중전화박스에는 '유대인 사용금지'라는 경고 문구가 붙었다.

유대인은 식량 배급에서도 제외됐다. 가지고 있던 것을 서로 나눠 먹으며 하루하루를 버텼다. 배고픈 것은 그나마 쓰린 배를 움켜쥐며 버틸 수 있었다. 가장 견디기 힘들었던 것은 '차별'이었다.

6세 이상 모든 유대인들은 가슴에 노란색 바탕에 검은색으로 '유대인'(Jude)이라는 글씨가 적인 다윗의 별을 착용해야 했다.

미국작가 너대니얼 호손(Nathaniel Hawthorne, 1804~1864)의 「주홍글씨」(The Scarlet Letter)에서, 여자 주인공 헤스터 프린(Hester Prynne)은 간통을 의미하는 'A'(Adultery) 자를 가슴에 달고 일생을 살라는 형을 선고받는다. 하지만 마을 사람들은 뒤에 헤스터 프린의 가슴에 달린 이 주홍글씨 'A'를 천사(Angel) 혹은 유능한, 훌륭한(Able)의 의미로 받아들인다.

유대인들의 가슴에 달린 다윗의 별은 주홍글씨였다. 다윗의 별 그 자체는 영광과 명예의 상징이었지만, 독일인들이 유대인들의 가슴에 강제로 단 다윗의 별은 비난과 멸시의 상징, 그 이상도 이하도 아니었다. 다윗의 별은 특히 유대인들을 고립시키는 작용을 했다. 안네 프랑크는 은신처로 이동하는 과정에서 있었던 일을 일기에 이렇게 적었다.

"네덜란드 사람들이 우리들을 가엾게 보았지만, 노란별을 단 우리를 그들은 도와주고 싶어도 돕지 못했다."

유대인들은 절규했다. 하지만 세상 그 누구도 유대인들을 도와주지 않았다. 사실 그 누구도 독일의 광기를 막을 수 없었다.

독일은 브레이크가 파열된, 질주하는 기관차였다. 유대인 학대의 수위는 점점 높아졌다. 아무도 막을 수 없었다. 어차피 독일 스스로가 파열시킨 브레이크였다.

수많은 유대인들이 극도로 열악한 환경에서 강제 노동에 시달려야 했다. 죽을 때까지 일해야 했다. 당시 독일 점령지역에는 1634개의 집단 수용소와 900개의 강제 노동 수용소가 있었는데, 많은 수의 유대인들이 그곳에서 굶주림과 과도한 노동으로 죽어갔다. '강제 노동 수용소 = 죽음의 수용소'였다. 노동의 강도는 가히 살인적이었다. 강제 노동에 동원된 노동자들의 수용 이후 평균 수명이 석 달에 불과했다는 기록도 있다. 이는 사고나 자살, 체벌에 의한 죽음을 제외한 수치다.

독일군은 유대인 죄수가 아름다운 목소리를 가지고 있다는 소리를 듣고, 그 유대인을 다이너마이트가 설치된 바위 위에 올려 세웠다. 그리고 '아베 마리아'를 부르게 했다. 유대인이 노래를 부르는 동안 바위는 폭파됐다. 한 수용소의 장교는 유대인을 찢어 죽이기 위해 사나운 개를 기르기도 했다. 죽을 때까지 모래를 목구멍으로 쑤셔 넣는 만행도 저질렀다. 죽이는 이유는 단순했다. 담배를 피우다가 걸려도, 허락 없이 물을 마셔도 죽였다. 경례를 잘하지 못해도, 동전 등 개인 용품을 가지고 있다가 발각돼도 죽였다.

그나마 아직 수용소로 끌려가지 않은 유대인들도 1941년에는 이주 금지령이 내려져 목숨이 경각에 달리기는 마찬가지였다. 다행히 그 전에 독일과 폴란드를 빠져나가 목숨을 구한 행운아들도 있었다.

이들 가운데에는 마르틴 부버(Martin Buber, 1878~1965), 에리히 프롬(Erich Pinchas Fromm, 1900~1980), 발터 벤야민(Walter Bendix Schonflies Benjamin, 1892~1940), 에른스트 블로흐(Ernst Bloch, 1885~1977) 등의 철학자와 이론물리학자 알베르트 아인슈타인(Albert Einstein, 1879~1955) 등이 있었다. 하지만 이들은 28만여 명에 불과하다. 도망치지 못한 유대인들은 꼼짝없이 앉은자리에서 죽음을 맞이해야 했다.

광기(狂氣, insanity)였다. 독일은 이제 단순히 강제 노동을 통해 유대인을 죽음으로 내모는 것에서 한 단계 더 나아갔다. 아예 민족 전체를 학살하는 작전에 나선 것이다. 영국의 저널리스트 폴 존슨(Paul johnson)은 저서 「유대인의 역사」에서 "히틀러는 전쟁을 유대 민족 학살을 위한 면허장으로 간주했다"고 말했다.

학살은 두 가지 방향에서 동시다발적으로 진행됐다.

첫 번째가 군인들에 의한 유대인 소탕작전이었다. 유대인 말살만 전담으로 하는 부대가 별도로 창설됐다. 이 부대들은 전선에서 싸우지 않는 이상한 부대였다. 그들의 임무는 오직 유대인 학살, 하나였다. 자료에 따라서 다섯 개 부대였다는 기록도 있고, 십여 개 부대에 달했다는 기록도 있다.

이들 부대들은 독일의 소련 침공과 동시에 활동을 시작했다. 당시 소련 통치하에는 500만 명의 유대인이 있었다. 1941년 10월 중순에서 12월 초까지 이뤄졌던 첫 번째 유대인 소탕작전에서 이들 부대들은 30만 명의 유대인을 학살하는 임무를 완수했다. 이후에도 네 번 혹은 다섯 번에 걸쳐 더 이뤄진 이 작전을 통해 총 90만 명 이상의 유대인이 희생됐다.

이들은 잔혹했다. 심지어 한 명의 장교와 21명의 사병으로 구성된 부대가 현 라트비아의 수도인 리가(Riga)에서 1만 600명의 유대인을 사살하기도 했다. 우크라이나 키예브(Kiev)에서는 두 개 소대가 3만 명 이상을 죽였다.

하지만 가혹한 노동이나 총과 수류탄, 칼로 죽이는 것은 한계가 있었다. 독일은 더 빨리, 더 많이 죽이고 싶었다. 그래서 별도의 대량 학살 방법을 고안하게 된다. 나치 친위대는 일산화탄소와 청산가리로 만든 살충제 등 수많은 가스를 만들었고, 이를 사람을 대상으로 실험했다. 실험 대상은 물론 전쟁 포로와 유대인들이었다. 그 결과 일산화탄소가 가장 유용하다는 결과를 얻었다.

만반의 준비가 끝나자 학살 수용소가 속속 건설됐다. 최초의 학살 수용소는 헬므노였다. 이어 아우슈비츠, 벨제트, 마이다네크, 소비보르, 트레블랑

카가 건설됐다. 이 수용소에서 유대인들은 집단으로 학살당했다. 폴란드 바르샤바에서는 순전히 학살을 위해 매일 6000명씩 유대인을 선발해 이동시키는 수용소행 열차가 운행됐다. 가스실은 '샤워실'로 불렸다. 유대인들이 샤워를 한다는 말을 듣고 가스실로 향했기 때문이다. 유대인들이 가스실에 도착하면 독일인 의사들이 가스를 주입했다. 아우슈비츠에는 다섯 개의 가스실이 있었다. 하루에 6만 명을 살해할 수 있는 시설이었다. 아우슈비츠에서만 그렇게 200만 명 이상의 유대인이 살해됐다.

이렇게 노동 수용소와 살인, 가스 등을 통해 죽은 사람이 모두 593만여 명이다. 당시 유럽에서 직접 혹은 간접적으로 나치의 통제 아래 있었던 유대인은 약 886만여 명이었다. 나치는 자신의 손아귀에 있었던, 죽일 수 있었던 유대인의 67퍼센트를 죽였다.

눈앞에서 벌어지는 이런 비극을 뻔히 보면서도 유럽 사회는 침묵했다. 가톨릭교회도 침묵했다. 당시 바티칸은 유대인 학살에 대해 한마디 발언도 하지 않았다. 1943년 9월부터 1944년 6월까지 독일이 로마를 점령하는 기간 동안, 독일은 교황이 보는 앞에서 약 2000명의 유대인들을 아우슈비츠 등으로 실어 갔다. 이들 중 십 여 명만 제외하고 모두 살해됐다. 물론 교황이 바티칸에 477명의 유대인을 대피시키긴 했지만, 이는 지극히 소극적인 태도였다.

반면 핀란드는 독일의 동맹국이었음에도 자국에 거주하는 2000여 명의 유대인들을 독일에 넘겨주지 않았다. 덴마크 또한 자국 내 유대인 5000명을 모두 스웨덴으로 대피시키는 데 성공했다.

이러한 무관심 속에서 폴란드 유대인의 90퍼센트 이상이 살해됐다. 벨기에에선 6만 5000명의 유대인 가운데 4만 명이 죽었다. 네덜란드에서는 70퍼센트 이상의 유대인이 학살됐다. 우크라이나, 유고슬라비아, 루마니아, 노르웨이에서는 거주 유대인의 50퍼센트 이상이 죽었다. 그리스에서는 6만 명의 유대인 중 5만 4000명이 살해돼, 고대로부터 이어온 그리스 유대인 사회가 붕괴됐다.

독일인 교황 베네딕토 16세는 지난 2006년, 아우슈비츠 수용소를 방문해 이렇게 말했다.

"신과 인간에 대한 범죄입니다. 전례가 없는 대량 학살 범죄입니다."

그리고 한참 동안 말을 잇지 못했다.

+ 독일 본 대성당.

+ 이스라엘 국기. 한국이 해방을 맞은지 3년 뒤인 1948년, 이스라엘은 그해 5월 14일 독립 선언서를 낭독했다. 유대민족의 2000년 방랑이 막을 내리는 데는 15분 밖에 걸리지 않았다. 파랑과 하양은 중동지역의 땅과 아브라함의 고향 유프라테스강을 의미한다. 중앙의 별 모양은 다윗왕을 상징한다. 1897년 장차 세워질 시온주의 국가를 상징하는 문양으로 채택됐으며, 1948년 독립할 때 정식 국기로 제정됐다.

건국

1963년 제35회 아카데미 시상식에서 작품, 감독상 등 일곱 개 부문을 수상한 데이비드 린(David Lean) 감독 영화 '아라비아의 로렌스'(Lawrence of Arabia)는 상영 시간이 4시간에 가까운 대작이다.

그 내용은 이렇다. 제1차 세계대전 막바지에 영국은 수에즈 운하를 둘러싸고 터키와 치열하게 싸우고 있었다. 영국은 이때 정보국 소속 로렌스 요원을 팔레스타인으로 파견, 그곳 아랍인들의 힘을 빌려 터키를 공격한다. 이후 로렌스는 기적적으로 전쟁에 이겼고, 아랍 민족으로부터 '아라비아의 로렌스'라는 영웅적 칭호를 받게 된다.

이렇게 팔레스타인 아랍인들은 영국을 위해, 형제나 다름없는 터키에 칼을 겨눴다. 이유가 있었다. 영국이 자신들을 도와주면 팔레스타인에 독립국가를 세울 수 있게 해 주겠다고 약속했기 때문이다.

제1차 세계대전 중인 1915년 10월, 이집트 주재 영국 고등판무관 맥마흔(Henr Macmahon)은 이런 약속을 한다.

"전쟁이 끝나면 아랍 지역의 독립(팔레스타인 지역의 아랍국가 건설 포함)을 돕겠다."

이른바 맥마흔 선언(McMahon Declaration)이다.

딱 한 번 한 약속이 아니다. 약속은 이후 십여 차례 이어진 왕복 서한을 통해 거듭 확인됐다. 영국이 이러한 약속을 한 이유는 간단했다. 영국은 전쟁의 승리를 위해 아랍인들의 힘이 필요했다. 결국 아랍인들은 이 약속을 믿고 영국을 위해 싸웠다. 영국이 전쟁에만 이긴다면 소원하던 나라를 세울 수 있을 것이라는 희망이 있었다.

하지만 영국은 거짓말쟁이였다. 아랍인들은 영국으로부터 아무것도 얻지 못했다. 철저히 영국에게 속은 것이다. 영국은 신사의 나라가 아니었다. 비신사적인 나라였다.

1900년대 초 영국은 해가 지지 않는 나라였다. 영토만 3700만 평방미터에 달했다. 이는 당시 세계 육지 면적의 4분의 1에 해당하는 수치였다. 그 큰 나라가 아랍 민족과 유대인들을 갖고 놀았다. 아랍인들과 했던 그 약속을 똑같이 유대인들에게도 한 것이다.

1917년 11월, 당시 외무장관이었던 벨푸어(Arthur James Balfour, 1848~1930)가 영국 내 유대인 명문가였던 로스 차일드 경(Lionel Walter Rothschild, 1868~1937)에게 다음과 같은 내용의 편지를 보낸다.

"팔레스타인에 유대 민족의 정착지를 마련할 것을 호의적으로 숙고하며 이 목표를 이루기 위해 혼신의 노력을 다할 것입니다."

이른바 벨푸어 선언(Balfour Declaration)이다.

벨푸어 선언이 나온 배경은 간단하다. 영국은 유대인들의 돈과 기술이 필요했다.

초강대국으로 부상한 미국의 막강한 자금력은 대부분 유대인의 주머니에서 나왔다. 유대인들을 무시할 수 없었다. 포탄 제조에 들어가는 아세톤의 대량 생산 기술을 가지고 있었던 것은 유대인 과학자 하임 바이츠만(Chaim Azriel Weizmann, 1874~1952)이었다.

1925년경 미국 내 유대인 수는 450만 명으로 추산된다는 기록이 있다. 이들은 부유했다. 당연히 이들은 미국을 움직이는 실질적인 힘이었다. 1930년대 말 뉴욕 시내 대학 재학생 중 50퍼센트가 유대인이었다. 또 미국 전체 대학생의 9퍼센트가 유대인이었다. 이들은 대학을 졸업한 이후 정계와 법조계로 진출했고, 미국 사회의 주류가 되었다. 이들은 스스로 유대인에게 유리한 법 체제를 만드는 등, 정치·경제·사회를 이끌었다. 지금도 전 미국 대학 교수 중 30퍼센트가 유대인이다.

발명과 과학 분야도 예외가 아니다. 알베르트 아인슈타인(Albert Einstein, 1879~1955)은 물론이고 결핵 퇴치의 아버지 셀만 왁스만(Selman Abraham Waksman, 1888~1973)도 유대인이다. 특히 유대인 에디슨(Thomas Alva Edison, 1847~1931)이 없었다면 오늘날 우리는 암흑 속에서 살고 있을지도 모를 일이다.

문화 부문에서의 유대인 활약도 대단했다. 브로드웨이 뮤지컬과 라디오, 텔레비전, 영화 등 문화계도 대부분 유대인이 장악했다. 유니버셜, 20세기 폭스, 파라마운트, 워너 브러더스, 콜롬비아 등 유수의 영화사는 모두 유대인이 설립했거나, 현재 소유하고 있다.

'벤허'와 '바람과 함께 사라지다' 등을 제작, 한때 세계 최대의 영화사로 불렸던 MGM사('어흥' 하는 사자 시그널로 유명하다)도 1924년 유대인인 새뮤얼 골드윈(Samuel Goldwyn, 1882~1974)과 루이스 메이어(Louis B. Mayer)가 설립했다. 문화를 장악했다는 것은 유대인의 이해와 관심이 일반 대중에게 그대로 이식되는 것을 의미한다.

여담이지만 미국의 전설적 코미디언 찰리 채플린(Charles Spencer Chaplin, 1889~1977)과 밥 호프(Bob Hope, 1903~2003), 그리고 영화감독 스티븐 스필버그(Steven Allan Spielberg, 1946~)도 유대인이다.

1960년대 전 세계 여심을 사로잡았던 영화배우 커크 더글러스(Issur Danielovitch Demsky, 1916~)와 '원초적 본능'에 출연한 그의 아들 마이클 더글러스(Michael Kirk Douglas, 1944~)도 유대인이며, 해리슨 포드(Harrison Ford, 1942~), 골디 혼(Goldie Hawn, 1945~), 더스틴 호프만(Dustin Lee Hoffman, 1937~), 숀 펜(Sean Justin Penn, 1960~), 스티븐 시걸(Steven Seagal, 1951~), 메릴 스트립(Mary Louise Streep, 1949~) 등 이름만 들어도 알만한 영화배우들도 모두 유대인이다. 우리나라와 밀접한 관계를 가지고 있는 유대인을 꼽으라면 한국전쟁 당시 UN군 총사령관으로 인천상륙작전을 지휘했던 더글러스 맥아더(Douglas MacArthur, 1880~1964) 장군을 들 수 있다.

방송과 언론 부문을 봐도 유대인 일색이다. CNN과 ABC, CBS의 창업주가 유대인이고 지배 주주도, 그리고 현재 경영인도 유대인이다. 또 '워싱턴 포스트'(Washington Post)와 '뉴스위크'(Newsweek)의 발행인 캐서린 그레이엄(Katharine Graham, 1917~2001)이 유대인인 것은 널리 알려진 사실이다.

여담이 길어졌다. 어쨌든, 세 문장 125단어로 이뤄진 벨푸어 선언이 남긴 파장은 컸다. 유럽 곳곳에서 박해를 받던 유대인들이 팔레스타인 지역으로 몰려들었다. 그들의 가슴은 팔레스타인 지역에 자신들의 나라를 세울 수 있을 것이라는 희망으로 가득했다. 특히 1904년부터 러시아에서 발생한 대학살은 유대인들의 팔레스타인 이주를 가속화했다. 벨푸어 선언 당시 8~10만 명에 불과하던 팔레스타인 지역 유대인 수가 제2차 세계대전 직후에는 50만 명으로 불어났다.

팔레스타인 아랍인 입장에서 보면 기가 막힐 노릇이다. 오랫동안 살고 있던 집에 갑자기 모르는 사람들이 들이닥쳐서 듣도 보도 못한 이상한 서류 한 장을 내밀며 당장 집을 비우라고 하는 형국이었다.
영문을 몰랐던 팔레스타인 아랍인들은 유대인들에게(이미 용도 파기된) 오래된 서류(맥마흔 선언)를 꺼내 흔들며 절규한다.

"무슨 소리야! 이곳은 우리 땅이라니까! 영국이 약속했어. 그래서 우리가 영국을 위해 피를 흘렸어! 여긴 우리 집이야. 너희들은 돌아가!"
물러설 유대인들이 아니다. 그들에게도 서류(벨푸어 선언)가 있었다.

"뭔가 잘 모르는 모양인데…. 너희들과 영국이 어떤 약속을 했는지는 모르겠지만, 우리도 이 땅에 나라를 세울 수 있다는 허가를 받았어. 그러니 집을 비워 줘야겠어."

유대인들은 "해볼 테면 해 봐라"며 팔레스타인으로 밀려들었고, 이미 터를 잡고 있었던 아랍인들은 당연히 '내 집을 지키기 위해' 저항했다. 팔레스타인 아랍인들이 살 수 있는 지역은 점점 줄어들었다. 혼란이 가중됐다. 유대인을 대상으로 하는 살해 행위와 폭동이 그치지 않았다. 유대인들은 유대인대로 팔레스타인 아랍인들을 야만인으로 간주하며 강력 대응했다.

그런데 이때 영국이 또 한 번 마음을 바꾼다. 이번에는 다시 아랍인 편을 들고 나선 것이다. 1939년 5월 영국 외상 어니스트 베빈(Ernest Bevin, 1881~1951)은 "팔레스타인 지역 유대인 이주를 제한하고 유대인 국가를 창설하는 기존 정책을 포기한다"고 선언했다.

영국은 중동지역의 유전을 포기할 수 없었다. 당연히 아랍 세계와의 원만한 관계가 중요했다.

제1차 세계대전 후 국제연맹의 결의로 팔레스타인 통치는 영국에게 위임됐다. 영국은 팔레스타인 지역에 대해서 내키는 대로, 마음대로 행동했다. 문제는 팔레스타인에 살고 있는 사람들의 입장이 아닌 자국의 이익을 기준으로 행동했다는 점이다.

팔레스타인이 중동의 화약고로 떠오르기 시작했다. 영국은 유대인과 팔레스타인 사이에서 아슬아슬한 줄타기를 계속할 뿐이었다. 그런 가운데, 팔레스타인 지역은 유대인과 아랍인 사이에 피를 흘리는 싸움이 계속되고 있었다. 이렇게 사태가 악화된 데는 영국이 유대인들의 팔레스타인 이주를 때로는 방해했으며, 때로는 눈감아 주는 미지근한 태도를 견지했기 때문이다. 분열과 갈등을 극복하겠다는 적극적이고 확실한 노력도 없었다. 그렇게 시간은 흘러갔다.

그런데 제2차 세계대전 직후에 팔레스타인 지역의 정세 변화를 가져오는 결정적 계기가 생긴다.

1947년 팔레스타인에서의 새로운 삶에 대한 꿈에 부푼 유대인 4500여 명을 가득태운 선박 엑소더스호가 팔레스타인의 항구에 들어섰다. 그런데 영국 해군이 이 배를 접수했고, 즉시 독일로 추방했다.

이 사건으로 국제적 비난이 일게 됐다. 그러자 영국은 골치 아픈 팔레스타인 문제를 빨리 해결하고자 했다. 그 결과 유엔총회는 1947년 11월 팔레스타인 분리를 결정했다. 팔레스타인에 유대인 국가와 아랍 국가를 각각 동시에 건국하고 예루살렘을 국제도시화한다는 내용이었다. 이 결정에 유대인 지도부는 찬성했고, 아랍인들은 반대했다. 영국의 위임 통치가 끝나는 날은 1948년 5월 15일로 결정됐다.

유대인들은 환호했다. 한반도에서 북한이 남쪽에 전기 송출을 중단한 그 해, 그날이었다. 1948년 5월 14일 금요일 오후, 다비드 벤 구리온(David

Ben-Gurion, 1886~1973)이 독립선언서를 낭독했다.

"우리 민족의 권리에 입각해, 또 유엔 결의에 따라 우리는 팔레스타인에 유대인 국가를 설립하는 것을 선언한다. 이제 우리들의 나라는 이스라엘로 불릴 것이다."

반주 없이 국가를 부르고 선언문 전문을 읽기까지 15분밖에 걸리지 않았다. 1900여 년의 방랑 생활이 막을 내리는 순간이었다.
하지만 기쁨도 잠시였다. 독립선언서의 잉크가 채 마르기도 전인 이튿날, 이집트와 시리아, 레바논, 이라크 등 아랍 연합군이 이스라엘을 기습 공격했다. 무력으로라도 이스라엘 건국을 무효화하고, 유대 민족을 공중분해시키겠다는 의도였다.

유대인과 아랍의 전쟁이 시작됐다. 처음에는 아랍 연합군이 우세해 보였다.

+ 이스라엘 갈릴레아 호수

+ 터키 이스탄불 돌마바흐체 궁전(Dolmabahçe Sarayı)

중동전쟁

골리앗과 다윗의 싸움이다.

1948년 5월 15일. 북쪽에서는 레바논과 시리아가, 동쪽에서는 요르단과 이라크가, 남쪽에서는 이집트가 공격해 왔다. 누가 보아도 이스라엘은 곧 무너질 것처럼 보였다. 역사적으로 이제 갓 독립선언서를 낭독한 작은 국가가 다섯 연합국의 군사 공격을 막아낸 사례는 없다.

그런데 이스라엘은 기적적으로 살아남았다. 아랍 연합군은 개전 초기 예루살렘 구(舊) 도심을 점령했을 뿐, 이후에는 별다른 성과를 내지 못했다. 아랍 연합군은 의외의 상황에 당황했다. 병력과 화력에서 단연 우세였다. 그래서 전쟁 개시 2~3일이면 이스라엘이 무릎을 꿇고 머리를 조아릴 줄 알았다. 하지만 이스라엘은 강했다.

군대가 강했던 것이 아니었다. 시민들이 집집마다 가지고 있던 총을 들고 나와 결사 항전했다. 20일 넘게 진행된 전쟁에서 유대인들은 결국 예루살렘과 이스라엘 최대 도시인 텔아비브를 지켜냈다. 600여 명의 유대인 청년들이 피를 흘린 대가였다.

상황이 반전되자 겁을 먹고 주춤주춤 뒤로 물러서기 시작한 것은 오히려 아랍 연합군이었다. 이런 상황에서 스웨덴의 중재로 6월 11일 한 달간의 휴전이 타결됐다. 이 한 달이 이스라엘에게는 숨통을 열어주었다. 유대인들은 미국의 자금을 지원받을 수 있었고, 체코와 프랑스를 통해 수많은 중화기를 손에 넣었다. 전쟁이 재개되자 이스라엘은 더 이상 예전의 오합지졸이 아니었다. 민간인들의 저항에 고전했던 아랍 연합군이 어떻게 중화기로 무장한 정규군을 이겨낼 수 있겠는가.

이제는 거꾸로 이스라엘이 공세로 나섰다. 이집트 카이로, 요르단 암만, 시리아 다마스쿠스를 폭격해 승리를 거뒀고, 아랍 연합군은 결국 두 손을 들었다. 그렇게 1949년 2월에 평화조약이 체결됐다. 역사는 이 전쟁을 '제1차 중동전쟁' 혹은 '이스라엘 독립전쟁'으로 부른다. 이제 이스라엘은 자신의 힘으로 명실상부한 독립을 이뤄냈다. 게다가 팔레스타인 영토의 70퍼센트를 점령했고, 팔레스타인인 100여만 명을 추방했다.

다윗이 골리앗을 이겼다. 하지만 전쟁은 끝이 아니었다. 제1차 중동전쟁 이후 이스라엘과 아랍의 대규모 정규전은 네 차례나 더 일어났다. 이 중 제3차 전쟁인 '6일 전쟁'이 가장 유명하다. 여기서 6일의 의미가 크다. 그 6일이 중동의 지도를 바꾸어 놓았기 때문이다.

미국의 아폴로 11호가 달에 착륙하기 2년 전(1967년), 중동은 또다시 위기감이 고조됐다. 아랍인들은 쉽게 물러서지 않았다. 이젠 게릴라전이었다. 팔레스타인 게릴라들의 활동으로 제1차 전쟁 후 7년간 1300여 명이 넘는 유대인이 살해당했다. 이에 유대인들은 복수를 다짐했다. 1967년 4월 게릴라의 본거지였던 시리아에 대규모 공격을 감행하였다.

하지만 가만히 있을 아랍인들이 아니었다. 아랍권이 다시 한 번 결속했다. 이집트가 전쟁에 개입했으며, 시리아와 요르단도 속속 참전했다. 그리고 이스라엘 봉쇄작전에 돌입했다. 이스라엘도 물러서지 않았다.

6일 전쟁이 시작됐다. 1967년 6월 5일은 이스라엘 공군 입장에서 볼 때, 역사상 최고의 전과를 올린 날이었다. 이날 오전, 이스라엘 공군은 보유한 전투기 대부분을 출동시켰다. 목표는 이집트 공군기지. 이스라엘은 이 기습작전을 통해 이집트 전투기 300여 대를 파괴했다. 격추된 이스라엘 공군기는 단 19대였다고 한다. 이집트 공군력이 괴멸됐다. 이스라엘은 여기서 멈추지 않고 하루 뒤에는 시리아와 요르단, 이라크의 공군기지를 급습, 400여 대의 전투기를 파괴했다.

이제 하늘은 이스라엘의 독무대가 됐다. 이후 이스라엘은 압도적인 우세 속에서 불과 3일 만에 이집트군을 격파하고 시나이반도와 가자지구를 점령했다. 골란고원을 빼앗고 다마스커스 인근까지 진격해 요르단 통치하에 있던 예루살렘 구(舊)도시까지 탈환했다. 이에 유엔이 6월 6일 즉시 정전을 결의하였고, 쌍방의 합의하에 6월 9일 정전협정이 이뤄졌다.

유대인들은 환호했다. 이스라엘의 땅은 예전보다 더 넓어졌다. 아랍의 각 나라들은 괜히 이스라엘에 시비를 걸었다가 자신들의 땅마저 빼앗긴 꼴이 됐다. 아랍 각국은 땅을 쳤지만 전쟁에 졌으니 할 수 없는 일이었다.

이후 아랍 연합은 이를 갈며 보복을 다짐한다. 싸울때마다 졌으니, 자존심이 말이 아니었다. 그래서 일어난 것이 1973년 제4차 중동전쟁이다. 그해 10월 5일 이집트가 기습적으로 선제공격을 감행했다. 이는 지금까지 이스라엘이 아랍 연합국에 사용하던 방법이었다.

당시 이집트군의 병력을 보면 아랍인들이 얼마나 와신상담(臥薪嘗膽)했는지 알 수 있다. 당시 이집트군 병력은 75만에 달했으며 탱크만 3만 2000대였다. 게다가 소련제 미사일과 최신예 미그기까지 갖췄다.

반면 이스라엘의 병력은 이집트군의 3분의 1도 안 됐다. 탱크와 화포도 이집트군의 절반에 미치지 못했다. 결국 개전 48시간 만에 이스라엘군 17개 여단이 모두 격파됐다. 18일간 벌어진 이 전쟁에서 이스라엘은 약 2500명의 전사자와 7500명의 부상자를 냈다. 당시 인구 300만 남짓하던 이스라엘로서는 감당하기 어려운 손실이었다. 유대인들은 이제 다시 유랑의 길로 떠돌아야 하는 운명으로 보였다. 국제사회도 아랍사회도 모두 그렇게 생각했다.

하지만 이스라엘은 기사회생했다. 이스라엘에게는 미국이 있었다. 닉슨 대통령의 미국은 이스라엘에 군수물자를 제공하기 위해 무려 5600회에 이르는 비행 수송작전을 전개했다. 마지막 숨이 넘어가던 환자에게 응급시술을 한 것이다. 살아난 이스라엘의 분노는 극에 달했다. 이스라엘은 미국의 지원을 등에 업고 반격에 나섰고, 결국 골란고원 전투에서 시리아군 탱크 867대, 차량 3000대 이상을 파괴하는 등 전세를 뒤집어 전쟁에 승리했다.

국제사회는 냉혹하다. 사람과 사람의 관계에서는 공자와 맹자의 유가(儒家)가 의미를 지닐 수 있지만, 국가와 국가의 관계에서는 한비자의 법가(法家)가 더 합리적일지도 모른다. 이스라엘은 냉혹한 국제사회에서 강자만이 살아남는다는 의지로 모든 어려움을 극복해 나갔다.

1972년 뮌헨올림픽 당시 팔레스타인 테러단이 이스라엘 선수단을 습격해 십여 명의 선수를 살상하자, 별도의 특수부대를 만들어 무려 10여 년 동안 추적, 테러 용의자들을 모두 암살하는 집요하고 무서운 면을 지닌 것이 이스라엘이다. 그래서인지 이스라엘을 미워하는 사람은 많아도 이스라엘을 우습게 보는 이는 거의 없다.

하지만 휘어지지 않는 큰 나무는 늘 바람을 정면으로 맞는다. 이스라엘은 이후 팔레스타인의 무장봉기 '안티파다'(벗어남, 유대인 지배에서 벗어남을 의미한다)와의 지루하고 힘겨운 싸움을 계속하게 된다.

+ 라빈 총리의 사망은 중동 평화의 사망선고였다. 라빈 총리 사후 지금까지 이스라엘과 팔레스타인 사이에는 분쟁이 끊이지 않고 있다. 평화는 언제쯤 가능할까. 사진은 크로아티아 플로트비체 국립공원.

험난한 평화의 길

"탕! 탕! 탕!"

세 발의 총성이 공기를 찢었다. 1995년 11월 4일, 이스라엘 최대 도시 텔아비브의 시청 앞. 아수라장이 됐다. 비명 소리가 가득했다.

10만 군중이 모인 '중동 평화정착계획 지지 군중대회'에서 연설을 마친 이스라엘 라빈(Yitzhak Rabin, 1922~1995) 총리가 시청 앞 계단을 내려와 막 차에 오르려던 순간이었다. 25세의 극우파 유대인 청년, 이갈 아미르(Yigal Amir)가 3미터 거리에서 라빈 총리를 향해 베레타 권총을 발사했다.

첫 번째 총알이 라빈 총리의 등에 맞았다. 순간 한 경호원이 총리를 차 안으로 밀어 넣었고, 그 과정에서 범인이 이어 발사한 두 번째와 세 번째 총알이 경호원의 어깨를 관통했다. 라빈 총리는 곧바로 인근 병원으로 옮겨져 수술을 받았다. 세계가 라빈 총리의 회복을 기원했다.

하지만…, 라빈 총리는 병원으로 옮겨진 후 1시간 만에 사망했다.

총리의 양복 윗주머니에서 피 묻은 쪽지 하나가 발견됐다. 쪽지에는 이스라엘 어린이들이 즐겨 부르는 '평화를 위한 노래'(A song for peace) 가사가 적혀 있었다.

'평화를 위한 노래'의 가사에 피가 묻었다. 전 세계가 경악했다. 라빈 총리의 사망은 중동 평화의 사망선고였다.

많은 이들이 지금도 라빈 총리의 죽음을 안타까워하고 있다. 당시는 이스라엘과 팔레스타인 및 아랍 국가들 사이에서 화해 분위기가 무르익던 시기였다.

이스라엘은 걸프전(1990~1991)에 참전하지 않았다. 1991년 10월, 이스라엘과 시리아, 요르단, 레바논, 팔레스타인은 사상 처음으로 평화를 논의하기 위해 한 테이블에 앉았다.

1993년 9월에는 라빈 총리와 팔레스타인해방기구(PLO, Palestine Liberation Organization)의 야세르 아라파트(Yasser Arafat, 1929~2004)가 팔레스타인 자치협정에 조인했다. 이른바 오슬로협정(Oslo Accords)이다. 이 협정에서 라빈 총리의 이스라엘은 PLO를 합법적인 팔레스타인 정부로 인정했다. 공존의 가능성을 모색한 최초의 평화협정인 것이다. 이스라엘은 이 협정을 통해 1967년 점령했던 요르단강 서안과 가자지구의 60퍼센트 지역에서 군대를 철수시키겠다고 약속했다. 팔레스타인도 테러와 폭력을 근절하겠다고 했다. 이스라엘은 또 해당 지역의 사법권, 입법권, 경찰력 등을 팔레스타인 통치기구로 이전한다고 했다.

단순히 약속에 그친 것이 아니었다. 이스라엘은 가자지구 내 군사기지를 팔레스타인 경찰에 이양했다. 이에 1994년 7월 아라파트 의장과 각료들이 예리코 자치지역에서 취임식을 거행하고 자치정부의 수립을 공식 선언했다. 이후 1995년 9월에는 양측 간에 팔레스타인 자치 확대 협정이 체결됐다.

라빈 총리는 또 요르단의 후세인 국왕과의 정상회담을 통해 45년 적대관계를 청산하기도 했다. 함께 한 하늘을 이고 살 수 없을 것으로 여겨졌던 이들이 공존을 모색하기 시작한 것이다. 라빈 총리는 이 공로로 1994년 아라파트와 공동으로 노벨 평화상을 수상했다.

세계는 이스라엘과 팔레스타인의 이 같은 화해 노력에 박수를 보냈다. 하지만 정작 적은 내부에 있었다. 이스라엘의 정치계와 종교 지도자들이 라빈을 비난하고 나섰다. 2009년 이후 2019년 3월 현재까지 이스라엘 총리인 베냐민 네타냐후(Benjamin Netanyahu, 1949~)는 당시 "라빈은 배신자"라고 공공연히 비난했다. 이뿐 아니다. 아리엘 샤론 전 총리, 에후드 올메르트 전 총리 등이 라빈을 공격했다. 라빈 반대파들은 "툭하면 테러를 일으켜 유대인들을 살상하는 팔레스타인과의 평화는 불가능하다"고 주장했다. 이 같은 분위기는 라빈 총리를 살해한 아미르의 말에서도 잘 드러난다. 그는 "팔레스타인에게 땅을 내주고 평화를 구하려 한 라빈 총리는 이스라엘 민족을 배반했다. 그를 죽인 것은 유대인을 구하기 위한 것이었다"라고 말했다.

이에 팔레스타인 내부에서도 불만이 터져 나오기 시작했다. 1998년과 1999년 이스라엘과 팔레스타인 대표가 오슬로협정의 완전한 이행을 거듭 다짐했음에도, 진척이 빨리 이뤄지지 않았다.

라빈이 있었다면 문제가 달랐겠지만, 라빈은 사망하고 없었다. 이에 팔레스타인 사람들은 평화회담의 실효성을 서서히 의심하기 시작했다.

여기에 불을 지른 것이 샤론 전 이스라엘 총리다.
샤론은 총리가 되기 전인 2000년 9월, 예루살렘의 알 아크샤 사원을 방문해 "예루살렘을 팔레스타인에 양보해서는 안 된다"고 천명했다.
황금 돔, 알 아크샤 사원은 마호메트가 승천했다는 장소에 세워진 성전으로, 메카와 메디나에 이어 이슬람 제3의 성지다. 팔레스타인 사람들 그리고 이슬람 신자들은 목에 칼이 들어와도 이 성지만큼은 양보하지 못한다.

그런데 문제는 사원이 세워진 곳이 유대인의 성지이기도 하다는 점이다. 유대 전승에 의하면 이곳은 아브라함이 이사악을 제물로 바치려 했던 그 바위가 있었던 자리이다. 그런데 현재 이곳은 팔레스타인 사람들의 거주지역이고, 유대인들의 출입이 엄격히 통제되고 있다. 그곳에 샤론이 들어간 것이다. 팔레스타인 사람들이 분노했다. 결국 두 번째 안티파다가 시작됐다.

분노와 흥분 속에서 평화를 위한 서로의 노력도 점차 찾아보기 힘들게 됐다. 설상가상으로 2001년 9월 11일 미국에 대한 테러 공격이 일어났다. 혼란은 가중됐다.

2005년 이스라엘 청년이 네 명의 팔레스타인 주민을 살해했다. 그러자 예루살렘 시내에서 팔레스타인 주민이 식칼을 휘둘러 유대인 한 명을 살해하고 다른 한 명을 중태에 빠뜨렸다. 이스라엘 군대는 보복을 위해 팔레스타인 혐의자 다섯 명을 사살했다. 죽이고 죽이는 악순환의 고리가 이어졌다. 지금도 팔레스타인 무장단체는 이스라엘 정착촌에 로켓포 공격을 가하고 있다. 이스라엘군도 팔레스타인 마을을 파괴하고 있다. 팔레스타인의 무차별 자살 테러도 계속되고 있으며, 이에 이스라엘은 특공대와 헬기 등을 동원해 대응하고 있다.

이스라엘은 지금 요르단강 서안지역과 가자지구, 동예루살렘 등 팔레스타인 영토와의 경계선에 8미터 높이의 장벽을 쌓고 있다. 이를 놓고 국제사회의 비난이 크다. 팔레스타인 사람들의 절규도 계속되고 있다. 하지만 이스라엘은 이렇게 말한다.

"장벽 건설이 팔레스타인 사람들에게는 삶의 질 문제일지 모르지만, 이스라엘 국민들에게는 삶 자체의 문제다."

목소리와 목소리가 부딪친다. 팽팽하다. 한 치도 양보하려 하지 않는다. 얼마나 더 많은 젊은이들이 생명을 잃어야 이 반목이 멈춰질까.

기원전 8세기의 유대인, 이사야 예언자는 늑대와 양과 새끼 양이 어울리고, 표범이 숫염소와 함께 뒹굴며, 새끼 사자와 송아지가 함께 풀을 뜯는 세상을 예언했다.

이사야는 이 모든 동물들을 어린아이가 몰고 다닐 것이라고 했다. 암소와 곰이 친구가 되어 그 새끼들이 함께 뒹굴고 사자가 소처럼 여물을 먹을 것이라고 했다. 젖먹이가 살무사의 굴에서 장난하고 젖 뗀 갓난아기가 독사의 굴에 겁 없이 손을 넣을 것이라고 했다.(이사 11,6-8 참조)

이사야는 모두가 함께 사는 세상을 이야기했다. 이 위대한 예언자는 언젠가 인간과 자연이 하나가 되어 살아가는, 불신 없는 평화로운 세상이 올 것이라고 말했다.

나는 유대인 이사야의 예언을 믿는다.
하느님께서 유대인들에게 한 약속을 떠올려 본다.

"나 이제 평화를 강물처럼 예루살렘에 끌어들이리라. 민족들의 평화가 개울처럼 쏟아져 들어오게 하리라."(이사 66,12)

유대인들의 하느님은 한 번도 약속을 어긴 일이 없다.

글을 마치며

"먼 길을 걸어왔다…."

이제 여장을 풀어 내린다. 등을 누르던 무거운 짐 하나를 풀어 놓는 기분이다.

짐을 벗으면 편할 줄 알았는데 그렇지 않다. 글의 압박감에서 해방됐는데도 마냥 기쁘지만은 않다. 오히려 허전하다. 발바닥에 적당한 무게의 압박감이 없다. 허공을 걷는 느낌이다. 언제든지 찾아가 고민을 털어놓을 수 있는 친한 벗을 잃은 느낌이다.

벗은 지난 1년 6개월 동안 많은 말을 해줬다. 특히 가장 인상적인 대화를 꼽으라면 아브라함을 잊을 수 없다. 신비스러운 것은, 어떻게 아브라함이 '인간과 대화하는 유일신'에 대한 신앙을 가질 수 있었는가 하는 점이다. 아브라함 당시에는 다신교가 대세였다. 지금을 살아가는 우리야 유일신 신앙을 당연하게 받아들일 수 있지만, 아브라함 시대에 인격적 유일신 신앙에 대한 영감을 떠올렸다는 것 자체가 엄청난 영적 진보였다.

아브라함은 인간과 대화하는 유일신을 믿었고, 그 신앙의 꼭짓점에 스스로 섰다. 그 아브라함의 후손들이 바로 유대인과 아랍인들이다. 아브라함의 신앙은 또 '할례받은 유대인' 예수로 이어진다. 유일신은 그렇게 아브라함과 그 후손들을 통해 인류에게 신앙을 선물했다. 인류가 그동안 보지 못한 것을 아브라함을 통해 가르쳐 준 것이다.

유대인이 인류 문화사에 있어서 중요한 의미를 지니는 것은 이뿐만이 아니다. 인류가 미처 생각하지 못했던 '안식일' 개념도 유대인을 통해서 확립됐다. 안식일 개념은 고대 사회에선 꿈도 꾸지 못하던 것이었다. 동물이 쉬는 날을 별도로 정해서 하루 종일 쉰다는 것을 들은 일이 있는가. 나무와 꽃이 쉬는 것을 본 일이 있는가. 소와 양은 쉬는 날이 별도로 없다. 자연 상태에서 생물은 별도로 쉬는 날을 정해서 쉬지 않는다. 인류도 그랬다. 그만큼 휴식의 날을 별도로 정해 하루 종일 쉰다는 것은 획기적인 인식의 전환이었다. 개인적으로는 안식일이 있었기에 인간은 생존을 위한 노동에서 벗어나 사색을 할 수 있었고, 그 결과 지적 진보가 가속화됐다고 본다.

유일신 신앙과 할례, 안식일, 까다로운 음식 규정…. 유대인들은 출발부터 타민족과 달랐다. 뭔가 독특했다. 그 독특함이 엄청난 고난과 박해를 겪으면서도 오늘날까지 명맥을 이어올 수 있었던 힘이다.

그 '힘'에 주목할 필요가 있다. 유대인들을 미워하는 사람은 있어도 우습게 보는 사람은 거의 없다. 이유는 두 가지다. 확고한 신념과 그 신념에 대한 투신이다. 유대인들은 지금도 가치와 신앙을 꽉 붙잡고 일관되게 앞을 보며 전진하고 있다.

그 힘을 묘사하기 위해 노력했다. 하지만 아쉬운 점이 많다. 유대인들의 삶 속에서 예언자들의 선포는 빠뜨릴 수 없는 중요한 의미를 지니고 있다. 엘리야, 이사야, 예레미야, 호세아, 아모스, 에제키엘 등 예언자들의 삶과 신앙을 다루지 못한 것은 두고두고 아쉬운 점으로 남는다. 예언자들을 소개한 책들은 많이 있지만, 대중이 쉽게 접근할 수 있는 편안한 안내서가 거의 없기에 더욱 그렇다.

하지만 유대인 이야기는 그냥 이야기로 남고 싶었다. 예언자들에 대한 이야기를 하다 보면 글이 어렵고 딱딱해질 수밖에 없다. 고민 끝에 예언자와 관련한 내용은 빼기로 했다. 나흐마니데스 등 위대한 유대인 랍비와 유대인 역사가들의 이야기도 제외시켰다. 역시 편안한 읽을거리를 위한 선택이었다. 예언자들과 랍비, 역사가들에 대한 학술적 내용은 나중에 별도로 소개할 기회가 있을 것이다.

구약성경을 다시 편다.
유대인들이 부럽다. 구절구절이 모두 유대인에 대한 유일신의 짝사랑이다. 하느님은 때론 속상해하고, 마음 아파하고, 그래서 때로는 화를 내기도 하지만 그 깊은 섭리 안에서 유대인들을 끊임없이 사랑하신다.

"온 이스라엘 집안을 가엾이 여기고 나의 거룩한 이름을 위하여 열정을 쏟겠다."(에제 39,25)

"내가 너와 함께 있으면서 네가 어디로 가든지 너를 지켜 주고, 너를 다시 이 땅으로 데려오겠다. 내가 너에게 약속한 것을 다 이루기까지 너를 떠나지 않겠다."(창세 28,15)

하느님께서 사랑한 그 유대인들과 함께한 지난 시간은 행복했다. 유대인 이야기를 쓰면서 유대인을 사랑한 그 하느님이 필자 옆에서도 늘 함께해 주셨음을 체험했다. 감사드린다.

요즘 들어 세상을 보는 눈이 '아주 조금' 달라졌다.
예수회 앤소니 드 멜로 신부는 "아무도 감사하게 살아가면서 동시에 불행할 수는 없다"고 했다.
아침에 눈을 떠서 새로운 태양을 볼 수 있는 것, 평범한 일상을 보낼 수 있다는 것, 주일에 편안한 마음으로 성당을 찾아 미사에 참례할 수 있는 것, 고통이 하느님을 향한 정화의 방편이라는 것을 깨닫는 것…. 세상살이에는 감사할 일 투성이다.

〈 참고 문헌 〉

한국천주교 주교회의 성서위원회가 편찬한 「성경」 2005년판을 기본 텍스트로 삼았다. 이외에 필요에 따라, 대한성서공회가 발행한 「공동번역 성서」 1988년판을 참조했다. 구약성경 히브리어 원문에 대한 접근은 수원교구 김건태 신부의 1989년 「구약성경 강의록」에 전적으로 의존했다. 이밖에 이 글을 위해 참조한 책은 다음과 같다.

- B. W. 앤더슨, 이성배 옮김, 「구약성서의 이해 1, 2, 3」, 성 바오로, 1988.
- E. M. 번즈 · R. 러너 · S. 미첨, 박상익 옮김, 「서양 문명의 역사 1」, 소나무, 1999.
- E. 까베냑 · P. 그를로 · J. 브리앙, 서인석 옮김, 「성서의 역사적 배경」, 성 바오로, 1984.
- F 마르트네즈, E 티그셸 라아르 영어편역, 강성열 옮김, 「사해문서 1, 2, 3, 4」, 나남, 2008.
- H 까젤, 서인석 옮김, 「모세의 율법」, 성바오로, 1987.
- P. G. 맥스웰 스튜어트, 박기영 옮김, 「교황의 역사」, 갑인공방, 2005.
- 교황청 성서 위원회, 한국천주교 주교회의 성서위원회 옮김, 「그리스도교 성경 안의 유다 민족과 그 성서」, 한국천주교중앙협의회, 2010.
- 김정훈, 「예언서 – 예언자들과 함께하는 성경 묵상」, 바오로딸, 2006.
- 김종철, 「이스라엘에는 예수가 없다」, 리수, 2010.
- 도널드 요한슨 · 메이틀랜드 에지, 이충호 옮김, 「최초의 인간 루시」, 푸른숲, 1996.
- 로버트 램, 이희재 옮김, 「서양 문화의 역사 1」, 사군자, 2001.
- 리날도 파브리스, 성염 옮김, 「성서연구 자료집 – 구약편」, 성 바오로, 1993.
- 만트레트 바우어 · 구드룬 치글러, 이영희 옮김, 「인류의 오딧세이」, 삼진기획, 2003.
- 모니카 그뤼벨, 강명구 옮김, 「유대교 – 한눈에 보는 유대교의 세계」, 예경, 2007.
- 박광호 편저, 「모세오경의 가르침」, 생활성서사, 1992.
- 박요한영식, 「창세기 1」, 성서와 함께, 2006.
- 배철현 「신의 위대한 질문 – 신이 원하는 것은 무엇인가」 21세기북스, 2016.
- 성서와 함께 편집부, 「보시니 참 좋았다 – 성서가족을 위한 창세기 해설서」, 성서와 함께, 2008.
- 시오노 나나미, 김석희 옮김, 「로마 멸망 이후의 지중해 세계」, 한길사, 2009.
- 시오노 나나미, 김석희 옮김, 「로마인 이야기」, 한길사, 2008.
- 아브라함 J., 이현주, 「예언자들」, 삼인, 2004.

- 알랭 코르뱅 외, 주명철 옮김, 「역사 속의 기독교」, 길, 2008.
- 알렉산더 데만트, 이덕임 옮김 「시간의 탄생」, 북라이프, 2018.
- 에너드 쉴레인, 강수아 옮김, 「자연의 선택, 지나 사피엔스」, 들녘, 2005.
- 에케하르트 슈테케만 · 볼프강 슈테케만, 손성현 · 김판임 옮김, 「초기 그리스도교의 사회사」, 동연, 2009.
- 영원한 도움 성서연구소, 「역사서 1, 2」(성서 40주간), 성서와 함께, 2007.
- 자크 브리엥, 김건태 옮김, 「모세오경」, 가톨릭출판사, 1988.
- 전호태 · 장연희, 「고대 이스라엘 2000년의 역사」, 소와당, 2009.
- 정진석, 「모세 상, 중, 하」, 가톨릭출판사, 2006~2007.
- 정진석, 「아브라함」, 가톨릭출판사, 2007.
- 조지 W. E. 니켈스버그, 박요한영식 옮김, 「고대 유대이즘과 그리스도교의 기원」, 가톨릭출판사, 2008.
- 존 브라이트, 김윤주 옮김, 「이스라엘 역사 상, 하」, 분도출판사, 1978.
- 카렌 암스트롱, 배국원 · 유지황 옮김, 「신의 역사 1, 2」, 동연, 1999.
- 폴 존슨, 김한성 옮김, 「유대인의 역사 1 - 성경 속 유대인들」, 살림출판사, 2005.
- 폴 존슨, 김한성 옮김, 「유대인의 역사 2 - 유럽의 역사를 바꾸다」, 살림출판사, 2005.
- 폴 존슨, 김한성 옮김, 「유대인의 역사 3 - 홀로코스트와 시오니즘」, 살림출판사, 2005.
- 프레더릭 · 카트라이트 · 마이클 비디스, 김훈 옮김, 「질병의 역사」, 가람기획, 2004.
- 플라비우스 요세푸스, 박정수 · 박찬웅 옮김, 「유대 전쟁사 1, 2」, 나남, 2008.
- 한스발터볼프, 문희석 옮김, 「구약성서의 인간학」, 분도출판사, 1985.
- 허버트 조지웰스, 지명관 옮김, 「웰스의 세계문화사」, 가람기획, 2003.
- 허종렬, 「한눈에 보는 성경여행 1 - 구약성경」, 생활성서사, 2007.
- 헬머 린그렌, 김성애 옮김, 「이스라엘의 종교사」, 성 바오로, 1990.

IMPRIMATUR
Suvonen, die 5 mensis Iunii. 2019
+ Matthias I. H. RI
Episcopus Suvonensis

구약성경 그리고 유대인에 대한 모든 것
The Story of the JEWS
유대인 이야기

교 회 인 가 _ 2019년 06월 05일
개정증보판 _ 2022년 06월 01일

지 은 이 _ 우광호
펴 낸 곳 _ 월간 꿈CUM
디 자 인 _ 윤경숙

출판등록 _ 제 384-2021-000014호
주   소 _ 경기도 안양시 만안구 만안로 49 호정타워 1505호
전   화 _ 031)464-0601
팩   스 _ 031)464-0602

값 25,000원
ISBN 979-11-976496-2-2

* 잘못된 책은 바꾸어 드립니다.

이 도서의 국립중앙도서관 출판예정도서목록(CIP)은 서지정보유통지원시스템 홈페이지(http://seoji.nl.go.kr)와 국가자료공동목록시스템(http://www.nl.go.kr/kolisnet)에서 이용하실 수 있습니다.
(CIP제어번호: CIP2019024793)